Depois da teoria

Terry Eagleton

Depois da teoria

Um olhar sobre os Estudos Culturais e o pós-modernismo

TRADUÇÃO DE
Maria Lucia Oliveira

CIVILIZAÇÃO BRASILEIRA

Rio de Janeiro
2005

CAPA
Evelyn Grumach

PROJETO GRÁFICO
Evelyn Grumach e João de Souza Leite

REVISÃO TÉCNICA
Daizy Stepansky

CIP-BRASIL. CATALOGAÇÃO-NA-FONTE
SINDICATO NACIONAL DOS EDITORES DE LIVROS, RJ

E11d Eagleton, Terry, 1943-
Depois da teoria: um olhar sobre os Estudos Culturais e o pós-modernismo / Terry Eagleton; tradução de Maria Lucia Oliveira – Rio de Janeiro: Civilização Brasileira, 2005.

Tradução de: *After theory*
ISBN 85-200-0672-8

1. Cultura. 2. Mudança social. 3. Pós-modernismo. 4. Civilização moderna. 5. Cultura – Filosofia – História – Século XX. I. Oliveira, Maria Lucia. II. Título.

05-2822

CDD – 306
CDU – 316.7

Direitos desta tradução adquiridos pela
EDITORA CIVILIZAÇÃO BRASILEIRA
um selo da
DISTRIBUIDORA RECORD DE SERVIÇOS DE IMPRENSA S.A.
Rua Argentina 171 – 20921-380 – Rio de Janeiro, RJ – Tel.: 2585-2000

PEDIDOS PELO REEMBOLSO POSTAL
Caixa Postal 23.052, Rio de Janeiro, RJ – 20922-970

Impresso no Brasil
2005

Em memória de minha mãe

Rosaleen Riley

(1913-2002)

Sumário

Nota introdutória

Este livro destina-se, em grande medida, a estudantes e leitores em geral que estejam interessados no estado atual da teoria cultural. Mas espero que também se prove útil para especialistas no campo, quando mais não seja porque argumenta contra o que considero uma ortodoxia corrente. Não acredito que essa ortodoxia dê atenção a questões suficientemente inquiridoras e penetrantes que atendam às demandas de nossa situação política, e tento deixar claro por que é assim e como isso pode ser corrigido.

Agradeço a Peter Dews seus comentários esclarecedores sobre uma parte do manuscrito. A influência do falecido Herbert McCabe está tão impregnada em minha argumentação que é impossível localizá-la.

T. E.
Dublin

CAPÍTULO 1 A política da amnésia

A idade de ouro da teoria cultural há muito já passou. Os trabalhos pioneiros de Jacques Lacan, Claude Lévi-Strauss, Louis Althusser, Roland Barthes e Michel Foucault ficaram várias décadas atrás. Assim também os inovadores escritos iniciais de Raymond Williams, Luce Irigaray, Pierre Bourdieu, Julia Kristeva, Jacques Derrida, Hélène Cixous, Jurgen Habermas, Fredric Jameson e Edward Said. Não muito do que tem sido escrito desde então é comparável à ambição e originalidade desses precursores. Alguns deles foram derrubados. O destino empurrou Roland Barthes para debaixo da caminhonete de uma lavanderia parisiense e vitimou Michel Foucault com a Aids. Despachou Lacan, Williams e Bourdieu e baniu Louis Althusser para um hospital psiquiátrico pelo assassinato de sua esposa. Parecia que Deus não era um estruturalista.

Muitas das idéias desses pensadores continuam a ter valor incomparável. Alguns deles ainda estão produzindo trabalhos de grande importância. Aqueles a quem o título deste livro sugere que "teoria" agora acabou, e que podemos todos voltar, aliviados, a uma idade de inocência pré-teórica, poderão se decepcionar. Não pode haver nenhum retorno a uma época em que era suficiente declarar que Keats era deleitável ou que Milton era um espírito resoluto. Não é como se o projeto todo fosse um equívoco alarmante, e que bastasse agora alguma alma misericordiosa soar o apito para que todos nós pudéssemos retroceder ao que quer que estivéssemos fazendo antes que Ferdinand de Saussure assomasse no horizonte. Se teoria significa uma reflexão razoavelmente sistemática sobre as premissas que nos orientam, ela permanece tão indispensável quanto sempre. Mas estamos vivendo agora as conseqüências do que se pode chamar alta teoria, numa época que, tendo se enriquecido com os *insights* de pensadores como Althusser, Barthes e Derrida, também avançou, de alguma forma, além deles.

A geração que se seguiu a essas figuras inovadoras fez o que fazem as gerações que se seguem: desenvolveu as idéias originais, aumentou-as, criticou-as e as aplicou. Os que podem concebem o feminismo ou o estruturalismo; os que não podem aplicam tais *insights* a *Moby Dick* ou a *A Cat in the Hat*. Mas a nova geração chegou sem nenhum corpo de idéias próprias comparável. A geração mais velha tinha se provado algo difícil de ser igualado. Não há dúvida de que, no tempo certo, o novo século produzirá sua própria ninhada de gurus. Por enquanto, no entanto, ainda estamos lidando com o passado — e isso num mundo que mudou dramaticamente desde que Foucault e Lacan sentaram-se pela primeira vez diante de suas máquinas de escrever. Que tipo de novo pensar é demandado pela nova era?

Antes de poder responder a essa questão, precisamos avaliar onde estamos. Estruturalismo, marxismo, pós-estruturalismo e similares já não são mais os assuntos *sexy* de antes. Em vez disso, o que é *sexy* é o sexo. Nas bases mais entusiasmadas da academia, um interesse pela filosofia francesa deu lugar a uma fascinação pelo *french kiss*. Em alguns círculos culturais, a política da masturbação exerce fascínio muito maior do que a política do Oriente Médio. O socialismo perdeu lugar para o sadomasoquismo. Entre estudantes da cultura, o corpo é um tópico imensamente chique, na moda, mas é, em geral, o corpo erótico, não o esfomeado. Há um profundo interesse por corpos acasalados, mas não pelos corpos trabalhadores. Estudantes de classe média e de fala mansa amontoam-se diligentemente nas bibliotecas para trabalhar com temas sensacionalistas como vampirismo e arranca-olho, seres biônicos e filmes pornôs.

Nada poderia ser mais compreensível. Trabalhar com a literatura sobre produtos eróticos de látex ou com as implicações políticas do *piercing* no umbigo é tomar literalmente o sábio e velho adágio segundo o qual estudar tem que ser divertido. É parecido com escrever sua tese de mestrado comparando diferentes sabores dos uísques maltados ou sobre a fenomenologia de um dia passado na cama. Isso cria uma continuidade harmônica entre o intelecto e a vida cotidiana. Há vantagens em ser capaz de escrever uma tese de doutorado sem sair da frente da TV. Nos velhos tempos, o *rock* era uma distração que afastava você dos estudos; agora pode bem ser o que você esteja estudando. Questões intelectuais já não são mais um assunto tratado em torres de marfim, mas fazem parte do mundo da mídia e dos *shopping centers*, dos quartos de dormir e dos motéis. Como tal, elas retornam ao domínio da vida cotidiana — mas só sob a condição de correrem o risco de perder a habilidade de criticar essa mesma vida. Hoje os antiquados que trabalham com alusões clássicas encontradas em Milton olham atravessado para os Jovens Turcos profundamente mergulhados em incesto e cyberfeminismo.[1] As brilhantes coisinhas jovens que compõem ensaios sobre o fetichismo dos pés ou sobre a história da braguilha olham com suspeita os velhos e esquálidos acadêmicos que ousam sustentar que Jane Austen é melhor do que Jeffrey Archer. Uma zelosa ortodoxia dá lugar a outra. Enquanto, nos velhos tempos, você poderia ser expulso pelos colegas da roda de bebida se não conseguisse detectar uma metonímia em Robert Herrick,[2] hoje pode ser visto como um indescritível *nerd* se, para começar, tiver ouvido falar de metonímias ou de Herrick.

Essa trivialização da sexualidade é especialmente irônica. Pois uma das mais destacadas conquistas da teoria cultural foi estabelecer gênero e sexualidade como legítimos objetos de estudo, como questões de persistente importância política. É notável como a vida intelectual, durante séculos, foi conduzida a partir do pressuposto tácito de que os seres humanos não tinham genitais. (Os intelectuais também se comportavam como se homens e mulheres não tivessem estômagos. Como observou o filósofo Emmanuel Levinas a respeito do conceito bastante nobre de *Dasein*, cunhado por Martin Heidegger, significando o tipo de existência peculiar aos seres humanos: "*Dasein* não come.") Friedrich Nietzsche comentou uma vez que, sempre que alguém falar, cruamente, de um ser humano como uma barriga com duas necessidades e uma cabeça com uma, o amante do conhecimento deve ouvir

[1]*Young Turks*, jovens que se rebelam contra a autoridade ou as expectativas sociais. Alusão aos Jovens Turcos, movimento iniciado em 1908 por jovens oficiais do exército visando implantar um projeto militar modernizante na Turquia. (*N. da T.*)

[2]Robert Herrick (1591-1674), considerado o maior dos poetas da corte de Carlos I. Sua obra está em http://www.luminarium.org. (*N. da T.*)

com muita atenção. Num avanço histórico, a sexualidade agora está firmemente estabelecida na vida acadêmica como uma das pedras de toque da cultura humana. Chegamos já a reconhecer que a existência humana tem pelo menos tanto a ver com fantasia e desejo quanto com verdade e razão. Só que a teoria cultural está se comportando hoje de maneira bem parecida com a de um professor celibatário de meia-idade que, vindo absorto, descobriu o sexo por acaso e está freneticamente tentando compensar o tempo perdido.

Outro ganho histórico da teoria cultural foi estabelecer que a cultura popular também merece ser estudada. Com algumas honrosas exceções, o pensamento acadêmico tradicional ignorou, durante séculos, a vida diária das pessoas comuns. Na verdade, ignorava mesmo era a própria vida, não apenas a diária. Não faz muito tempo, em algumas universidades tradicionalistas, ainda não era permitido pesquisar sobre autores que estivessem vivos. Isso resultava num grande incentivo para enfiar uma faca entre as costelas de alguém numa noite de neblina, ou num notável teste de paciência se seu romancista predileto tivesse uma saúde de ferro e apenas 34 anos de idade. Você certamente não poderia pesquisar qualquer coisa que visse à sua volta todos os dias, pois, por definição, isso não merecia ser estudado. Nas humanidades, a maior parte das coisas consideradas objetos de estudo adequados não era visível como são cortadores de unhas ou Jack Nicholson, mas invisível, como Stendhal, o conceito de soberania ou a sinuosa elegância da noção leibniziana de mônada. Hoje reconhece-se em geral que a vida diária é quase tão intricada, incompreensível, obscura e ocasionalmente tediosa quanto Wagner, sendo, assim, eminentemente merecedora de ser investigada. Nos velhos tempos, o teste do que valia a pena estudar era, com freqüência, o quão fútil, monótono e esotérico fosse o tema. Em alguns círculos atuais, o teste é a medida em que se trata de algo que você e seus amigos fazem à noite. Houve um tempo em que os estudantes escreviam ensaios acríticos, reverentes, sobre Flaubert, mas tudo isso está mudado. Hoje escrevem ensaios acríticos, reverentes, sobre *Friends*.

Ainda assim, o advento da sexualidade e da cultura popular como temas apropriados de estudo pôs fim a um mito poderoso. Ajudou a demolir o dogma puritano de que seriedade é uma coisa e prazer é outra. O puritano confunde prazer com frivolidade porque confunde seriedade com solenidade. O prazer fica fora do reino do conhecimento e, portanto, é perigosamente anárquico. De acordo com essa perspectiva, *estudar* o prazer seria como analisar quimicamente o champanhe em vez de tomá-lo. O puritano não vê que prazer e seriedade estão relacionados neste sentido: que descobrir modos de tornar a vida mais prazerosa para mais pessoas é um assunto sério. Tradicionalmente, isso é conhecido como discurso moral. Mas discurso "político" ficaria igualmente bem.

No entanto, prazer, a palavra vazia da moda na cultura contemporânea, também tem seus limites. Descobrir como tornar a vida mais prazerosa nem sempre é prazeroso. Como toda pesquisa científica, requer paciência, autodisciplina e uma inesgotável capacidade de se aborrecer. De qualquer modo, o hedonista que abraça o prazer como a realidade última é, com freqüência, apenas o puritano em rebelião escancarada. Ambos são usualmente obcecados pelo sexo. Ambos igualam verdade e seriedade. O capitalismo puritano do velho estilo nos proibia de nos darmos prazer, pois, uma vez que tivéssemos adquirido o gosto pela coisa, provavelmente nunca mais seríamos vistos em nosso local de trabalho. Sigmund Freud sustentava que, se não fosse pelo que chamou de princípio da realidade, simplesmente ficaríamos jogados por aí o dia todo, em vários estados mais ou menos escandalosos de *jouissance*. No entanto um tipo de capitalismo mais esperto, consumista, nos persuade a sermos indulgentes com nossos sentidos e a nos gratificar tão despudoradamente quanto possível. Dessa maneira, não apenas consumiremos mais bens; também identificaremos nossa própria satisfação com a sobrevivência do sistema. Qualquer um que deixe de se deleitar orgasticamente, em gozo sensual, será visitado no meio da noite por um assassino brutal e temível conhecido como superego, cuja penalidade para a não-gratificação é uma culpa atroz. Mas, como esse rufião também nos tortura quando nos damos prazer, o melhor que podemos fazer é relaxar e gozar.

Então não há nada inerentemente subversivo no prazer. Ao contrário: como Karl Marx reconheceu, é um credo totalmente aristocrático. O nobre inglês tradicional era tão avesso ao trabalho desprazível que não podia nem ao menos se preocupar em articular as palavras adequadamente. Daí a fala embolada e arrastada dos aristocratas. Aristóteles acreditava que ser um ser humano era algo em que você tinha que se aperfeiçoar através da prática constante, como para aprender catalão ou gaita-de-foles; já o nobre inglês, se fosse virtuoso, como ocasionalmente se dignava ser, sua bondade seria puramente espontânea. Esforço moral era coisa para comerciantes e balconistas.

Nem todos os que estudam a cultura são cegos ao narcisismo ocidental envolvido no pesquisar a história dos pêlos púbicos enquanto metade da população mundial carece de condições sanitárias adequadas e sobrevive com menos de dois dólares por dia. Na verdade, o setor mais florescente dos estudos culturais de hoje é o dos chamados estudos pós-coloniais, que tratam justamente dessa condição opressiva. Como o discurso sobre gênero e sexualidade, esses têm sido uma das mais preciosas conquistas da teoria cultural. Ainda assim, essas idéias surgiram entre novas gerações que, não por culpa própria, conseguem se lembrar de pouca coisa que tenha uma importância política de impacto mundial. Antes que surgisse a chamada guerra ao terrorismo, parecia que não poderia haver nada mais momentoso para os jovens europeus contarem a seus netos do que o advento do euro. Ao longo das enfadonhas décadas do conservadorismo pós-1970, o senso histórico havia se tornado crescentemente obtuso, já que convinha aos que estavam no poder que não fôssemos capazes de imaginar qualquer alternativa ao presente. O futuro seria, simplesmente, o presente indefinidamente repetido — ou, como destacaram os pós-modernistas, "o presente *plus* mais opções". Há agora os que insistem piamente na "historicização" e que parecem acreditar que qualquer coisa acontecida antes de 1980 é história antiga.

Viver em tempos interessantes não é com certeza uma bênção pura e simples. Não constitui nenhum consolo especial ser capaz de se lembrar do Holocausto ou ter sobrevivido à guerra do Vietnã. A inocência e a amnésia têm suas vantagens. Não faz sentido lamentar aqueles dias de intensa felicidade quando, todos os fins de semana, você podia ter seu crânio fraturado pela polícia no Hyde Park. Lembrar-se de uma história política que tenha sacudido o mundo também é, pelo menos para a esquerda, recordar o que, em sua maior parte, foi uma história de derrotas. De qualquer modo, uma nova e ameaçadora fase de política global abriu-se agora, nem mesmo os mais reclusos dos acadêmicos serão capazes de ignorá-la. Ainda assim, o que se provou mais danoso, pelo menos até a emergência do movimento anticapitalista, foi a ausência de memórias de ação política coletiva — e efetiva. É isso que tem distorcido tantas idéias culturais contemporâneas. No centro de nosso pensar há um vórtice que o tira do prumo.

Muito do mundo como o conhecemos é de origem recente, a despeito de sua aparência sólida, bem-revestida. Ele foi vomitado pelos vagalhões causados pelo nacionalismo revolucionário que varreu o globo no período após a Segunda Guerra Mundial, arrancando uma nação após outra das garras do colonialismo ocidental. A própria luta dos Aliados na Segunda Guerra foi uma ação colaborativa bem-sucedida numa escala sem precedentes na história humana. Esmagou um fascismo malévolo no coração da Europa e, ao fazê-lo, assentou alguns dos alicerces do mundo que conhecemos hoje. Boa parte da comunidade global que vemos à nossa volta foi formada, bem recentemente, por projetos coletivos revolucionários — projetos que foram lançados, com bastante freqüência, pelos fracos e famintos, mas que não obstante provaram-se bem-sucedidos em desalojar os estrangeiros predadores que os dominavam. De fato, os próprios impérios ocidentais que essas revoluções desmantelaram eram, em sua maior parte, produtos de revoluções — justamente as mais vitoriosas de todas e que esquecemos que aconteceram. Isso normalmente significa aquelas revoluções que produziram tipos como nós. As revoluções de outras pessoas sempre nos chamam mais a atenção do que as nossas.

Mas uma coisa é fazer uma revolução, outra é sustentá-la. Na verdade, para o mais eminente líder revolucionário do século XX, o que deu vida a algumas revoluções foi também o que, em última instância, as levou ao fracasso. Vladimir Lenin acreditava que o próprio atraso da Rússia czarista era o que havia ajudado a tornar possível a revolução bolchevista. A Rússia era uma nação pobre de instituições cívicas que garantissem a lealdade dos cidadãos para com o Estado e, assim, ajudassem a evitar a insurreição política. Seu poder era centralizado, ao invés de difuso; coercitivo, ao invés de consensual. Estava concentrado na máquina do Estado, de modo que derrubá-lo era o mesmo que se apossar, de um só golpe, da soberania. Mas foram essa pobreza e esse atraso que contribuíram para pôr em perigo a revolução, uma vez feita. Não se podia construir o socialismo num ermo econômico, cercado por poderes mais fortes e politicamente hostis, em meio a uma massa de trabalhadores e camponeses sem capacitação e analfabetos, carentes de tradições de organização social e autogoverno democrático. A tentativa de fazer isso requereu as medidas de força do stalinismo, que acabaram por subverter precisamente o socialismo que se estava tentando construir.

Algo do mesmo tipo afligiu muitas daquelas nações que no século XX conseguiram libertar-se da dominação colonial ocidental. Por uma trágica ironia, o socialismo provou-se menos possível onde era mais necessário. Na verdade, a teoria pós-colonial surgiu, primeiramente, como conseqüência do fracasso das nações do Terceiro Mundo de seguirem por conta própria. Ela marcou o fim da era das revoluções no Terceiro Mundo e os primeiros lampejos do que hoje conhecemos como globalização. Nas décadas de 1950 e 1960, uma série de movimentos de libertação conduzidos pelas classes médias nacionalistas havia derrubado seus senhores coloniais em nome da soberania política e da independência econômica. O povo empobrecido que demandava essas metas foi mantido sob controle pelas elites do Terceiro Mundo, que puderam se instalar no poder montadas nas costas do descontentamento popular. Uma vez bem alojadas aí, teriam que se ocupar em manter um equilíbrio precário entre as pressões radicais vindas de baixo e as forças globais de mercado vindas de fora.

O marxismo, uma corrente essencialmente internacionalista, emprestou apoio a esses movimentos respeitando suas demandas por autonomia política e vendo neles um sério revés para o capitalismo mundial. Mas eram poucos os marxistas que alimentavam muitas ilusões a respeito das elites aspirantes de classe média que lideravam essas correntes nacionalistas. Ao contrário dos tipos mais sentimentais de pós-colonialismo, a maior parte do marxismo não presumiu que "Terceiro Mundo" significava bom, e "Primeiro Mundo", mau. Em vez disso, insistiu numa análise de classe das próprias políticas coloniais e pós-coloniais.

Isolados, assolados pela pobreza e desprovidos de tradições cívicas, liberais ou democráticas, alguns desses regimes viram-se seguindo o caminho stalinista e caindo num isolamento paralisador. Outros tiveram de reconhecer que não poderiam seguir por conta própria — que a soberania política não havia trazido com ela nenhum autêntico autogoverno econômico e que nunca poderia fazê-lo num mundo dominado pelo Ocidente. À medida que a crise do mundo capitalista se aprofundava, a partir da década de 1970, e que inúmeras nações do Terceiro Mundo entravam ainda mais fundo na estagnação e na corrupção, a agressiva reestruturação de um capitalismo ocidental enfrentando tempos difíceis finalmente pôs fim a ilusões de independência nacional-revolucionária.

Com isso, "terceiro-mundismo" deu lugar a "pós-colonialismo". A obra magistral de Edward Said, *Orientalism*, publicada em 1978, marcou essa transição em termos intelectuais, apesar das compreensíveis reservas do autor a respeito de grande parte da teoria pós-colonial que se seguiria à publicação. O livro apareceu no momento em que a sorte da esquerda internacional dava uma virada.

Considerando o fracasso parcial da revolução nacional no chamado Terceiro Mundo, a teoria pós-colonial ouvia com cautela todas as falas sobre nacionalidade. Teóricos que eram muito jovens ou muito obtusos para se lembrar de que o nacionalismo, no seu tempo próprio, havia sido uma força anticolonial surpreendentemente efetiva não podiam ver nele nada além de um chauvinismo benigno ou de um supremacismo étnico. Em vez disso, muito do pensamento pós-colonial centrou-se nas dimensões cosmopolitas de um mundo no qual Estados pós-coloniais estavam sendo inexoravelmente sugados para a órbita do capital global. Ao fazer isso, esse pensamento refletia uma genuína realidade. Mas, ao rejeitar a idéia de nacionalidade, também tendeu a se desfazer da noção de classe, que estivera tão intimamente associada à nação revolucionária. A maior parte dos novos teóricos era não apenas "pós" colonialismo, mas "pós" o ímpeto revolucionário que, originalmente, havia gerado as novas nações. Se aqueles estados-nação haviam falhado parcialmente, incapazes de se pôr em bons termos com o afluente mundo capitalista, então olhar além da nação parecia significar olhar além da classe também — e isso num tempo em que o capitalismo era mais poderoso e predatório do que nunca.

É verdade que, num certo sentido, os próprios nacionalistas revolucionários também tinham lançado o olhar para além da classe. Mobilizando o povo do país, puderam conceber uma unidade espúria a partir de interesses de classe conflitivos. As classes médias tinham muito mais a ganhar com a independência nacional do que os trabalhadores e camponeses empobrecidos, que simplesmente acabaram se vendo presenteados com um conjunto de exploradores nativos para substituir os estrangeiros. Ainda assim, essa unidade não era inteiramente fictícia. Se a idéia da nação era um deslocamento do conflito de classes, também serviu para moldá-lo; se ajudou a criar algumas ilusões perigosas, também concorreu para virar o mundo de cabeça para baixo. Na verdade, o nacionalismo revolucionário foi, de longe, a mais bem-sucedida onda radical do século XX. Num sentido, diferentes grupos e classes no Terceiro Mundo realmente enfrentavam um antagonista ocidental comum. A nação havia se tornado a principal forma assumida pela luta de classes contra esse antagonista. Tratava-se, é certo, de uma forma estreita, distorcida, e que, no final, provar-se-ia deploravelmente inadequada. *O Manifesto Comunista* observa que, antes de tudo, a luta de classes ganha forma nacional, mas seu conteúdo vai bem além dessa forma. Ainda assim, a nação era um modo de mobilizar diferentes classes sociais — camponeses, trabalhadores, estudantes, intelectuais — contra os poderes coloniais que barravam o caminho para a independência que buscavam. E tinha um poderoso argumento a seu favor: o sucesso, pelo menos para começar.

Por outro lado, parte da nova teoria viu sua atenção passando de classes para colonialismo — como se colonialismo e pós-colonialismo não fossem, em si mesmos, questões de classe! À sua maneira eurocêntrica, ela identificou o conflito de classes apenas com o Ocidente, ou o viu apenas em termos nacionais. Já para os socialistas, a luta anticolonial também era uma luta de classes: representava um golpe contra o poder do capital internacional, que não havia demorado a responder àquele desafio com continuada violência militar. Era uma batalha entre o capital ocidental e os trabalhadores explorados do mundo. Mas, por ter sido moldado em termos nacionais, esse conflito de classes também ajudou a preparar o caminho para a dissolução gradual da própria idéia de classe nos escritos pós-coloniais posteriores. Esse é um dos significados da afirmação de que, como veremos adiante, o ponto alto das idéias radicais em meados do século XX foi também o começo de sua curva descendente.

Muito da teoria pós-colonial mudou o foco de classe e nação para etnicidade. Isso significou, entre outras coisas, que os problemas específicos da cultura pós-colonial foram, com freqüência, falsamente incorporados à questão muito distinta de "política de identidade" do Ocidente. Dado que a etnicidade é, em grande parte, uma questão cultural, essa mudança de foco representou também uma passagem da política para a cultura. De alguma forma, isso refletiu mudanças reais no mundo. Mas também ajudou a despolitizar a questão do pós-colonialismo e a inflar o papel da cultura dentro dele; as maneiras como isso se deu estavam em harmonia com o novo clima pós-revolucionário no próprio Ocidente. "Libertação" já não estava no ar e, ao final da década de 1970, "emancipação" soava como algo um tanto antiquado. Assim, parecia que, tendo tido um branco, incapaz de encontrar uma boa resposta em casa, a esquerda do Ocidente estava agora buscando um ponto de encontro no exterior. No entanto, ao viajar para fora, trouxe em sua bagagem a crescente obsessão ocidental pela cultura.

Ainda assim, as revoluções no Terceiro Mundo deram testemunho, à sua própria maneira, do poder da ação coletiva. O mesmo, de uma forma diferente, ocorreu com as ações militantes dos movimentos operários ocidentais que, na década de 1970, ajudaram a derrubar um governo britânico. Assim também fizeram os movimentos pacifistas e estudantis do final dos anos 60 e início dos 70, desempenhando um papel fundamental no encerramento da guerra do Vietnã. No entanto muito da recente teoria cultural tem pouca memória de tudo isso. De seu ponto de vista, ação coletiva significa deslanchar guerras contra nações mais fracas, e não dar um fim misericordioso a tais aventuras. Num mundo que testemunhou a ascensão e queda de vários regimes brutalmente totalitários, a idéia mesma de vida coletiva acaba parecendo vagamente desacreditada.

Para parte do pensamento pós-moderno, o consenso é tirânico, e a solidariedade, nada mais do que uniformidade desprovida de alma.[3] Mas, enquanto os liberais opõem a essa conformidade o indivíduo, os pós-modernistas, alguns dos quais duvidam da própria realidade do indivíduo, contrapõem a ela margens e minorias. Aquilo que ocupa uma posição oblíqua à sociedade como um todo — o marginal, louco, desviante, perverso, transgressor — é o mais fértil, politicamente. A vida social majoritária pode ser de pouco valor. E, por iro-

[3]"Pós-moderno" quer dizer, aproximadamente, o movimento de pensamento contemporâneo que rejeita totalidades, valores universais, grandes narrativas históricas, sólidos fundamentos para a existência humana e a possibilidade de conhecimento objetivo. O pós-modernismo é cético a respeito de verdade, unidade e progresso, opõe-se ao que vê como elitismo na cultura, tende ao relativismo cultural e celebra o pluralismo, a descontinuidade e a heterogeneidade.

nia, esse é, justamente, o tipo de ponto de vista elitista, monolítico, que os pós-modernistas mais criticam em seus oponentes conservadores.

Ao resgatar o que a cultura ortodoxa empurrou para as margens, os estudos culturais fizeram um trabalho vital. As margens podem ser lugares indescritivelmente dolorosos para se estar, e há poucas outras tarefas mais honrosas para estudantes da cultura do que ajudar a criar um espaço no qual o descartado e ignorado possa encontrar uma língua, uma fala. Já não é mais tão fácil alegar que não há nada na arte étnica a não ser ficar batendo em tambores de óleo ou chacoalhando um feixe de ossos. O feminismo não apenas transformou a paisagem cultural, mas também se tornou, como veremos adiante, o próprio modelo de moralidade para nosso tempo. Enquanto isso, aqueles machões de raça branca que, infelizmente para si mesmos, ainda não estão totalmente mortos, foram metaforicamente pendurados de cabeça para baixo nos postes, enquanto as moedas de origem ilícita que rolam de seus bolsos têm sido usadas para financiar projetos de arte comunitária.

O que está sob ataque aqui é o *normativo*. Dessa perspectiva, a vida social majoritária é uma questão de normas e convenções e, portanto, inerentemente opressiva. Apenas o marginal, perverso e aberrante pode escapar a essa deprimente arregimentação. As normas são opressivas porque usam um mesmo molde para conformar indivíduos peculiarmente diferentes. Como escreve o poeta William Blake, “Uma única Lei para o Leão e o Boi é opressão”. Os liberais aceitam essa normatização como necessária se for para garantir a todos as mesmas chances existenciais de realizar suas personalidades únicas. Ela levará, em suma, a conseqüências que reduzem seus efeitos. Os libertários, no entanto, estão menos resignados com esse nivelamento. Nisso, aproximam-se, ironicamente, dos conservadores. Libertários de temperamento sanguíneo como Oscar Wilde sonham com uma sociedade futura na qual todos serão livres para ser seus incomparáveis si-mesmos. Para eles, não se coloca, de forma alguma, a questão de pesar e medir indivíduos, assim como não se pode fazer comparação entre o conceito de inveja e um papagaio.

Por outro lado, libertários pessimistas ou envergonhados como Jacques Derrida e Michel Foucault vêem que as normas são inevitáveis, basta que se abra a boca. A palavra "escuna" — que, como o leitor saberá, significa embarcação de dois mastros na qual as velas principais são latinas e que geralmente dispõe de vergas apenas no mastro de vante — soa bastante precisa, mas tem que se esticar para abranger todo tipo de embarcações desse tipo geral, cada uma com suas peculiaridades. A linguagem achata e nivela as coisas. É normativa do princípio ao fim. Dizer "folha" implica que dois pedaços incomparavelmente diferentes de matéria vegetal sejam uma e a mesma coisa. Dizer "aqui" homogeneíza toda uma rica diversidade de lugares distintos.

Pensadores como Foucault e Derrida irritam-se com essas equivalências, mesmo quando as aceitam como inevitáveis. Gostariam de um mundo inteiramente feito de diferenças. Na verdade, assim como Nietzsche, seu grande mentor, pensam que o mundo *é* inteiramente feito de diferenças, mas que temos de forjar identidades se quisermos sobreviver. É verdade que, num mundo de puras diferenças, ninguém seria capaz de dizer qualquer coisa inteligível — e não poderiam existir poesia, sinais de trânsito, cartas de amor ou folhas de registro, bem como nenhuma afirmação de que tudo é peculiarmente diferente de tudo o mais. Mas isso é simplesmente o preço que se teria que pagar para não ser constrangido pelo comportamento de outros, como quando se paga aquele pouquinho a mais por uma passagem de trem na primeira classe.

É um equívoco, contudo, acreditar que as normas são sempre restritivas. De fato, esse é um crasso delírio romântico. Em nosso tipo de sociedade, a norma é que as pessoas não se joguem sobre totais estranhos, emitindo um grito rouco, e amputem suas pernas. Está convencionado que assassinos de crianças sejam punidos, que homens e mulheres que trabalham possam deixar seus empregos, e que ambulâncias em alta velocidade a caminho de um acidente de tráfego não sejam bloqueadas só porque quero que se lixem. Qualquer um que se sinta oprimido por tudo isso tem de estar padecendo de grave supersensibilidade. Apenas um intelectual com uma overdose de abstração poderia ser obtuso o bastante para imaginar que qualquer coisa que viole uma norma será sempre politicamente radical.

Os que acreditam que a normatividade é sempre negativa também tenderão a sustentar que a autoridade é sempre suspeita. Nisso, diferem dos radicais, que respeitam a autoridade daqueles com longa experiência na luta contra a injustiça ou das leis que protegem a integridade física das pessoas ou as condições de trabalho. Do mesmo modo, alguns pensadores culturais dos tempos modernos parecem acreditar que as minorias são sempre mais vibrantes que as maiorias. Essa não é uma das crenças mais populares entre as vítimas desfiguradas do separatismo basco. Alguns grupos fascistas, no entanto, podem sentir-se lisonjeados ao ouvir isso, bem como amantes de OVNIs e os Adventistas do Sétimo Dia. Foram as maiorias, não minorias, que confundiram o poder imperial na Índia e derrubaram o *apartheid*. Aqueles que se opõem a normas, autoridade e maiorias por si mesmas são universalistas abstratos, embora a maior parte deles também se oponha ao universalismo abstrato.

O preconceito pós-moderno contra normas, unidades e consensos é um preconceito politicamente catastrófico. E também notavelmente simplório. Mas isso não advém apenas do fato de ele ter para recordar somente uns poucos preciosos exemplos de solidariedade política. Também reflete uma autêntica mudança social. É um resultado da aparente desintegração da antiquada sociedade burguesa numa multidão de subculturas. Um dos desdobramentos históricos de nossa era tem sido o declínio da classe média tradicional. Como tem argumentado Perry Anderson, a sólida, civilizada, moralmente elevada burguesia que conseguiu sobreviver à Segunda Guerra Mundial foi substituída, em nosso tempo, por "princesas vedetes e presidentes insípidos e vulgares, camas para alugar na residência oficial e subornos para livrar pistoleiros de aluguel, disneyficação de protocolos e tarantinização de práticas". O "sólido anfiteatro (burguês)", escreve Anderson com vívido desprezo, cedeu lugar a "um aquário de formas flutuantes, evanescentes — os projetistas e gerentes, auditores e zeladores, administradores e especuladores do capital contemporâneo: funções de um universo monetário que não conhece formas sociais imutáveis nem identidades estáveis".[4] É essa ausência de identidades estáveis que constitui, para parte da teoria cultural de hoje, a última palavra em radicalismo. A instabilidade da identidade é "subversiva" — um postulado

[4]Perry Anderson, *The Origins of Postmodernity*, Londres, 1998, p. 86 e 85.

que seria interessante testar entre os socialmente descartados e ignorados.

Nessa ordem social, então, já não se pode mais ter rebeldes da Boêmia ou *avant-gardes* revolucionárias, porque já não têm mais o que explodir. Seu inimigo que usava cartola e sobrecasaca, facilmente indignável, evaporou. Em vez disso, o não-normativo tornou-se a norma. Hoje em dia não são apenas os anarquistas que dizem "tudo é permissível", mas também as vedetes, os editores de jornais, operadores da bolsa e executivos de grandes corporações. A norma agora é dinheiro; mas, como o dinheiro não tem absolutamente nenhum princípio ou identidade próprios, não é norma nenhuma. É totalmente promíscuo, e acompanhará, feliz, aquele que der o maior lance. É infinitamente adaptável às mais bizarras ou extremas situações e, como a Rainha, não tem nenhuma opinião própria a respeito de nada.

Parece, assim, que passamos da altamente respeitável hipocrisia das antigas classes médias para a presunção vulgar das novas. Passamos de uma cultura nacional, com um único conjunto de regras, para um estoque disparatado de subculturas, cada uma delas em divergência com as outras. É claro que isso é um exagero. O velho regime nunca foi assim tão unificado, nem o novo é tão fragmentado. Ainda existem algumas poderosas normas coletivas em funcionamento. Mas é verdade que, de modo geral, nossa nova elite dominante consiste, cada vez mais, em pessoas que cheiram cocaína, mais do que em pessoas que se parecem com Herbert Asquith ou Marcel Proust.

A esse respeito, a corrente de experimento cultural que conhecemos como modernismo foi afortunada. Rimbaud, Picasso e Bertolt Brecht ainda tinham uma burguesia clássica contra a qual podiam falar e fazer coisas rudes. Mas seu descendente, o pós-modernismo, não tem. Só que ele não parece ter-se dado conta do fato, talvez porque reconhecê-lo fosse embaraçoso demais. O pós-modernismo às vezes parece se comportar como se a burguesia clássica estivesse viva e saudável, e, ao fazer isso, acaba vivendo no passado. Gasta muito de seu tempo atacando verdade absoluta, objetividade, valores morais atemporais, pesquisa científica e crença no progresso histórico. Põe em questão a autonomia do indivíduo, as normas sociais e sexuais inflexíveis e a crença de que o mundo está assentado sobre sólidos fundamentos. Como todos esses valores fazem parte do mundo burguês em declínio, isso é mais ou menos o mesmo que despachar cartas iradas para a imprensa a respeito das hordas montadas de invasores hunos ou pilhar os cartagineses que se apossaram dos *Home Counties*.[5]

Isso não significa dizer que essas crenças ainda não tenham força. Fazem o maior sucesso em lugares como Ulster e Utah. Mas ninguém em Wall Street, e pouca gente na Fleet Street, acredita em verdade absoluta e em fundamentos inquestionáveis. Numa medida muito maior do que imagina o leigo ingênuo, há muitos cientistas bastante céticos a respeito da ciência, vendo-a como uma questão de acertos e erros, de experiência prática. São pessoas nas humanidades as que ainda pensam, candidamente, que os cientistas, em suas vestes brancas, consideram-se guardiões da verdade absoluta; é por isso que gastam um bocado de tempo tentando desacreditá-los. Os humanistas sempre desdenharam os cientistas. A dife-

[5] Os condados em torno de Londres, incorporados à Região Metropolitana com o processo de expansão urbana. (*N. da T.*)

rença é que costumavam desprezá-los por questões de esnobismo, e agora o fazem por questões de ceticismo. Poucas das pessoas que acreditam, teoricamente, em valores morais absolutos os põem em prática. São conhecidas, principalmente, como políticos e homens de negócios. Por outro lado, algumas das pessoas que se poderia esperar que acreditassem em valores absolutos não acreditam em nada disso, como é o caso dos filósofos morais e dos clérigos do tipo mais fervorosos. E, embora alguns norte-americanos geneticamente melhorados ainda possam ter fé no progresso, um enorme número de europeus constitucionalmente piorados não tem.

Mas não é só a classe média tradicional que desapareceu do mapa. O mesmo aconteceu com a classe trabalhadora tradicional. E, como classe trabalhadora significava solidariedade política, não é de surpreender que tenhamos agora uma forma de radicalismo profundamente descrente de tudo aquilo. O pós-modernismo não acredita em individualismo, pois não acredita nos indivíduos; mas também não põe muita fé na comunidade da classe trabalhadora. Em vez disso, deposita sua confiança no pluralismo — em uma ordem social que seja tão diversificada e inclusiva quanto possível. O problema com isso, tomado como um caso extremo, é que ele não contém muito de que o Príncipe Charles pudesse discordar. É verdade que o capitalismo, com bastante freqüência, cria divisões e exclusões para seus próprios fins. Ou isso, ou então lança mão das que já existem. E essas exclusões podem ser profundamente lesivas para uma grande quantidade de pessoas. Massas inteiras de homens e mulheres têm sofrido a miséria e a indignidade de uma cidadania de segunda classe. Em princípio, no entanto, o capitalismo é um credo impecavelmente inclusivo: não se importa, realmente, com quem ele está explorando. É admiravelmente igualitário em sua pronta disposição de arrasar praticamente qualquer um. Está preparado para conviver com qualquer de suas antigas vítimas, por menos atraente que seja. Na maior parte do tempo, pelo menos, está ansioso para juntar o maior número possível de culturas diferentes a fim de poder mascatear seus produtos para todas elas.

No espírito generosamente humanista do poeta antigo, nada do que é humano é estranho a esse sistema. Em sua caça ao lucro, viaja qualquer distância, agüenta qualquer privação, mora com os companheiros mais insuportáveis, sofre as mais abomináveis humilhações, tolera o papel de parede do mais extremo mau gosto e alegremente trai seu parente mais próximo. É o capitalismo que é desinteressado, não os acadêmicos. Mostra uma imparcialidade sublime diante de consumidores que usam turbantes e de outros que não usam, dos que ostentam extravagantes coletes cor de carmim e daqueles que não usam nada além de um pano em volta dos quadris. Tem o mesmo desprezo por hierarquias que um adolescente truculento e pega e mistura coisas com o mesmo zelo de um jantar americano. Prospera rompendo fronteiras e abatendo vacas sagradas. Seu desejo é insaciável e seu espaço, infinito. Sua lei é zombar de todos os limites, o que resulta em não se poder diferenciar entre lei e criminalidade. Em sua sublime ambição e em suas transgressões extravagantes, faz com que seus críticos mais anárquicos e descabelados pareçam sóbrios e tipicamente de classe média.

Há outros problemas, também familiares, com a idéia de inclusividade, nos quais não temos que nos deter por muito tempo. Quem é que tem que decidir quem será incluído? E, de qualquer modo, quem é — a pergunta de Groucho Marx

— que gostaria de ser incluído nesse arranjo? Se a marginalidade é um lugar tão fértil e subversivo como os pensadores pós-modernos tendem a sugerir, por que iriam querer sua abolição? E se, afinal, não existir nenhuma clara separação entre margens e maioria? Para um socialista, o verdadeiro escândalo do mundo atual é que, nele, quase todos são banidos para as margens. No que se refere às corporações transnacionais, grandes grupos de homens e mulheres não estão realmente nem aqui nem ali. Nações inteiras são empurradas para a periferia. Classes inteiras de pessoas são consideradas disfuncionais. Comunidades são arrancadas pelas raízes e forçadas a migrar.

Neste mundo, o que é central pode deixar de sê-lo da noite para o dia: nada nem ninguém é permanentemente indispensável, e muito menos os executivos de corporações. Quem ou que coisa é chave para o sistema é algo discutível. Os destituídos são, obviamente, marginais, como também muito dos restos e detritos vomitados pela economia global; mas e os mal-pagos? Os mal-pagos não são centrais, mas também não são marginais. É o trabalho deles que mantém o sistema e o faz funcionar. E, numa escala global, os mal-pagos significam uma imensa massa humana. Esse é, curiosamente, um arranjo que deixa de fora a maior parte de seus membros. E, nesse aspecto, é igual a qualquer sociedade de classes que já tenha existido. Ou, quanto a isso, como a sociedade patriarcal, que põe em situação de inferioridade praticamente a metade de seus membros.

Desde que pensemos margens como *minorias*, esse fato extraordinário fica convenientemente obscurecido. A maior parte do pensamento cultural dos dias de hoje vem dos Estados Unidos, um país que abriga algumas minorias étnicas de tamanho considerável e também a maior parte das grandes corporações do mundo. Mas, como os americanos não estão muito acostumados a pensar em termos internacionais, dado que seus governos têm mais interesse em dominar o mundo do que em refletir sobre ele, "marginal" acaba significando mexicano ou afro-americano, em vez de incluir, além desses, o povo de Bangladesh ou os antigos mineiros e operários de estaleiros do Ocidente. Os mineiros não se parecem tanto assim com o Outro, exceto aos olhos de uns poucos personagens de D. H. Lawrence.

Na verdade, existem épocas nas quais não parece ter muita importância quem seja o Outro. É simplesmente qualquer grupo que deixe em evidência você e sua desastrosa normatividade. Uma turva subcorrente de masoquismo corre por baixo dessa exoticização, enfeitada com uma pitada da boa e antiquada culpa puritana norte-americana. Se você fosse branco e ocidental, seria melhor ser mais ou menos qualquer um, em vez de você mesmo. O oportuno desenterrar de uma avó celta ou um esbarrão casual num primo de segundo grau, mas da Cornualha, poderia servir, em alguma medida, para amenizar sua culpa. Com uma arrogância superficialmente mascarada de humildade, o culto ao Outro presume que não existam maiores conflitos ou contradições dentro das próprias maiorias. Ou, quanto a isso, dentro das minorias. Existem apenas Eles e Nós, margens e maiorias. Algumas das pessoas que sustentam essa opinião também suspeitam profundamente de oposições binárias.

Não pode haver nenhum retorno a idéias de coletividade que pertencem a um mundo se desfazendo diante de nossos olhos. A história humana agora é, em sua maior parte, tanto pós-coletivista quanto pós-individualista. Se isso dá a sensação de vácuo, também pode representar uma oportunidade. Precisamos imaginar novas formas de pertencimento — que, em nosso tipo de mundo, tenderão a ser múltiplas, em vez de monolíticas. Algumas dessas formas terão algo da intimidade das relações tribais ou comunais, enquanto outras serão mais abstratas, mediadas e indiretas. Não existe apenas um único tamanho ideal de sociedade à qual pertencer, nenhum espaço sapatinho-de-cristal. O tamanho ideal de comunidade costumava ser conhecido como Estado-nação, mas mesmo alguns nacionalistas já não vêem mais isso como o único âmbito desejável.

Se homens e mulheres necessitam de liberdade e mobilidade, também precisam de um senso de tradição e pertencimento. Não há nada retrógrado a respeito de raízes. Em boa medida, o culto pós-moderno ao migrante, que às vezes faz com que "migrante" soe ainda mais invejável que astro de *rock*, mostra-se desdenhoso a esse respeito. É uma remanescência do culto modernista do exílio, como o artista satânico que despreza as massas afluentes e extraí uma virtude elitista de sua compulsória condição de despossuído. O problema do momento é que os ricos têm mobilidade, enquanto os pobres têm localidade. Ou melhor: os pobres têm localidade até que os ricos metam as mãos nela. Os ricos são globais e os pobres são locais — a despeito do fato de que, assim como a pobreza é um fato global, também os ricos estão começando a apreciar os benefícios da localidade. Não é difícil imaginar comunidades afluentes do futuro protegidas por torres de vigilância, holofotes e metralhadoras e, ao mesmo tempo, nos terrenos baldios em volta, os pobres revirando os lixos em busca de qualquer coisa que possa ser comida. No meio-tempo, de forma bem mais encorajadora, o movimento anticapitalista está empenhado em delinear novas relações entre globalidade e localidade, diversidade e solidariedade.

CAPÍTULO 2 A ascensão e queda da teoria

As idéias culturais mudam com o mundo sobre o qual refletem. Se insistem, como realmente fazem, na necessidade de ver as coisas em seu contexto histórico, então isso também tem que ser aplicado a elas mesmas. Até as teorias mais rarefeitas têm uma raiz na realidade histórica. Veja, por exemplo, a hermenêutica, a ciência ou arte da interpretação. De modo geral, reconhece-se que o fundador da hermenêutica foi o filósofo alemão Friedrich Schleiermacher.[6] O que não é tão amplamente sabido é que o interesse de Schleiermacher pela arte da interpretação foi provocado quando o convidaram para traduzir um livro chamado *Um relato da colônia inglesa na Nova Gales do Sul*, que registra o encontro do autor com os povos aborígines australianos. Schleiermacher se perguntava como poderíamos entender as crenças desse povo, embora parecessem tão desesperadamente estranhos a nós.[7] Foi de um encontro colonial que nasceu a arte da interpretação.

A teoria cultural tem de ser capaz de prestar contas, em alguma medida, de seu próprio surgimento, de seu desen-

[6]Friedrich Schleiermacher (1768-1834), teólogo e filósofo, chamado "o pai da moderna teologia protestante". (*N. da T.*)

[7]Ver Andrew Bowie (org.), *Friedrich Schleiermacher: Hermeneutics and Criticism*, Cambridge, 1998, p. xix.

volvimento e de suas falhas. Estritamente falando, essa teoria começou lá em Platão. Em suas formas mais familiares a nós, é realmente um produto de uma década e meia extraordinária, por volta de 1965 a 1980. É nesse período assombrosamente fecundo que a maior parte dos pensadores listados na abertura do capítulo anterior produziu seus trabalhos pioneiros.

Qual a significância dessas datas? É que a teoria cultural apareceu no único período, desde a Segunda Guerra Mundial, no qual a extrema esquerda política desfrutou breve proeminência, antes de afundar até quase desaparecer de vista. As novas idéias culturais tinham suas raízes profundamente fincadas na era dos direitos civis e das rebeliões estudantis, das frentes de libertação nacional, das campanhas antiguerra e antinuclear, do surgimento do movimento das mulheres e do apogeu da liberação cultural. Foi uma época na qual a sociedade de consumo estava sendo lançada com fanfarras; na qual a mídia, a cultura popular, as subculturas e o culto da juventude surgiram pela primeira vez como forças sociais a serem levadas em conta; e na qual as hierarquias sociais e os costumes tradicionais começavam a ser alvos de ataques satíricos. Toda a sensibilidade da sociedade havia passado por uma de suas transformações periódicas. Tínhamos mudado de esforçados, autodisciplinados e submissos para relaxados, hedonistas e insubordinados. Se havia um generalizado descontentamento, havia também uma esperança visionária. Existia uma percepção geral, excitada, de que o presente era o lugar para se ser. E, se assim fosse, era porque, em parte, ele parecia tão obviamente o arauto de um novo futuro, o portal para uma terra de infindáveis possibilidades.

Acima de tudo, as novas idéias culturais ganharam forma num capitalismo para o qual a própria cultura estava se tornando mais e mais importante. Essa foi uma mudança inusitada. Cultura e capitalismo dificilmente fazem uma dupla tão familiar quanto Corneille e Racine ou o Gordo e o Magro. Na verdade, cultura tinha tradicionalmente significado quase que o oposto de capitalismo. O conceito de cultura cresceu como uma crítica à sociedade de classe média, não como um aliado seu. Cultura tinha a ver com valores, em vez de preços; com o moral, em vez de o material; com o elevado, em vez de o filisteu. Dizia respeito ao cultivo de poderes humanos como fins em si mesmos, em vez de por algum ignóbil motivo utilitário. Tais poderes formavam uma totalidade harmônica; não eram apenas um amontoado de ferramentas especializadas, e "cultura" significava essa esplêndida síntese. Era o abrigo precário onde podiam se refugiar os valores e as energias para os quais o capitalismo não tinha nenhum uso. Era o lugar onde o erótico e o simbólico, o ético e o mitológico, o sensorial e o emocional podiam fazer sua morada dentro de uma ordem social que dispunha de cada vez menos tempo para qualquer um deles. De suas alturas patrícias, olhava com desprezo os donos de lojas e os operadores da bolsa pululando lá em baixo, nas terras áridas do comércio.

No entanto, lá pelas décadas de 1960 e 1970, cultura também estava começando a significar filme, imagem, moda, estilo de vida, *marketing*, propaganda, mídia. Signos e espetáculos estavam se espalhando por toda a vida social. Havia ansiedades na Europa a respeito da americanização cultural. Parecíamos ter alcançado a afluência sem satisfação, o que impeliu as questões culturais ou de "qualidade de vida" para a primeira fila. Cultura, no sentido de valor, símbolo, linguagem, arte, tradição e identidade, era o próprio ar que respiravam movimentos sociais como o feminismo e o Black Power. Ela agora se alinhava à dissidência, não às soluções harmoniosas. Era também o fluido vital dos recém-articulados artistas e críticos de origem trabalhadora que, pela primeira vez, e ruidosamente, faziam cerco aos bastiões da alta cultura e da educação superior. A idéia de revolução cultural migrou do chamado Terceiro Mundo para o próspero Ocidente, em uma estonteante *mélange* de Fanon, Marcuse, Reich, Beauvoir, Gramsci e Godard.

Enquanto isso, chegava às ruas um conflito a respeito dos usos do conhecimento. Era uma disputa entre aqueles que queriam transformar o conhecimento em equipamento militar e tecnológico ou em técnicas de controle administrativo e aqueles que viam nele uma chance de emancipação política. As universidades que haviam sido a própria casa da cultura tradicional, as cidadelas da pesquisa desinteressada, tornaram-se, por um efêmero momento, e da maneira menos usual, as cabines de comando da cultura entendida como luta política. A sociedade de classe média fora inconseqüente o bastante para criar instituições nas quais pessoas jovens, inteligentes, moralmente conscienciosas não tinham nada para fazer durante três ou quatro anos além de ler livros e ficar discutindo idéias; e o resultado dessa risível indulgência da sociedade foram revoltas estudantis no atacado. E nem estavam elas confinadas ao *campus*, como as campanhas pelo politicamente correto dos dias de hoje. Na França e na Itália, a agitação estudantil ajudou a detonar os maiores protestos de massa da classe trabalhadora do período pós-guerra.

Isso, com certeza, só tem a probabilidade de acontecer em circunstâncias políticas peculiares. Em nosso próprio tempo, os conflitos políticos nos *campi* têm sido, em grande medida, em torno de palavras, em vez de sobre células comunistas. Na verdade, os primeiros são, parcialmente, um resultado do desaparecimento dos últimos. Mesmo assim, permitir que pessoas jovens, sensíveis e politicamente idealistas estejam juntas durante anos a fio continua a ser uma política imprudente. Existe sempre um risco de que a educação possa deixar você em maus termos com os filisteus de mau gosto, totalmente carentes de conhecimento, que comandam o mundo e cujo vocabulário alcança, no máximo, palavras como petróleo, golfo, poder e *cheeseburger*. Pode deixar você menos que entusiasmado a respeito de confiar a governança do globo a homens que nunca ficaram entusiasmados com uma idéia, tocados por uma paisagem ou maravilhados com a transcendente elegância de uma solução matemática. Você pode desenvolver sérias dúvidas a respeito daquelas pessoas que têm a audácia de falar sobre defender a civilização sem serem capazes de reconhecer um obelisco ou um concerto de oboé se dessem de cara com eles. Esses são os homens e as mulheres que tagarelam sobre liberdade, mas só a reconheceriam sob a forma de um *press-release*.

Alguns dos conflitos políticos desse período foram razoavelmente bem-sucedidos; outros, não. O movimento estudantil do final dos anos 60 não impediu que a educação superior terminasse cada vez mais profundamente aprisionada em estruturas de violência militar e exploração industrial. Mas representou um desafio à maneira como as humanidades haviam sido cúmplices de tudo isso; e um dos frutos desse desafio foi a teoria cultural. As humanidades haviam perdido sua inocência: não podiam mais fingir não estarem maculadas pelo poder. Se quisessem continuar operando, agora era vital que fizessem uma pausa para refletir a respeito de seus próprios objetivos e de suas premissas. Essa auto-reflexão crítica é o que conhecemos como teoria. Teoria desse tipo acontece quando somos forçados a ganhar uma nova autoconsciência sobre o que estamos fazendo. É um sintoma de que já não podemos mais tomar aquelas práticas como garantidas. Ao contrário: elas agora têm que começar a tomar a si mesmas como objetos de sua própria investigação. Assim, sempre existe algo bastante narcisista na teoria, um certo grau de centramento no próprio umbigo, como perceberá qualquer um que já tenha encontrado uns tantos destacados teóricos dos Estudos Culturais.

Em outras partes, os resultados foram bastante variados. Se os poderes coloniais foram expulsos, os neocoloniais estavam ocupando os lugares deixados vagos. Ao lado do clima de afluência do pós-guerra, ainda existiam importantes partidos comunistas de massa na Europa. Mas, diante da agitação das novas forças sociais, eles responderam, no melhor dos casos, com dureza, e, no pior, com repressão. Na década de 1970, com o surgimento do chamado eurocomunismo, haviam optado mais decididamente que nunca pelo reformismo, em vez de pelo revolucionismo. O movimento das mulheres acumulou algumas notáveis conquistas, sofreu alguns sérios malogros e alterou muito do clima cultural do Ocidente, tornando-o quase irreconhecível.

Algo semelhante pode ser dito sobre as várias campanhas pelos direitos civis. Na Irlanda do Norte, a ditadura dos sindicalistas foi sitiada pelos protestos de massa, mas, quanto a um resultado totalmente democrático, isso ainda é coisa a ser vista. O movimento ocidental pela paz ajudou a sustar os passos belicosos de Lyndon Johnson, mas fracassou na tentativa de abolir as armas de destruição em massa. Ao desempenhar sua parte no encerramento da guerra no Sudeste Asiático, também se pôs fora do negócio como um movimento político de massa. Em outras partes do mundo, no entanto, correntes revolucionárias continuaram a derrubada dos poderes coloniais.

No tocante à cultura, o *establishment* cultural do pós-guerra, de natureza paternalista, branda, foi duramente abalado pelos experimentos populistas dos anos 60. Elitismo era agora um crime de pensamento apenas ligeiramente menos grave do que anti-semitismo. Para onde se olhasse, as classes médias altas estavam assiduamente se esforçando para "popularizar" seu sotaque e desbotar os *jeans*. O herói operário era triunfalmente propagandeado. Ainda assim, esse populismo politicamente rebelde também preparou o caminho para a generalizada cultura consumista dos anos 80 e 90. Aquilo que, durante algum tempo, havia sacudido a complacência da classe média foi logo cooptado por ela. Da mesma forma, gerentes de lojas e barzinhos não sabiam se deveriam ficar fascinados ou consternados com os *slogans* dos anos 60, como: "O que queremos? Tudo! Quando queremos? Agora!" O capitalismo necessita de um ser humano que jamais existiu — um que seja prudentemente refreado no escritório e ferozmente anárquico no *shopping center*. O que acontecia nos anos 60 era que as disciplinas da produção estavam sendo contestadas pela cultura do consumo. E isso era apenas parcialmente uma má notícia para o sistema.

O que havia não era simplesmente uma ascensão e queda de idéias radicais. Já vimos que o nacionalismo revolucionário registrou algumas vitórias notáveis, ao mesmo tempo que, involuntariamente, preparava o terreno para o discurso pós-classe do mundo empobrecido. Enquanto os estudantes estavam descobrindo o amor livre, um brutal imperialismo norte-americano estava no seu ponto máximo no Sudeste da Ásia. Se havia demandas novas por liberação, essas eram, em parte, reações a um capitalismo que se encontrava numa fase próspera, expansiva. O que estava sob ataque era a falta de alma de uma sociedade afluente, não as agruras de uma sociedade despossuída. Os partidos comunistas europeus fizeram alguns avanços, mas a reforma política na Tchecoslováquia foi esmagada por tanques soviéticos. Os movimentos de guerrilha na América Latina foram reprimidos. O estruturalismo, a nova moda intelectual, era radical em alguns aspectos e tecnocrático em outros. Se é verdade que desafiava a ordem social dominante, também a refletia. O pós-estruturalismo e o pós-modernismo iriam provar-se igualmente ambíguos, subvertendo os fundamentos metafísicos da sociedade de classe média com algo do relativismo de mercado que a caracteriza. Tanto os pós-modernistas quanto os neoliberais suspeitam de normas públicas, valores intrínsecos, hierarquias dadas, padrões de autoridade, códigos consensuais e práticas tradicionais. Só que os neoliberais admitem que rejeitam tudo isso em nome do mercado. Os pós-modernistas radicais, ao contrário, combinam essas aversões com a cautela um tanto estúpida do comercialismo. Nesse aspecto, os neoliberais, pelo menos, têm a virtude da consistência, quaisquer que sejam seus inúmeros vícios em outros.

O início dos anos 70 — o ponto mais alto da discordância radical — também viu os primeiros lampejos da cultura pós-moderna que, em algum momento, iria tornar-se dominante. Os dias dourados da teoria cultural estenderam-se até cerca de 1980 — vários anos depois da crise do petróleo que anunciara uma recessão global, da vitória da direita radical e do refluxo das esperanças revolucionárias. A militância da classe trabalhadora, tendo aflorado e crescido no início da década, sofreu um retrocesso dramático sob o ataque contínuo deslanchado contra o movimento trabalhista com o propósito de destruí-lo para sempre. Os sindicatos foram tolhidos e o desemprego deliberadamente criado. A teoria entrou em descompasso com a realidade, um tipo de conseqüência intelectual desastrosa numa era política tumultuada. Como freqüentemente acontece, as idéias tiveram um último brilhante florescimento quando as condições que as produziram já estavam desaparecendo. A teoria cultural desgarrou-se de seu momento de origem, embora tentasse, à sua própria maneira, mantê-lo ainda com alguma vida. Assim como a guerra, ela se tornou a continuação da política por outros meios. A emancipação que não havia sido conquistada nas ruas e fábricas podia ser alcançada, em vez disso, em intensidades eróticas ou no significante flutuante. Discurso e desejo vieram ocupar os lugares do Godard e do Guevara que haviam falhado. Ao mesmo tempo, algumas das novas idéias eram os primeiros sinais do vento de pessimismo pós-político que estava prestes a soprar por todo o Ocidente.

Também num outro sentido os resultados foram variados. As novas teorias do discurso, do desvio e do desejo eram não apenas alternativas para um esquerdismo político que havia fracassado, mas também modos de o aprofundar e enriquecer. Alguns argumentavam que, em primeiro lugar, e provavelmente, o esquerdismo não falharia se tivesse incorporado totalmente esses *insights*. A teoria cultural estava lá para relembrar à esquerda tradicional o que ela havia menosprezado: arte, prazer, gênero, poder, sexualidade, linguagem, loucura, desejo, espiritualidade, a família, o corpo, o ecossistema, o inconsciente, etnicidade, estilo de vida, hegemonia. Essa era, como quer que se olhe, uma fatia razoável da existência humana. É preciso ser um bocado míope para deixar de ver tudo isso. Seria como descrever a anatomia humana deixando de fora os pulmões e o estômago. Ou como o monge irlandês medieval que escreveu um dicionário e, inexplicavelmente, omitiu a letra S.

De fato, a tradicional política da esquerda — que às vezes realmente significava marxismo — nunca foi tão obtusa como isso sugere. Tivera bastante a dizer sobre arte e cultura, algumas vezes de forma tediosa e, outras, notavelmente original. Na verdade, a cultura ganhou em importância na tradição que viria a ser conhecida como marxismo ocidental. Georg Lukács, Walter Benjamin, Antonio Gramsci, Wilhelm Reich, Max Horkheimer, Herbert Marcuse, Theodor Adorno, Ernst Bloch, Lucien Goldmann, Jean-Paul Sartre, Fredric Jameson: dificilmente esses foram pensadores que ignoraram o erótico e o simbólico, a arte e o inconsciente, experiências reais e transformações da consciência. Não há, plausivelmente, uma herança mais rica no século XX do que esse pensamento. Foi dessa herança que os estudos culturais modernos receberam a deixa, embora muito desses não passem de uma pálida sombra de seus antecessores.

A mudança do marxismo ocidental para a cultura nasceu, parcialmente, da impotência e do desencanto político. Presos entre capitalismo e stalinismo, grupos como a Escola de Frankfurt puderam compensar sua condição de apátridas políticos voltando-se para questões culturais e filosóficas. Politicamente à deriva, puderam recorrer a seus formidáveis recursos culturais para confrontar um capitalismo no qual o papel da cultura estava se tornando cada vez mais vital; com isso, provaram-se, mais uma vez, politicamente relevantes. Tiveram a possibilidade de se dissociar de um mundo comunista brutalmente filisteu e, ao mesmo tempo, enriquecer imensamente as tradições de pensamento que o comunismo havia traído. Ao fazer isso, no entanto, muito do marxismo ocidental acabou sendo uma versão de certa forma revista e comportada de seus antepassados militantes revolucionários: acadêmico, desiludido e politicamente inócuo. Isso também foi transmitido a seus sucessores nos estudos culturais, para quem pensadores como Antonio Gramsci vieram a significar teorias da subjetividade, em vez de revolução operária.

Não há dúvida de que o marxismo deixou de lado gênero e sexualidade. Mas de forma alguma havia ignorado esses tópicos, embora muito do que teve a dizer sobre eles fosse dolorosamente insuficiente. A sublevação que iria derrubar o czar russo e instalar um regime bolchevista em seu lugar foi iniciada com as demonstrações no Dia Internacional das Mulheres em 1917. Uma vez no poder, os bolchevistas deram alta prioridade à igualdade para as mulheres. O marxismo havia sido quase totalmente silencioso a respeito do meio ambiente, mas na época quase todo mundo era. Houve, mesmo assim, algumas reflexões promissoras sobre a Natureza nos primeiros escritos de Marx e, mais tarde, entre os pensadores socialistas. O marxismo não exatamente desconsiderou o inconsciente; ele simplesmente o rechaçou *a priori* como uma invenção burguesa. Apesar disso, houve exceções importantes a essa atitude simplória, como o psicanalista marxista Wilhelm Reich; e prazer e desejo haviam desempenhado um papel central nas reflexões de filósofos marxistas como Herbert Marcuse. Um dos melhores livros já escritos sobre o corpo, *A fenomenologia da percepção*, foi trabalho do esquerdista francês Maurice Merleau-Ponty. Foi por influência da fenomenologia que alguns pensadores marxistas acabaram se envolvendo com questões da experiência vivida e da vida cotidiana.

A acusação de que o marxismo não tem tido nada a dizer sobre raça, nação, colonialismo ou etnicidade é igualmente falsa. Na verdade, o movimento comunista foi o único lugar, no início do século XX, onde as questões de nacionalismo e colonialismo — junto com a questão de gênero — foram sistematicamente levantadas e debatidas. Como escreveu Robert J. C. Young: "O comunismo foi o primeiro e único programa político a reconhecer a inter-relação dessas diferentes formas de dominação e exploração (classe, gênero e colonialismo) e a necessidade de abolir todas elas como base fundamental para a realização bem-sucedida da liberação de cada um."[8] Lenin pôs a revolução colonial entre as principais prioridades do governo soviético. As idéias marxistas foram vitais para as lutas anticoloniais na Índia, na África, na América Latina e em outras partes.

Na realidade, o marxismo foi a principal inspiração por trás das campanhas anticoloniais. Muitos dos grandes teóri-

[8]Robert J. C. Young, *Postcolonialism: An Historical Introduction*, Oxford, 2001, p. 142. Devo a este excelente estudo vários dos pontos defendidos aqui.

cos e líderes políticos anticoloniais do século XX foram educados no Ocidente e aprenderam de uma vez por todas com o marxismo ocidental. Ghandi inspirou-se em Ruskin, Tolstoi e outras fontes semelhantes. A maior parte dos Estados marxistas estava fora da Europa. Pode-se argumentar que as próprias políticas culturais, como conhecidas pelo Ocidente, foram, na maior parte dos casos, o produto dos chamados pensadores terceiro-mundistas, como Castro, Cabral, Fanon e James Connolly. Alguns pensadores pós-modernos sem dúvida veriam como lamentável o fato de militantes do "Terceiro Mundo" terem recorrido a essas manifestações da Razão Ocidental dominadora, como era o marxismo para eles. Esses são o tipo de teóricos que teriam assinalado o fato de, digamos, o marquês de Condorcet, uma figura maior do Iluminismo francês, acreditar, para descrédito seu, em conhecimento desinteressado, nos esplendores da ciência, no progresso perpétuo, em direitos humanos abstratos, na infinita perfectibilidade da humanidade e no contínuo desdobramento, na história, da essência da verdadeira humanidade.

Condorcet certamente sustentava tais idéias. Ocorre apenas que os mesmos teóricos, levados por sua compreensível desaprovação dessas opiniões, acabaram esquecendo de apontar que ele também acreditava — numa época em que raros o faziam — em sufrágio universal, direitos iguais para as mulheres, revolução política não violenta, educação igual para todos, estado de bem-estar social, emancipação colonial, liberdade de expressão, tolerância religiosa e derrubada do despotismo e do clericalismo. Essas opiniões humanitárias não eram, de forma alguma, algo à parte de sua nada impressionante filosofia, embora possam ser separadas dela. O Iluminismo é, pode-se argüir, o que o Iluminismo faz. Hoje existem aqueles que vêem "teleologia", "progresso" e "universalismo" como crimes de consciência tão hediondos (o que, sem dúvida, algumas vezes se provaram ser) que acabam menosprezando inteiramente um pequeno detalhe como este — de alguém estar um par de séculos à frente do próprio tempo em termos políticos práticos.

É verdade, ainda assim, que o movimento comunista havia sido culpavelmente omisso sobre algumas questões centrais. Mas o marxismo não é uma Filosofia da Vida ou Segredo do Universo, e não se sente obrigado a se pronunciar sobre qualquer coisa entre como se sair bem abrindo um ovo quente e a maneira mais rápida de acabar com piolhos em *cocker spaniels*. É uma descrição, *grosso modo*, de como um modo histórico de produção se transforma num outro. Não é uma deficiência do marxismo que não tenha nada muito interessante a dizer sobre a melhor maneira de fazer uma dieta — se com exercício físico ou costurando as mandíbulas com arames. Nem tampouco é um defeito do feminismo ter-se calado até agora sobre o Triângulo das Bermudas. Alguns dos que reprovam severamente o marxismo por não dizer o suficiente são também alérgicos às grandes narrativas que tentam dizer demais.

Muito da teoria cultural que surgiu nos anos 60 e 70 pode ser visto como uma crítica ao marxismo clássico. No todo, foi uma resposta mais camarada que hostil — situação que, mais tarde, mudaria. O marxismo, por exemplo, havia sido a luz teórica que orientou os novos movimentos nacionalistas revolucionários na Ásia e na África; mas isso, inevitavelmente, significou uma reelaboração da teoria para responder a condições claramente novas, em vez de ser a aplicação obediente de um dado corpo de conhecimento. Do Quênia à

Malásia, o nacionalismo revolucionário tanto revivera o marxismo quanto o forçara a se repensar. Houve também um debate acalorado e altamente produtivo entre marxistas e feministas. Louis Althusser era um marxista que sentiu a necessidade de desmontar muitas das idéias marxistas que recebera. Claude Lévi-Strauss era um marxista que percebeu como o marxismo tinha pouca contribuição a dar a seu campo específico de competência, a antropologia. Como uma visão histórica, parecia lançar pouca luz sobre a cultura e a mitologia pré-históricas.

Roland Barthes era um homem de esquerda que achava o marxismo lamentavelmente pobre quando se tratava da semiótica, a ciência dos signos. Julia Kristeva trabalhou com linguagem, desejo e corpo, nenhum deles temas que ocupassem exatamente os primeiros lugares na agenda marxista. Ainda assim, esses dois pensadores tinham afinidades estreitas, pelo menos naquele momento, com a política marxista. O filósofo pós-moderno Jean-François Lyotard achava o marxismo irrelevante para a teoria da informação e para a vanguarda artística. A publicação cultural mais avançada do período, o órgão literário francês *Tel Quel*, descobriu no maoísmo uma alternativa efêmera ao stalinismo. Isso foi algo como achar no *crack* uma alternativa à heroína. Novas conexões foram forjadas entre Paris e os campos de arroz. Muitos outros encontraram uma alternativa no trotskismo.

A litania pode ser ampliada. Jacques Derrida afirma hoje em dia que sempre entendeu sua própria teoria da desconstrução como uma espécie de marxismo radicalizado. Seja ou não verdade, a desconstrução serviu, por um tempo, como um tipo de código para a dissidência anticomunista de alguns círculos intelectuais da Europa Oriental. Michel Foucault, um aluno de Louis Althusser, era um herético pós-marxista que não achava força de persuasão no marxismo quando se tratava de questões de poder, loucura e sexualidade, mas que continuou a circular, durante algum tempo, no ambiente marxista. O marxismo deu a Foucault um interlocutor silencioso em vários de seus trabalhos mais famosos. O sociólogo francês Henri Lefebvre achava o marxismo clássico carente de uma noção de vida cotidiana, um conceito que, em suas mãos, iria exercer uma potente influência sobre os militantes de 1968. O sociólogo Pierre Bourdieu saqueou os recursos da teoria marxista para produzir conceitos como "capitalismo simbólico", embora permanecendo claramente cético a respeito do marxismo como um todo. Houve tempos em que era praticamente impossível dizer se o mais refinado pensador cultural da Inglaterra do pós-guerra, Raymond Williams, era ou não um marxista. Mas isso era mais uma virtude de seu trabalho do que uma ambigüidade fatal. O mesmo vale para muitos da chamada Nova Esquerda na Inglaterra e nos Estados Unidos. Os novos pensadores culturais eram companheiros de viagem — mas companheiros de viagem do marxismo e não do comunismo soviético, como havia sido o caso de seus predecessores na década de 1930.

Nem todos os novos teóricos dos Estudos Culturais tinham essa relação tensa com as idéias marxistas. Mas parece justo dizer que muito da nova teoria dos Estudos Culturais nasceu de um diálogo extraordinariamente criativo com o marxismo. Começou como tentativa de achar uma maneira de contornar o marxismo sem propriamente abandoná-lo. Acabou fazendo exatamente isso. Na França, o diálogo repetiu, num tom diferente, um *rapprochement* anterior entre marxismo, humanismo e existencialismo, centrado na reverenda figura de Jean-Paul Sartre. Num famoso comentário, Sartre afirma que o marxismo representava como que um horizonte supremo para o século XX: podia ser ignorado, mas não ultrapassado. Pensadores como Foucault e Kristeva, no entanto, estavam agora ocupados em ir além — mas era esse o horizonte que estavam se esforçando para ultrapassar, não algum outro. Ninguém estava querelando com o taoísmo ou com Duns Scot.[9] Nessa medida, mesmo que negativamente, o marxismo manteve sua centralidade. Era a coisa contra a qual se jogar. Se os novos pensadores dos Estudos Culturais podiam ser profundamente críticos do marxismo, alguns ainda partilhavam algo de sua visão radical. Eles eram, no mínimo, comunistas no sentido em que John F. Kennedy era berlinense.

De fato, às vezes era difícil dizer se esses teoristas estavam repudiando o marxismo ou se o estavam renovando. Para isso, era preciso ter, em primeiro lugar, uma idéia bastante exata do que era o marxismo. Mas não havia sido isso, precisamente, uma parte do problema? Não era essa uma das razões para o marxismo haver angariado para si mesmo uma fama tão ruim? Não seria presunçoso supor que houvesse uma definição estrita de teoria com a qual você pudesse cotejar outras versões e estabelecer o grau de desvio criminoso de cada uma? Era bem parecido com o velho argumento sobre se o freudismo era uma ciência. Os dois lados na disputa pareciam saber exatamente o que era ciência, e a única questão seria ver se o freudismo se encaixava nela. Mas e se a psicanálise nos forçasse, antes de tudo, a desmontar nossa idéia do que contava como ciência?

[9]John Duns Scot (c.1265-1308): filósofo e teólogo escocês. (*N. da T.*)

O que importava, certamente, eram as políticas, e não como seriam enquadradas. É claro que tem que haver *alguma coisa* específica num corpo particular de idéias. No mínimo, tem que existir algo que seja incompatível com ele. Você não podia ser um marxista e clamar pelo retorno à escravidão. O feminismo é uma coleção bastante frouxa de crenças, mas, por mais frouxa que seja, não pode incluir a adoração dos homens como uma espécie superior. É verdade que existem alguns clérigos anglicanos que parecem rejeitar Deus, Jesus, o nascimento de uma virgem, milagres, a ressurreição, inferno, céu, a presença real e o pecado original, mas isso é porque, sendo almas gentis, infinitamente receptivas, não gostam de ofender ninguém acreditando em qualquer coisa tão desconfortavelmente específica. Eles simplesmente acreditam que todos deveriam ser gentis uns com os outros. Mas a alternativa ao dogmatismo não é a suposição de que vale qualquer coisa.

Em algumas partes, no entanto, o marxismo tornou-se simplesmente esse tipo de dogmatismo, e não menos sob Stalin e seus sucessores. Em nome do marxismo, milhões foram destroçados, perseguidos e aprisionados. A questão era se seria possível flexibilizar a teoria sem que ela se desfizesse. A resposta de alguns dos pioneiros dos Estudos Culturais foi um cauteloso sim; a resposta dos pós-modernistas foi um inequívoco não. Não demorou muito, com a Europa Ocidental continuando a descer a ladeira na direção do desastre, para que a maior parte dos próprios pioneiros acabasse chegando a essa conclusão. Assim como o populismo cultural radical da década de 1960 prepararia o caminho, a despeito de si mesmo, para o cínico consumismo dos anos 80, assim também uma parte da teoria dos Estudos Culturais da época fez uma tentativa de radicalizar o marxismo e terminou, com bastante freqüência, saindo totalmente do político. Começou aprofundando o marxismo e terminou substituindo-o. Julia Kristeva e o grupo *Tel Quel* voltaram-se para o misticismo religioso e para a celebração do modo de vida americano. O pluralismo pós-estruturalista agora parecia mais bem exemplificado não pela revolução cultural chinesa, mas pelo supermercado norte-americano. Roland Barthes passou da política para o prazer. Jean-François Lyotard voltou sua atenção para viagens intergalácticas e apoiou o direitista Giscard nas eleições presidenciais francesas. Michel Foucault renunciou a todas as aspirações a uma nova ordem social. Se Louis Althusser reescreveu o marxismo a partir de dentro, a porta que ele assim abriu foi a mesma pela qual muitos de seus discípulos saíram do marxismo de uma vez por todas.

Desse modo, a crise do marxismo não começou com a queda do muro de Berlim. Ela já podia ser sentida bem no cerne do radicalismo político do final dos anos 60 e início dos 70. Não apenas isso, mas era também, em grande medida, a força motora por trás da cascata de novas idéias provocativas. Quando Lyotard rejeitou o que chamou de grandes narrativas, primeiro usou o termo para significar, simplesmente, marxismo. A invasão soviética da Tchecoslováquia ocorreu na mesma época das celebradas revoltas estudantis de 1968. Se o carnaval estava no ar, assim também estava a Guerra Fria. Não era uma questão de a esquerda primeiro florescer para, então, declinar. No que se referia ao marxismo clássico, o verme já estava contido no botão; a serpente, secretamente enrolada, jazia no jardim.

No Ocidente, o marxismo havia sido seriamente maculado pelas monstruosidades do stalinismo. Mas muitos sentiram que também havia ficado desacreditado pelas mudanças ocorridas no próprio capitalismo. Parecia mal-adaptado a um novo tipo de sistema capitalista que girava em torno do consumo, e não da produção; da imagem, e não da realidade; da mídia, e não das fábricas de algodão. Acima de tudo, parecia mal-adaptado à afluência. A expansão econômica do pós-guerra podia estar já mal das pernas no final da década de 1960, mas ainda era o que definia o ritmo político. Muitos dos problemas que preocupavam os estudantes militantes e os teóricos radicais no Ocidente eram engendrados pelo progresso, não pela pobreza. Eram problemas de regulamentação burocrática, consumo conspícuo, equipamento militar sofisticado, tecnologias que pareciam sem rumo e sem controle. O senso de um mundo claustrofobicamente codificado, administrado, bombardeado com signos e convenções de uma ponta a outra ajudou a parir o estruturalismo, que investiga as convenções e os códigos ocultos que produzem significado humano. Os anos 60 foram tanto sufocantes quanto vibrantes. Havia ansiedades a respeito do aprendizado empacotado, da propaganda e do poder despótico da mercadoria. Alguns anos mais tarde, a teoria dos Estudos Culturais que examinara tudo isso estava correndo o risco de se tornar, ela mesma, mais uma cintilante mercadoria, uma forma de propagandear e valorizar seu capital simbólico. Essas eram todas questões de cultura, experiência vivida, desejo utópico, o dano emocional e perceptual criado por uma sociedade bidimensional. Não eram questões sobre as quais o marxismo tradicionalmente tivera muito a dizer.

Prazer, desejo, arte, linguagem, a mídia, o corpo, gênero, etnicidade: uma única palavra para juntar tudo isso seria *cultu-*

ra. O que parecia estar faltando no marxismo era cultura, num sentido da palavra que incluía Bill Wyman[10] e lanchonetes, e também Debussy e Dostoievski. E essa é uma das razões para o diálogo com o marxismo ter sido firmado, em grande parte, naquele terreno. Cultura também era uma maneira de a esquerda civilizada, humanista, se distanciar do crasso filistinismo socialista que existia na realidade. Nem era de surpreender que fossem os Estudos Culturais, em vez da política, da economia ou da filosofia ortodoxa, o que discordasse do marxismo naqueles anos turbulentos. Estudantes da cultura com freqüência tendem a ser politicamente radicais, se não facilmente disciplinados. Porque temas como literatura e história da arte não têm um óbvio retorno material, tendem a atrair aqueles que olham com suspeita as noções capitalistas de utilidade. A idéia de fazer algo puramente pelo prazer de fazê-lo tem sempre sacudido os guardiões grisalhos e barbudos do Estado. A mera falta de propósito é uma questão profundamente subversiva.

De todo modo, a arte e a literatura abrangem um grande número de idéias e experiências difíceis de conciliar com o quadro político atual. Elas também levantam questões sobre a qualidade de vida num mundo onde a própria experiência parece perecível e degradada. Como, em tais condições, e antes de qualquer coisa, você pode produzir uma arte de valor? Não teria você que mudar a sociedade a fim de crescer como um artista? Além disso, aqueles que lidam com a arte falam a linguagem do valor, e não do preço. Eles lidam com trabalhos cuja profundidade e intensidade mostram a penúria da

[10]Bill Wyman, baixista dos Rolling Stones de 1962 a 1991.

vida diária numa sociedade obcecada com o mercado. Também são treinados para imaginar alternativas ao existente. A arte encoraja você a fantasiar e desejar. Por todas essas razões, é fácil ver por que são estudantes de arte ou de inglês, em vez de engenheiros químicos, que tendem a prover pessoal para as barricadas.

No entanto estudantes de engenharia química, em geral, saem mais facilmente da cama do que estudantes de arte e de inglês. Algumas das próprias qualidades que atraem especialistas culturais para a esquerda política são as mesmas que fazem com que eles sejam difíceis de organizar. São os curingas no pacote político, ativistas relutantes que tendem a estar mais interessados em utopia do que em sindicatos. Ao contrário dos filisteus de Oscar Wilde, eles sabem o valor de tudo e o preço de nada. Você não poria Arthur Rimbaud num comitê sanitário. Nas décadas de 1960 e 1970, isso fez dos pensadores culturais os candidatos ideais para estarem dentro e fora do marxismo simultaneamente. Na Inglaterra, um teóricos dos Estudos Culturais proeminente como Stuart Hall ocupou essa posição durante décadas, antes de passar decididamente para o campo não-marxista.

Estar dentro e fora de uma posição ao mesmo tempo — ocupar um território e ficar vagando ceticamente pela fronteira — é, com freqüência, de onde brotam as idéias mais intensamente criativas. É um lugar cheio de recursos para se estar, mesmo que nem sempre seja isento de dores. Basta pensar nos grandes nomes da literatura inglesa do século XX: quase todos se moviam entre duas ou mais culturas nacionais. Mais tarde essa ambigüidade de posição seria herdada pelos novos teóricos culturais "franceses". Não muitos deles eram franceses de origem, e não muitos dos que eram franceses eram heterossexuais. Alguns vieram da Argélia, alguns da Bulgária e outros da utopia. No entanto, quando os anos 70 foram chegando ao fim, um bom número dos antigos radicais começou a chegar do frio. A passagem para os despolitizados anos 80 e 90 havia sido aberta.

CAPÍTULO 3 O caminho para o pós-modernismo

Quando as décadas da contracultura — os anos 60 e 70 — transformaram-se nos pós-modernos anos 80 e 90, a total irrelevância do marxismo pareceu ainda mais chocante. Pois agora a produção industrial realmente parecia em vias de desaparecer, e com ela o proletariado. A expansão econômica do pós-guerra foi se reduzindo gradualmente diante da intensificada concorrência internacional que forçava a queda das taxas de lucro. Os capitalismos nacionais estavam agora lutando para permanecer de pé num mundo cada vez mais global. Estavam menos protegidos que antes. Como resultado desse corte nos lucros, todo o sistema capitalista foi forçado a passar por uma dramática renovação. A produção foi exportada para lugares de baixos salários naquilo que o Ocidente gosta de pensar amorosamente como o mundo em desenvolvimento. O movimento trabalhista estava de mãos e pés atados, forçado a aceitar limitações humilhantes a suas liberdades. O investimento deixou a indústria manufatureira e passou para os setores de serviços, finanças e comunicações. À proporção que os grandes negócios se tornavam culturais, cada vez mais baseados em imagem, embalagem e apresentação, a indústria da cultura tornou-se um grande negócio.

Ainda assim, do ponto de vista do próprio marxismo, a ironia era óbvia. As mudanças que pareciam destiná-lo ao esquecimento eram as mesmas que ele estava tratando de explicar. O marxismo não era supérfluo porque o sistema havia alterado suas posições; havia perdido prestígio porque o sistema era, mais intensamente ainda, o que havia sido antes. Havia mergulhado numa crise; e, acima de todos os outros, havia sido o marxismo que dera uma explicação de como essas crises vinham e iam. Assim, do ponto de vista do próprio marxismo, o que o fez parecer redundante foi exatamente o que confirmava sua relevância. A razão para lhe ter sido mostrada a porta não era que o sistema reformara a si mesmo, tornando supérflua a crítica socialista. Havia sido descartado por uma razão exatamente oposta a essa. O que levou a que muitos desistissem de uma mudança radical foi o fato de parecer difícil demais derrotar o sistema, e não que esse houvesse mudado suas posições.

A persistente relevância do marxismo era mais evidente numa escala global. Não era tão óbvia para aqueles críticos eurocêntricos da teoria, que só podiam ver que as minas de Yorkshire estavam fechando e que a classe trabalhadora ocidental estava encolhendo. Numa escala planetária, as desigualdades entre ricos e pobres haviam continuado a crescer, conforme o *Manifesto Comunista* havia antecipado. Como ele também previu, existe uma crescente insatisfação militante da parte dos pobres do mundo. Só que, enquanto Marx havia procurado por tal insatisfação em Bradford e no Bronx, hoje ela é encontrada nos bazares de Trípoli e Damasco. E é a varíola, não um ataque ao Palácio de Inverno, o que alguns deles têm em mente.

Quanto ao desaparecimento do proletariado, devemos nos lembrar da etimologia da palavra. Na sociedade antiga, o proletariado eram aqueles pobres demais para servir ao Estado como detentores de propriedades e que, em vez disso, serviam-no produzindo filhos (*proles*) como força de trabalho. São aqueles que não têm nada a dar além de seus corpos. Proletários e mulheres são, assim, aliados íntimos, como de fato são hoje nas regiões empobrecidas do mundo. O extremo da pobreza, ou perda do ser, é ficar reduzido a nada além de si mesmo. É trabalhar diretamente com seu corpo como fazem os outros animais. E como essa ainda é a condição de milhões de homens e mulheres no planeta, é estranho que nos digam que o proletariado desapareceu.

Assim, nos dias de maior poder da teoria cultural, as forças que ajudariam a desfazer a esquerda já estavam fazendo seu trabalho de desconstrução dentro dela. O que parecia ser momentos de rebelião era a alvorada de um declínio político. As figuras de Ronald Reagan e Margaret Thatcher já estavam ameaçadoramente projetadas nos céus acima da linha do horizonte. Em mais ou menos uma década, ninguém havia realmente desacreditado no marxismo, assim como nenhuma nave espacial jamais havia viajado além dos confins do universo para estabelecer que Deus não estava espreitando de lá. Mas quase todos agora começavam a se comportar como se o marxismo não estivesse lá, independentemente do que pensassem sobre o *status* do Todo-Poderoso.

Na verdade, com a queda da União Soviética e de seus satélites, o marxismo estava quase literalmente desaparecido de toda uma área do globo. Não que tivesse sido contestado; achava-se fora de questão, simplesmente. Você já não precisava ter uma opinião sobre ele, nem sobre os círculos que aparecem nas plantações ou sobre *poltergeists*. No *quebradiço* e mesquinho mundo ocidental dos anos 80, o marxismo não era falso, irrelevante. Era uma solução para um conjunto de questões que já nem mesmo estavam na agenda. Como o Monstro do Lago Ness, não faria mais nenhuma diferença, mesmo que fosse verdadeiro. Você podia continuar a cultivá-lo marginalmente, como uma idiossincrasia inócua ou um *hobby* excêntrico e simpático, mas não era realmente o tipo de coisa que se falasse em público, a menos que você tivesse uma carapaça especialmente grossa ou um traço pronunciadamente masoquista. A geração mais antiga de pensadores havia sido pós-marxista tanto no sentido de se distanciar dele quanto de nele se basear; a nova geração era pós-marxista no sentido em que David Bowie é pós-darwiniano.

Essa era uma situação curiosa. Pois você não tinha que ser um marxista para reconhecer que o marxismo não era apenas uma hipótese na qual, como no caso das origens extraterrestres dos círculos, você podia acreditar ou desacreditar à vontade. Em primeiro lugar, não era, de forma alguma, uma hipótese. O marxismo — ou, para situá-lo num contexto maior, o socialismo — havia sido um movimento político envolvendo milhões de homens e mulheres em muitos países e durante séculos. Um pensador o descreveu como o maior movimento de reforma da história humana. Para o bem ou para o mal, ele transformou a face da Terra. Não é apenas um aglomerado de idéias intrigantes, como o neo-hegelianismo ou o positivismo lógico. Ninguém jamais lutou e morreu pelo positivismo lógico, embora ele possa ter desencadeado bizarras e acaloradas rixas em dormitórios de estudantes. Se neo-hegelianos foram fuzilados, não foi por serem neo-hegelianos. No chamado Terceiro Mundo, o socialismo havia encontrado receptividade entre os deserdados da terra, que não estavam lá muito ansiosos para estreitar em seus braços a semiótica ou a teoria da recepção. Agora, todavia, parecia que o que começara como um movimento subterrâneo entre trabalhadores das docas e das fábricas havia virado uma forma razoavelmente interessante de analisar *O morro dos ventos uivantes*.

O período no qual os Estudos Culturais estavam no auge exibia um aspecto peculiar. Parecia misturar política e cultura em medidas iguais. Se havia direitos civis e movimento pela paz, também havia experimento sexual, expansão da consciência e mudanças extravagantes de estilo de vida. Nisso, os anos 60 não se pareciam muito com o *fin-de-siècle* do século XIX. As últimas décadas daquele século foram uma espantosa mistura de radicalismo político e cultural. Foi o tempo do anarquismo e do esteticismo, de *The Yellow Book*[11] e da Segunda Internacional, da decadência e da grande greve nas docas. Oscar Wilde acreditava tanto no socialismo quanto na arte pela arte. William Morris era um revolucionário marxista que defendia a arte medieval. Na Irlanda, Maud Gonne e Constance Markievicz movimentavam-se com desenvoltura entre teatro, movimento das mulheres, reforma das prisões, republicanismo irlandês e a *avant-garde* parisiense. W. B. Yeats era poeta, místico, organizador político, folclorista, ocultista, diretor de teatro e comissário cultural. Nesse período extraordinário, as mesmas figuras podem ser vistas deleitando-se com a teosofia e participando de demonstrações contra o desemprego. Havia movimentos subterrâneos de homossexuais socialistas. Você podia ficar enfeitiçado pelo simbolismo e pelo sindicalismo ao mesmo tempo. Entorpecentes e diabolismo eram quase tão abundantes quanto o feminismo.

[11]Uma revista literária publicada em Londres de 1894 a 1897. (*N. da T.*)

Algo dessa inebriante fermentação foi herdado pela década de 1960. Os dois períodos foram marcados por utopia, política sexual, religiosidade festiva superficial, guerras imperiais, evangelhos de paz e amizade, pseudo-orientalismo, revolucionarismo político, exóticas formas de arte, estados psicodélicos, voltas à natureza, liberação do inconsciente. De fato, os anos 60 foram, de algumas formas, uma época mais domesticada — uma idade mais angelical que demoníaca, mais de amor e flor, e não do satanismo *fin-de-siècle*. Por volta do final desse período, foi o movimento das mulheres que forjou os vínculos mais profundos entre o global e o pessoal, o político e o cultural. E algo disso foi deixado como herança para tempos posteriores, pós-modernos, o que significa dizer para o *fin-de-siècle* seguinte. A cultura era uma linguagem voltada para os dois lados, para o pessoal e o político simultaneamente. O mesmo idioma podia incluir antipsiquiatria e anticolonialismo.

Entre outras coisas, a cultura havia sido uma maneira de manter aquecida a política radical, sua continuação por outros meios. Cada vez mais, todavia, ela passaria a ser um substituto. De algumas formas, a década de 1980 foi como as de 1880 e 1960 sem a política. À medida que se desfaziam as esperanças políticas, os estudos culturais ganharam proeminência. Sonhos de ambiciosa mudança social eram denunciados como "grandes narrativas" ilícitas, mais inclinadas a levar ao totalitarismo do que à liberdade. De Sydney a San Diego, de Capetown a Tomsö, todo mundo estava pensando pequeno. A micropolítica eclodiu numa escala mundial. Uma nova fábula épica sobre o fim das fábulas épicas espalhou-se por todo o globo. De um extremo a outro do planeta doente, havia chamados para abandonar o pensamento planetário.

Qualquer coisa que nos unisse — o que quer que fosse *o mesmo* — seria danosa. Diferença era a nova palavra de ordem, num mundo crescentemente submetido às mesmas indignidades de morte por fome e doença, cidades clonadas, armas mortais e a rede de televisão CNN.

Era irônico que o pensamento pós-moderno criasse tamanho fetiche em torno da diferença, dado que seu próprio impulso era apagar as distinções entre imagem e realidade, verdade e ficção, história e fabula, ética e estética, cultura e economia, arte culta e arte popular, esquerda e direita políticas. Ainda assim, enquanto os corretores e financistas estavam tornando Huddersfield e Hong Kong cada vez mais próximas, os teóricos culturais batalhavam para mantê-las separadas. Enquanto isso, o Fim da História foi complacentemente decretado a partir de uns Estados Unidos que pareciam cada vez mais em risco de terminar com ela de verdade. Não mais existiram conflitos mundiais importantes. Mais tarde ficaria claro que os fundamentalistas islâmicos não estavam prestando suficiente atenção quando esse anúncio foi feito.

A "política cultural" havia nascido. Mas a frase é profundamente ambígua. Há muito havia sido reconhecido em círculos radicais que a mudança política tinha que ser "cultural" para ser efetiva. Qualquer mudança política que não se entranhe nos sentimentos e nas percepções das pessoas — que não obtenha seu consentimento, engaje seus desejos e permeie seu senso de identidade — está provavelmente fadada a não durar muito. Isso, falando de um modo geral, é o que o marxista italiano Antonio Gramsci quis dizer com "hegemonia". Artistas socialistas, dos bolchevistas a Bertolt Brecht, falavam em termos contundentes, e com voz grossa, a respeito de desmontar o cidadão de classe média e construir o Novo Homem em seu lugar. Todo um novo tipo de ser humano era necessário para essa nova ordem política, com órgãos sensoriais e hábitos corporais modificados, um diferente tipo de memória e um novo conjunto de motivações. E prover isso era tarefa da cultura.

A grotesca revolução cultural de Mao havia aprendido essa lição da pior maneira, cinicamente usando "cultura" como arma numa luta interna de poder. Alguns líderes anticoloniais, no entanto, haviam aprendido bem a lição: a cultura colonialista tinha que ser descartada junto com o domínio colonialista. Não fazia sentido simplesmente substituir juízes brancos de toga e peruca por juízes negros de toga e peruca. Mas eles não imaginaram que a cultura pudesse ser um substituto da transformação social. Os nacionalistas irlandeses não estavam apenas lutando por caixas de correio verdes, em vez de vermelhas. Os negros sul-africanos não estavam lutando apenas pelo direito de serem negros sul-africanos. Havia muito mais em questão do que as chamadas políticas de identidade.

Havia movimentos como o feminismo, para o qual cultura, no sentido amplo da palavra, não é um extra opcional. Ao contrário, é um ponto central para as demandas políticas do feminismo, a gramática na qual são expressas. Valor, fala, imagem, experiência e identidade são aqui a própria linguagem da luta política, como são em todas as políticas étnicas ou sexuais. Modos de sentir e formas de representação são, a longo prazo, quase tão cruciais quanto a provisão de creches e o atendimento infantil, ou pagamentos iguais para os sexos; são uma parte vital do projeto de emancipação política. Isso não havia sido exatamente verdadeiro no que se referia às políticas de classe tradicionais. Operários na Inglaterra vitoriana acordavam de madrugada para estudar Shakespeare juntos antes de ir trabalhar, ou mantinham preciosos registros de sua vida profissional e da cultura local. Mas esse tipo de atividade cultural não era parte integral da luta por melhores salários e condições no mesmo sentido em que a luta em torno de imagens sexistas é parte integral do feminismo.

No entanto existiam também formas de políticas culturais que separavam de seus contextos políticos as questões de experiência e identidade. O ponto não era mudar o mundo político, mas garantir um nicho cultural dentro dele. Às vezes as políticas culturais pareciam ser aquilo que sobrava quando você não tinha nenhum outro tipo de política. Na Irlanda do Norte, por exemplo, um conflito entre católicos e protestantes — no qual, durante décadas, os últimos mantiveram uma maioria política artificial em função do critério de divisão dos distritos eleitorais — foi valorizado, passando a ser visto como uma questão de relações respeitosas entre duas "tradições culturais". Sindicalistas que, apenas alguns anos antes, haviam gritado "Abaixo o Papa" e "Queimem os Taigs!",[12] estavam subitamente defendendo o poder britânico na Irlanda em termos de margens, minorias vibrantes, pluralismo cultural. Nos Estados Unidos, etnicidade às vezes significava apenas minorias dentro do próprio território norte-americano, em vez de os milhões em todo o mundo destinados a uma existência miserável pelo sistema liderado pelos Estados Unidos. Significava cultura doméstica, em vez de política internacional. O exterior ainda era um conceito um tanto esotérico para os Estados Unidos, a despeito do fato de haverem devotado considerável energia ao longo dos anos para subjugar diversos pontos incômodos dele.

[12]"Taig" é um termo derrogatório para católicos celta-irlandeses.

"Cultura" é um termo escorregadio, que pode ser trivial ou problemático. Um suplemento de jornal em papel brilhante e colorido é cultura, assim como as imagens de africanos emaciados que ele oferece a nossos olhos. Em Belfast ou no país Basco, cultura pode significar aquilo em nome do qual você está preparado para matar. Ou — para os ligeiramente menos zelosos — para morrer. Também pode ser um bateboca sobre os méritos do U2. Você tanto pode ser queimado vivo por causa da cultura quando ela pode ser uma questão de saber se você vai usar ou não aquela charmosa camisa pré-rafaelita. Como o sexo, a cultura parece ser o tipo de fenômeno no qual você só pode evitar sair-se mal saindo-se bem. Num sentido, é aquilo que seguimos na vida, o ato de cada um se conferir um sentido próprio, o próprio ar social que respiramos; em outro, está longe de ser o que mais profundamente molda nossas vidas.

Existem, no entanto, muitas e muitas desculpas para subestimar a importância da cultura em nosso tempo. Se a cultura começou a ser mais crucial para o capitalismo na década de 1960, tornou-se totalmente indistinguível dele por volta dos anos 90. É isso, realmente, parte do que queremos dizer com pós-modernismo. Num mundo de presidentes atores de cinema, mercadorias eroticamente enfeitiçantes, espetáculos políticos e uma indústria cultural expressa em multimilhões de dólares, cultura, produção econômica, hegemonia política e propaganda ideológica pareciam haver se fundido num único e indistinto todo. Cultura sempre tinha sido a respeito de signos e representações; mas agora tínhamos uma sociedade inteira que permanentemente desempenhava papéis diante do espelho, amarrando tudo que fazia num vasto megatexto, moldando, a todo momento, um fantasmagórico espelhamento de seu mundo, duplicando-o ponto por ponto. Isso era conhecido como computadorização.

Ao mesmo tempo, cultura, no sentido de identidade, havia se tornado ainda mais urgente. Quanto mais o sistema espalhava uma cultura deprimentemente uniforme por todo o planeta, mais os homens e as mulheres agressivamente defendiam a cultura de suas nações, regiões, vizinhanças ou religiões. No caso extremo, isso significava que, quanto mais a cultura se estreitava num nível, mais ela se espalhava em outro. A brandura encontrou resposta no dogmatismo. Desenraizados executivos da propaganda cruzavam os ares em jatinhos, voando por cima daqueles para os quais não partilhar o mesmo pedaço do céu significava quase não ser humano.

O capitalismo sempre juntou, promiscuamente, diversas formas de vida — um fato que deveria fazer parar para pensar aqueles desavisados pós-modernistas para quem, espantosamente, a diversidade é algo como uma virtude em si mesma. Aqueles para quem "dinâmico" é sempre um termo positivo também poderiam reconsiderar suas opiniões à luz do mais dinamicamente destrutivo sistema de produção que a humanidade já viu até hoje. Mas estamos agora testemunhando uma versão brutalmente acelerada desse desastre, com comunidades tradicionais sendo feitas em pedaços, a quebra de barreiras nacionais, a geração de gigantescas ondas de migração. Na forma de fundamentalismo, a cultura levantou a cabeça em reação a esses distúrbios arrasadores. Para onde quer que se olhe, as pessoas estão preparadas para fazer esforços extraordinários para serem elas mesmas. Isso é devido, em parte, a que outras pessoas abandonaram a noção de serem elas mesmas por acharem que era uma restrição indevida a suas atividades.

É extremamente difícil introduzir qualquer mudança no fundamentalismo — o que deveria nos alertar contra a presunção de que a cultura é infinitamente maleável, enquanto a Natureza é sempre fixa. Esse é outro dogma dos pós-modernistas, que estão perpetuamente alertas para apontar aqueles que "naturalizam" fatos sociais ou culturais e, assim, fazem o que é mutável parecer permanente e inevitável. Eles parecem não ter notado que essa própria visão da Natureza como imutável mudou um bocado desde os dias de Wordsworth.[13] Vivendo, como aparentemente fazem, num mundo pré-darwiniano, pré-tecnológico, deixam de ver que, de algumas maneiras, a Natureza é uma coisa muito mais flexível que a cultura. Provou-se muito mais fácil remover uma montanha do que mudar valores patriarcais. A clonagem de ovelhas é uma brincadeira de criança quando comparada com a tentativa de persuadir chauvinistas a abandonar seus preconceitos. Crenças culturais intimamente associadas a medos relativos à auto-identidade, e não apenas da variedade fundamentalista, são muito mais difíceis de derrubar do que florestas.

O que começou nas décadas de 1960 e 1970 como uma crítica ao marxismo acabou sendo, nos anos 80 e 90, uma rejeição da própria idéia de política global. À medida que as corporações transnacionais se estendiam de um extremo a outro da terra, os intelectuais sonoramente insistiam em que a universalidade era uma ilusão. Michel Foucault pensava que os conceitos marxistas de poder eram limitados e que o conflito, na realidade, estava em toda parte; o filósofo pós-mo-

[13]William Wordsworth (1770-1850), poeta da natureza, das crianças e da gente comum, iniciou com Coleridge o Movimento Romântico inglês. Toda a sua obra está em http://www.bartleby.com/145/wordchrono.html. (*N. da T.*)

dernista Jean Baudrillard, ao contrário, até duvidava de que a Guerra do Golfo tivesse acontecido. Enquanto isso, o antigo militante socialista Jean-François Lyotard continuava suas investigações sobre viagem intergaláctica, entropia cósmica e o êxodo em massa da raça humana para fora da Terra após a extinção do Sol, dentro de quatro bilhões de anos. Para um filósofo avesso a grandes narrativas, essa parecia uma perspectiva notavelmente ampla. Assim havia sido o gradual obscurecimento da mente dissidente. Em algumas partes, o combate radical deu lugar ao radical *chic*. Em toda parte, pensadores até então radicais estavam ajustando suas velas aos novos ventos, raspando as costeletas e recolhendo as armas.

Os políticos militantes da década de 1960 tinham sido altamente otimistas: se desejasse com intensidade suficiente, você poderia conseguir o que quisesse. A utopia jaz logo abaixo dos paralelepípedos de Paris. Pensadores culturais como Barthes, Lacan, Foucault e Derrida ainda sentiam as últimas vibrações desse impulso utópico; só que já não acreditavam que pudesse ser realizado na prática. Estava fatalmente comprometido pela ausência de desejo, pela impossibilidade da verdade, a fragilidade do sujeito, a mentira do progresso, o poder que em tudo se infiltrava. Como escreve Perry Anderson, com um floreado agradável: esses pensadores "detonaram o significado, subjugaram a verdade, cercaram a ética e a política e varreram fora a história".[14] Após a *débâcle* do final dos anos 60, a única política possível parecia ser uma resistência apenas pontual, no varejo, a um sistema que havia chegado para ficar. Ele poderia ser perturbado, mas não desmontado.

[14]Perry Anderson, *In the Tracks of Historical Materialism*, Londres, 1983, p. 91.

Enquanto isso, seria possível encontrar um tipo alternativo de utopia em outros lugares: em intensidades eróticas, nos suaves prazeres da arte, na deleitável sensualidade dos signos. Todas essas coisas prometiam uma felicidade geral mais ampla. O único problema era que, na verdade, ela nunca chegou. O estado de espírito era um que poderia ser paradoxalmente chamado de pessimismo libertário. O profundo anseio pela utopia não era para ser abandonado, mas nada era mais fatal para o bem-estar do que tentar alcançá-la. Uma resistência implacável deveria ser feita ao *status quo*, mas não em nome de valores alternativos — uma manobra logicamente impossível. Esse desencantamento, por sua vez, daria lugar, em parte do pensamento pós-moderno tardio, ao mais completo pessimismo. Dentro de uns poucos anos, a própria sugestão de que algum dia teria havido o mais leve lampejo de progresso na história humana seria recebida com uivos de desprezo por aqueles que fazem uso regular de anestésicos e banheiros.

Tradicionalmente, havia sido a esquerda política a que pensava em termos universais, enquanto a direita conservadora preferia ser modestamente tópica. Agora, esses papéis estavam trocados, como se fosse uma vingança. No momento exato em que uma direita triunfalista havia estado audaciosamente reimaginando o formato da terra, a esquerda cultural havia se recolhido, de um modo ou de outro, a um pragmatismo conformado. Não muito depois de alguns pensadores culturais terem proclamado que as grandes narrativas da história estavam finalmente esgotadas, uma dessas narrativas, peculiarmente feia, foi lançada na guerra entre o capital e o Alcorão — ou uma caricatura daquele texto. Agora a intenção dos inimigos do Ocidente era exterminá-lo, em vez de expropriá-lo. Alguns líderes ocidentais e, não em menor medida, aqueles com escritórios localizados bastante acima do solo, podiam ser perdoados por olharem para trás, para a era do socialismo, com uma dose furtiva de nostalgia. Se pelo menos não tivessem caído em cima dele com tanta fúria em algum momento, o socialismo poderia ter erradicado algumas das injustiças que geram homens-bomba suicidas.

É claro que essa retirada da esquerda cultural não foi principalmente por sua própria culpa. Era exatamente porque a direita política era tão ambiciosa que a esquerda havia se tornado tão medrosa. Ela havia tido o chão arrancado de sob seus pés — incluindo seu próprio chão internacionalista —, restando-lhe apenas alguns precários espaços e tufos de idéias nos quais se apoiar. Isso, no entanto, tornou-se uma defesa menos plausível da esquerda cultural, uma vez chegado o movimento anticapitalista. O que aquela notável campanha demonstrou, apesar de todas as confusões e ambigüidades, foi que pensar globalmente não era a mesma coisa que ser totalitário. Era possível combinar ação local com perspectivas planetárias. Muito da esquerda cultural havia há muito desistido até mesmo de mencionar o capitalismo, quanto mais tentar imaginar o que poderia ser posto em seu lugar. Falar de gênero ou etnicidade estava bem; mas falar de capitalismo era "totalizante" ou "economístico". Essa era, especialmente, a fala daqueles teóricos norte-americanos que viviam na barriga da besta e, assim, tinham alguma dificuldade para vê-la tal qual era. Além disso, contavam com poucas memórias socialistas recentes nas quais pudessem se inspirar.

Num sentido, a mudança dos anos 60 para os 90 trouxe a teoria para mais perto do essencial. As excitantes abstrações do estruturalismo, da hermenêutica e coisas do mesmo tipo haviam cedido lugar às realidades mais palpáveis do pós-modernismo e do pós-colonialismo. O pós-estruturalismo era uma corrente de idéias, mas o pós-modernismo e o pós-colonialismo eram formações da vida real. Pelo menos para aqueles tediosos dinossauros teóricos que acreditavam que no mundo havia mais do que discurso, havia uma diferença entre estudar o significante flutuante, de um lado, e investigar o nacionalismo hindu ou a cultura dos *shopping centers*, de outro. Ainda assim, embora esse retorno ao concreto fosse uma volta à casa a ser celebrada, era, como quase todos os fenômenos humanos, não inteiramente positivo. Em primeiro lugar, era típico de uma sociedade que acreditava apenas naquilo que podia tocar, provar e vender. Em segundo, muitas das idéias mais incomuns dos primeiros tempos estavam apenas aparentemente distanciadas da vida social e política. A hermenêutica, como a arte de decifrar a linguagem, ensinou-nos a suspeitar do que é flagrantemente auto-evidente. O estruturalismo nos ofereceu um *insight* sobre os códigos e convenções ocultos que governavam o comportamento social, fazendo com que parecesse menos natural e espontâneo. A fenomenologia integrou alta teoria e experiência cotidiana. A teoria da recepção examinou o papel do leitor na literatura, mas era, realmente, parte de uma preocupação política mais ampla com a participação popular. O passivo consumidor de literatura teve que dar lugar ao ativo co-criador. O segredo foi finalmente revelado: leitores eram quase tão vitais para a existência da escrita quanto os autores, e essa classe de homens e mulheres oprimidos, há muito desprezada, estava finalmente esquentando seus músculos políticos. Se "Todo o poder aos sovietes!" tinha um tom meio defasado, poderia, pelo menos, ser reescrito como: "Todo o poder aos leitores!"

O que cresceu nos últimos tempos, especialmente nos Estados Unidos, foi um certo tipo de antiteoria. No exato momento em que o governo norte-americano está se preparando para entrar em campo mais insolentemente do que nunca, parte da teoria cultural começou a achar a própria palavra "teoria" questionável. Esse sempre havia sido o caso para algumas assim chamadas radicais feministas, que desconfiavam da teoria por vê-la como uma imperiosa afirmação do intelecto masculino. Teoria era simplesmente um monte de homens imaturos, emocionalmente estagnados, comparando o comprimento de seus polissílabos. Antiteoria, no entanto, significa mais do que não querer ter nada a ver com teoria. Se fosse assim, Brad Pitt e Barbra Streisand se qualificariam como antiteóricos. Esse tipo de ceticismo quanto à teoria é teoricamente interessante. O antiteórico é como um médico que lhe dá sofisticadas razões médicas para comer o máximo de porcarias que conseguir engolir, ou um teólogo que lhe forneça argumentos imbatíveis para cometer adultério.

Para teóricos ricos como Richard Rorty e Stanley Fish, teoria é a maneira como você tenta justificar seu modo de vida.[15] Ela lhe dá algumas razões fundamentais para o que você faz. Mas isso, para antiteóricos, não é nem possível nem necessário. Você não pode justificar seu modo de vida com a teoria porque a teoria é parte daquele modo de vida, não algo separado dele. O que conta para você como uma razão legítima ou uma idéia válida será determinado pelo seu próprio modo de vida. Então, as culturas não estão alicerçadas na razão. Elas simplesmente fazem o que fazem. Você pode

[15]Ver, por exemplo, Richard Rorty, *Contingency, Irony, and Solidarity*, Cambridge, 1989, e Stanley Fish, *Doing What Comes Naturally*, Oxford, 1989.

justificar esse ou aquele pedacinho de seu comportamento, mas não pode dar razões para seu modo de vida ou para conjuntos de crenças como um todo.

Essa é a versão mais recente do que a Idade Média conhecia como a heresia do fideísmo. Sua vida está baseada em certas crenças que são imunes ao escrutínio racional. Fé e razão movimentam-se em esferas diferentes. Você não escolheu suas crenças a partir de nenhuma base racional; ao contrário, e como também acontece na catapora, você foi escolhido. Agora são tão parte sua que, mesmo que tentasse, não poderia determinar quais são. Cultura simplesmente não é o tipo de coisa que possa ser ou precise ser justificada, não mais do que você precisa usar uma fileira de explicações metafísicas intricadas, cada uma mais barroca que a outra, para justificar por que acabou de cortar suas unhas dos pés. E isso também significa que não existem bases racionais para comparar e julgar culturas. Não posso fazer um julgamento comparativo entre minha cultura e a sua porque meu julgamento tem que ser feito de *dentro* de minha própria cultura, não de algum ponto desinteressado fora dela. Não existe um lugar assim para se estar. Então, ou estamos dentro, e somos cúmplices, ou estamos fora, e somos irrelevantes.

É gratificante não ter que fundamentar o que fazemos com explicações teóricas, pois isso, de qualquer modo, seria impossível. Como nossa cultura é aquilo de que somos feitos, isso significaria termos que saltar fora de nossas peles, vermo-nos vendo uma outra coisa, e refletir sobre as forças mesmas que, antes de tudo, nos fazem sujeitos humanos. Teríamos que nos escrutinar como se não estivéssemos lá. Mas é impossível nos puxarmos por nossas próprias rédeas culturais dessa maneira. Nunca poderíamos deslanchar uma crítica total, vigorosa, a nosso modo de vida, pois não estaríamos por perto para fazê-lo. De qualquer modo, como só operamos como seres humanos dentro dos termos de nossa cultura particular, uma crítica total como essa seria ininteligível para nós. Teria que se originar de algum ponto inteiramente além das categorias de nossa experiência, como se de alguma zebra excepcionalmente letrada que tivesse estado assiduamente tomando notas sobre nossos hábitos culturais. Uma crítica fundamental ao que somos estaria destinada a passar por nós e nos ignorar. Seu caminho simplesmente não poderia se cruzar com o de nossa linguagem cotidiana.

Tudo isso é alarmante num sentido e consolador noutro. É alarmante porque sugere que nossa cultura não tem bases sólidas. O fato de darmos valor a Pushkin ou à liberdade de expressão é puramente contingente. Simplesmente aconteceu de termos nascido num tipo de ambiente que admira coisas como essas. Poderia facilmente ter sido de outro jeito, e, em outras partes do mundo, é de outro jeito. Talvez seja difícil estabelecer se aflição, compaixão, triângulos de ângulos retos ou o conceito de ser algo são coisas também culturalmente contingentes. Quando chegamos a coisas tais como não brindar à saúde um do outro com ácido sulfúrico, o quadro começa a ficar um pouco obscuro. Há um monte de coisas que fazemos porque somos o tipo de animais que somos, não por sermos freiras ou macedônios. A idéia, de qualquer modo, é que nada precisa ser do jeito que é, e que, portanto, o jeito como são as coisas não precisa ser justificado no nível mais profundo.

Se esse pensamento é consolador, isso se deve, de um lado, ao fato de nos poupar o engajamento num excesso de trabalho mental extenuante e, de outro, porque existe um bocado de coisas em nossa cultura que seria bastante difícil de justificar. Não é claro se, dessa perspectiva, a tortura é apenas algo que nos ocorre fazer, assim como jogar tênis. Mesmo se for algo que não devêssemos fazer, com o que os antiteóricos certamente concordariam, as razões para não o fazermos são, elas mesmas, contingentes. Não têm nada a ver com a maneira como são os seres humanos, já que seres humanos não são de nenhuma maneira em particular. Nós simplesmente pertencemos a uma cultura que desaprova obter confissões forçadas de pessoas mantendo suas cabeças debaixo d'água por longos períodos de tempo. E, com certeza, achamos que nossa cultura está certa ao sustentar essa opinião — mas isso é também porque pertencemos a ela.

Poucos pensadores são audaciosos o bastante para serem totalmente relativistas a respeito dessas questões e argumentar que, se acontece de a tortura estar em sua tradição, então, mais força para seu braço! A maioria deles afirmaria, com graus variados de relutância e culpa liberal, que a tortura também é errada para essas pessoas. A maior parte das pessoas, se tivesse que escolher, preferiria ser vista como imperialistas culturais e não como campeões da crueldade. Só que, para os antiteóricos, a própria realidade não tem opiniões sobre nada. Valores morais, como tudo o mais, são uma questão de tradições culturais erráticas, à deriva.

No entanto não há necessidade de se alarmar a respeito disso, pois a cultura humana não é algo *realmente* à deriva. O que também não significa dizer que esteja firmemente ancorada. Isso seria apenas a face menos visível da mesma metáfora enganadora. Só algo que fosse capaz de estar ancorado poderia ser descrito como tendo ficado à deriva. Não diríamos que uma xícara está "flutuando" só porque não foi pregada à mesa com tiras de aço. A cultura só parece à deriva por uma vez termos pensado que estávamos presos com arrebites a algo sólido, como Deus ou Natureza ou Razão. Mas isso era uma ilusão. Não é que tenha sido verdade uma vez e agora não seja, mas sim que era falso o tempo todo. Somos como alguém cruzando uma ponte alta e, de repente, sendo tomado de pânico por se dar conta de que há um abismo de trezentos metros abaixo. É como se o piso sob seus pés não fosse mais sólido. Mas, de fato, não é mesmo.

Essa é uma das diferenças entre o modernismo e o pós-modernismo. O modernismo era, ou assim ele se imaginava, velho o bastante para se lembrar de um tempo em que havia alicerces firmes sob a existência humana, e ainda estava cambaleando com o choque de ter sido chutado fora de maneira tão rude. Essa é uma das razões para o modernismo apresentar um tom trágico. O drama de Samuel Beckett, por exemplo, não tem absolutamente nenhuma fé na redenção, mas apresenta um mundo que ainda parece ter desesperada necessidade dela. Ele se recusa a desviar os olhos da intolerabilidade das coisas, mesmo que não haja nenhuma consolação transcendente à mão. Após um tempo, no entanto, você pode aliviar a pressão decorrente disso representando um mundo no qual realmente não exista salvação, mas onde, por outro lado, também não exista nada a ser salvo. Esse é o reino pós-trágico do pós-modernismo. Ele ainda é muito jovem para se lembrar de uma época na qual existiam (assim diziam os rumores) verdade, identidade e realidade, e em que não sentia nenhum abismo estonteante sob seus pés. Está acostumado a caminhar no ar claro e não tem nenhuma sensação de vertigem. Ao contrário da "síndrome do membro fantasma", parece haver alguma coisa faltando, mas não há. Simplesmente, somos prisioneiros de uma metáfora enganosa ao imaginar, como fazemos, que o mundo tem que estar apoiado em alguma coisa, tal como estamos apoiados no mundo. Não é que o gelo liso sob nossos pés tenha se transformado em terreno acidentado; o terreno era acidentado o tempo todo.

Somos como crianças crescidinhas que ainda insistem em precisar de suas chupetas e têm que ser levadas, aos chutes e gritos, a reconhecer que não precisam. Abrir mão de nossas chupetas metafísicas seria fazer a momentosa descoberta de que fazer isso não mudou absolutamente nada. Se, pelo menos, pudéssemos aceitar isso, seríamos totalmente pós-metafísicos e, portanto, livres. No entanto, como Nietzsche nos advertiu, matamos Deus, mas escondemos o cadáver e insistimos em nos comportar como se ele ainda estivesse vivo. O pós-modernismo nos exorta a reconhecer que não perderemos nada com o desmoronamento dos alicerces, exceto nossas correntes. Agora podemos fazer o que queremos sem ter que ficar empurrando toda uma bagagem metafísica pesada e desajeitada a fim de nos justificarmos. Tendo despachado nossa bagagem, liberamos nossas mãos.

Parece, no entanto, que antiteóricos como Fish e Rorty podem simplesmente ter substituído um tipo de ancoramento por outro. Agora é a cultura, não Deus nem a Natureza, que é o fundamento do mundo. Não é, com certeza, um fundamento dos mais estáveis, dado que as culturas mudam e há muitas variedades delas. Mas, enquanto estamos, de fato, dentro de uma cultura, não podemos espiar fora dela, de modo que nos parece um fundamento tanto quanto a Razão parecia a Hegel. De fato, o que veríamos se pudéssemos espiar além dela seria igualmente determinado pela cultura. Cultura, então, é um tipo acidentado de resultado final, mas, ainda assim, um resultado final. Pega tudo, do começo ao fim. Em vez de fazermos o que vem naturalmente, fazemos o que vem culturalmente. Em vez de seguirmos a Natureza, seguimos a Cultura. Cultura é um conjunto de hábitos espontâneos tão profundos que não podemos nem ao menos examiná-los. E isso, entre outras coisas, convenientemente os protege de críticas.

Talvez possamos ser irônicos quanto a nossos mais profundos compromissos, reconhecendo sua natureza arbitrária, mas isso não chega a reduzir sua pressão sobre nós. A ironia não vai tão longe quanto a crença. A cultura então se torna a nova Natureza, que não pode ser posta em questão assim como não pode uma cachoeira. A naturalização das coisas é substituída por sua culturalização. Qualquer que seja a forma, elas começam a parecer inevitáveis. Como todos numa época pragmática, esperta, já viram o que há por trás da estratégia de "naturalização", você precisa encontrar uma forma diferente, mais atual, de conferir legitimidade a seu modo de vida. E esse é o conceito de cultura. Se culturas são contingentes, podem sempre ser mudadas; mas não podem ser mudadas como um todo, e as razões que temos para mudá-las também são contingentes.

O que faremos com esse argumento? Pode bem ser que hábitos culturais, como imaginar o tempo fluindo para adiante, ou perceber outros corpos humanos como pessoas, estejam tão entranhados em nós que não teríamos a possibilidade de nos conceber fora deles. Mas dificilmente o mesmo poderia ser dito de hábitos culturais como expulsar de quiosques de cachorro-quente os fregueses que não estiverem usando roupas a rigor ou recusar-se a perdoar a dívida de nações empobrecidas. O truque de alguns antiteóricos é fazer com que esses dois tipos de caso pareçam o mesmo. E isso faz com que sair da Otan nos pareça tão impossível quanto sair de nossos corpos. Outro estratagema dos antiteóricos é argumentar que, a fim de deslanchar alguma crítica fundamental a nossa cultura, precisaríamos estar em algum impossível ponto arquimediano além dela. O que isso deixa de perceber é que refletir criticamente sobre nossa situação é parte dessa situação. É um aspecto da maneira peculiar de pertencermos ao mundo. Escrutinar a nós mesmos não é uma tentativa impossível, do tipo saber o que acontece com a luz da geladeira quando fechamos a porta. Curvarmo-nos sobre nós mesmos é tão natural para nós quanto é para o espaço cósmico ou para uma onda do mar. Não implica saltarmos fora de nossa pele. Sem esse automonitoramento, não teríamos sobrevivido como espécie.

Essa é de fato uma das maneiras como divergimos dos nossos companheiros animais, independentemente do que se possa falar de útil sobre nossas afinidades. Não é que os seres humanos interpretam o mundo e outros animais não. Toda resposta sensorial à realidade é uma interpretação dela. Abelhas e macacos claramente interpretam seu mundo e agem baseados no que vêem. Nossos próprios sentidos físicos são órgãos de interpretação. O que nos distingue dos outros animais é que somos capazes, em seguida, de interpretar essas interpretações. Nesse sentido, toda linguagem humana é metalinguagem. É uma reflexão de segunda ordem sobre a "linguagem" de nossos corpos — de nosso aparato sensorial.

É isso o que a teoria cultural tende a minimizar ao inflar o papel da linguagem (um erro próprio de intelectuais, assim como a melancolia é endêmica entre palhaços). Levado ao extremo, isso tenderia a autorizar a conclusão de que linguagem e experiência são indissociáveis, como se nenhum bebê jamais tivesse chorado de fome. O que falta ao bebê não é a experiência da fome, mas a habilidade de identificar essa experiência pelo que ela é através de um ato de simbolização, situando-a num contexto mais amplo. E isso só a cultura pode dar a ele. É essa cultura que a linguagem traz consigo. No entanto, mesmo quando disponho da linguagem, minha experiência sensorial ainda representa um tipo de algo a mais por cima dela. O corpo não é redutível à significação, como os reducionistas lingüísticos tendem a imaginar. Parte dessa superestimação do papel da linguagem nos negócios humanos pode derivar do fato de os filósofos serem, tradicionalmente, acadêmicos solteiros que não tinham qualquer experiência com crianças pequenas. Os aristocratas ingleses, que, como regra, preferem cachorros e cavalos a seres humanos, nunca foram abundantes nas fileiras dos inflacionistas lingüísticos.

Pode-se razoavelmente argumentar que crianças pré-lingüísticas podem ter crenças e agir baseadas em razões.[16] O que elas não podem fazer é perguntar a si mesmas questões morais, como se suas crenças são sólidas ou se suas razões são boas. Apenas um animal lingüístico pode ser um animal moral. Crianças pequenas e *aardvarks* podem desejar o que acham que é bom, mas não podem querer desejar o que é bom. Mesmo assim, as criancinhas parecem reconhecer, discriminar, pesquisar, re-identificar e classificar, e tudo isso sem o auxílio da linguagem. Assim também, pode-se argumentar, fazem os animais não-humanos. Animais não-humanos comportam-se como se tivessem crenças, o que não quer dizer que sejam social-democratas ou judeus ortodoxos. Alguns golfinhos

[16]Ver Alasdair MacIntyre, *Dependent Rational Animals*, Londres, 1999, cap. 4.

podem distinguir a frase "Ponha a prancha junto com o *frisbee*" de "Ponha o *frisbee* junto com a prancha", uma operação com a qual mesmo alguns líderes mundiais poderiam ter dificuldade.

A auto-reflexão, portanto — interpretar nossas interpretações sensoriais —, é parte do que somos. E isso pode ser conduzido com total espírito crítico. Não há necessidade de batalhar para sair da própria pele e então poder fazer críticas fundamentais à sua situação. Você não tem que se postar num espaço exterior metafísico para reconhecer a injustiça da discriminação racial. Aí é exatamente de onde você não a reconheceria. Ao contrário, existe muita coisa dentro de nossa cultura nas quais podemos nos basear para fazer isso. Os antiteóricos cometem o engano de ver as culturas como mais ou menos coerentes. Assim, a crítica a elas vem ou de fora, em cujo caso é irrelevante ou ininteligível, ou de dentro, em cujo caso não é realmente radical. Mas numa cultura há muitas linhas diferentes, contraditórias, algumas das quais nos permitem sermos críticos de outras. Agir de acordo com o modo de vida ocidental pode significar tanto construir barricadas em Piccadilly quanto desmanchá-las. Se bolinhos e creme representam uma tradição cultural inglesa, as sufragistas representam outra. É uma boa notícia ouvir que não podemos escapar inteiramente de nossa cultura — pois, se pudéssemos, não seríamos capazes de submetê-la a julgamento crítico.

De maneira semelhante, podemos comparar duas culturas a partir do nosso próprio ponto de observação cultural. O fato de culturas poderem olhar para além de si mesmas é parte do que elas são. É próprio das culturas que suas fronteiras sejam permeáveis e ambíguas, mais como horizontes do que como cercas eletrificadas. Nossa identidade cultural exsuda para além de si mesma em virtude do que ela é, não como um agradável benefício extra ou uma hemorragia desagradável. É claro que pode haver sérias dificuldades em traduzir uma cultura para outra. Mas você não tem que estar colocado em um imaginário ponto Ômega a fim de fazer isso, assim como não precisa recorrer a uma terceira língua para traduzir do sueco para o suaíli. Estar dentro de uma cultura não é como estar dentro de um presídio. Parece-se mais com estar no interior de uma língua. As línguas se abrem para o mundo a partir de dentro. Estar dentro de uma língua é estar fixado no mundo, e não estar em quarentena fora dele.

Assim, para os antiteóricos a questão é simplesmente seguir com o que fazemos sem nos deixarmos distrair por toda essa confusão a respeito de teoria. Devemos esquecer as "profundas" legitimações: profundidade é apenas o que nós mesmos colocamos lá, e que, como era de se prever, acaba nos aterrorizando. É verdade que já não podemos justificar nossas práticas em termos totalmente metafísicos; mas isso não as deixa vulneráveis, já que aqueles que nos censuram também não podem fazê-lo. Podemos perfeitamente fazer um pacto a respeito de até onde vai essa conversa profunda. A filosofia torna-se antifilosofia. Para alguns pensadores modernos, pensar sobre o que se está fazendo causará um sério problema, assim como não é aconselhável pensar na fisiologia de suas pernas durante uma corrida de obstáculos. Refletir sobre o que se está fazendo pode resultar perigoso para corredores, mas parece uma estranha conclusão aplicar o mesmo princípio àqueles que são muito bem pagos para pensar.

No entanto, para Nietzsche e Freud, podemos operar como seres humanos apenas reprimindo muito daquilo de que somos feitos. É de nossa natureza sermos antiteóricos, mesmo que precisemos da teoria para descobrir isso. Certamente um excesso de repressão nos deixará doentes; mas, para essa perspectiva profundamente anti-romântica, a repressão não é um mal em si. Não poderíamos falar, pensar ou agir sem ela. Apenas por um total auto-esquecimento podemos ser nós mesmos. A amnésia, não o lembrar, é o natural para nós. O ego é o que é apenas por uma necessária cegueira a muito do que o constitui. Para fazer história, primeiro precisamos obliterar a sórdida genealogia manchada de sangue que entrou na nossa constituição. Em outro sentido, essa idéia é bastante própria do romantismo: o intelecto é a morte da espontaneidade. Refletir com muita sensibilidade sobre o mundo à nossa volta paralisa a ação, como descobriu Hamlet. Ou, para traduzir o sentimento em palavras que revelam parte do que se oculta por trás da posição da antiteoria: se levantarmos questões sobre os fundamentos de nosso modo de vida, no sentido de pensar demais a respeito do barbarismo sobre o qual nossa civilização está fundada, poderemos deixar de fazer as coisas que todos os bons cidadãos deveriam fazer espontaneamente.

O período de 1965 a 1980 não foi, de forma alguma, a primeira eclosão de idéias culturais revolucionárias na Europa do século XX. Com toda sua agitação, não passa de uma sombra comparado com a grande corrente de modernismo que varreu o continente no início do século. Se quiséssemos selecionar outra década e meia notável que tenha transformado a cultura européia, o melhor seria escolher de 1910 a 1925. Foi a época de Proust, Joyce, Pound, Kafka, Rilke, Mann, Eliot, Futurismo, Surrealismo e uma boa quantidade mais. Como na década de 1960, era também um tempo de mudança social tumultuada — embora nada no último período se compare, em escala, às guerras, revoluções e levantes sociais do primeiro. Se os anos 60 e 70 testemunharam fases de insurgência esquerdista, o período anterior viu o nascimento do primeiro Estado operário da história. Se os anos 60 e 70 foram uma idade de revoluções coloniais, o período de 1910 a 1925 teve em seu centro a maior conflagração imperialista jamais testemunhada pela história.

O modernismo refletia o esfacelamento de uma civilização inteira. Todas as crenças que haviam servido tão esplendidamente à sociedade de classe média do século XIX — liberalismo, democracia, individualismo, investigação científica, progresso histórico, a soberania da razão — estavam agora em crise. Houve um dramático avanço da tecnologia, junto com a disseminação da instabilidade política. Estava ficando difícil acreditar que houvesse alguma ordem inata no mundo. Em vez disso, a ordem que pudéssemos descobrir seria uma posta lá por nós mesmos. O realismo na arte, que havia tomado essa ordem como garantida, começou a rachar e implodir. Uma forma cultural que vinha prevalecendo desde a Renascença agora parecia estar se exaurindo.

De todas essas maneiras, o modernismo antecipou a última eclosão da teoria cultural. De fato, a teoria cultural era, entre outras coisas, a continuação do modernismo por outros meios. Por volta de 1960, os grandes trabalhos do modernismo haviam começado a perder muito de sua força perturbadora. Joyce e Kafka eram bem-vindos nos programas das universidades, enquanto trabalhos modernistas de pintura provavam-se ser produtos lucrativos sem os quais não poderia passar nenhuma corporação que se prezasse. As classes médias acudiam em massa às salas de concerto para serem arquiescandalizadas por Schoenberg, enquanto as figuras sombrias, devastadas de Beckett, surgiam furtivamente no palco londrino. Brecht foi desalienado e todo um bando de companheiros de viagem fascistas foi politicamente desinfetado. O escandalosamente experimental T. S. Eliot foi condecorado com a prestigiosa Ordem do Mérito. O impulso dissidente por trás do movimento modernista ainda sobrevivia aqui e ali, prolongando-se no surrealismo e situacionismo tardios. Mas o movimento como um todo havia perdido sua potência subversiva.

Aquele impulso dissidente precisara migrar para outro lugar; e a teoria cultural foi esse lugar onde ele se estabeleceu. Escritores como Barthes, Foucault, Kristeva e Derrida eram, na realidade, artistas modernistas retardatários que tinham se dedicado à filosofia em vez de à escultura ou ao romance. Tinham um toque do talento natural e da força iconoclasta dos grandes artistas modernistas, bem como haviam herdado sua aura intimidante. As fronteiras entre o conceitual e o criativo começaram a se esfumar. Essa foi uma razão para filósofos dotados de menos imaginação não denunciarem esses pensadores; não foram capazes de reconhecer que o que eles estavam fazendo era filosofia. Isso foi curioso, dado que filosofia — para dar ao tema uma definição tão rigorosa quanto possível — significa falar sobre certas coisas de certas maneiras. Tempo é um tópico legítimo da filosofia, mas Proust não fala sobre ele da maneira correta. Para poucos a morte é um conceito filosófico válido, mas, se você fala dela na linguagem de Donald Davidson, em vez da de Martin Heidegger, pode tornar-se válido. A identidade pessoal virou, atualmente, um tópico filosófico de primeira classe, mas sofrimento já não é tão aceitável. Além disso, esses pensadores franceses estavam claramente na esquerda política, enquanto os filósofos ortodoxos não tinham nada de políticos. Eram, em outras palavras, conservadores.

Por que então a teoria cultural havia expulsado a prática cultural? Uma resposta é simplesmente que aquela prática cultural, na forma de alta arte modernista, já existia. Nunca nada acontece duas vezes, precisamente porque já aconteceu. A grande arte da Europa do século XX era fruto do primeiro e traumático impacto da crise da moderna civilização ocidental sobre a vida cultural. Uma vez ocorrido o impacto, era difícil senti-lo de novo em todo o seu chocante imediatismo. Não é fácil ter o chão roubado de sob os pés uma segunda vez, a menos que se viva na falha de San Andreas. Acostumamo-nos a viver com a perda do valor absoluto, junto com a crença de que o progresso era um mito, a razão humana uma ilusão e nossa existência uma paixão fútil. Havíamos nos acostumado à nossa *angst*, e começávamos a apreciar nossa falta de grilhões.

De qualquer modo, o caráter totalmente escandaloso dessas idéias só aparece quando contrastado com o cenário de uma cultura tradicional, relativamente estável. Esse era o pano de fundo ainda perceptível em 1920, mas desaparecendo rapidamente em 1970. Quando o pós-modernismo assomou no horizonte, praticamente não havia memória de tal contexto. À medida que o ritmo do empreendimento capitalista se acelerou, a instabilidade, a desordem, a perversidade e o sensacionalismo passaram a ser a ordem do dia. Não eram particularmente ofensivos, já que não havia nenhuma norma segundo a qual pudessem ser avaliados. Não era como se eles pudessem ser contrastados com os valores dos espíritos tutelares da família. Era que, no lugar antes reservado aos Lares, estava agora a televisão, onde a família se encharcava de perversidade, desordem e sensacionalismo.

O modernismo, como a cultura das décadas de 1960 e 1970, poderia supor que, naquilo que dizia respeito ao *establishment* cultural, o realismo ainda era dominante. Na verdade, ele talvez tenha se provado a forma cultural mais resistente na história ocidental, ganhando de todos os contendores. E isso sugere que tem pelo menos algumas de suas raízes profundamente entranhadas no psiquismo ocidental. O que se valorizava era o tipo de arte que espelhava um mundo no qual você podia se reconhecer. É extremamente difícil dizer, com precisão, *por que* se pensa que isso é algo valioso. A resposta, provavelmente, tem mais a ver com magia do que com estética. Não é fácil dizer por que temos tamanho prazer infantil em olharmos absortos a imagem de uma banana que, para o mundo todo, se parece com uma banana.

O realismo, então, era o que os novos movimentos se propunham demolir. Mas, numa certa medida, seus experimentos na arte e no pensamento ainda dependiam dele. Não acharíamos atraente uma pintura cubista a menos que estivéssemos acostumados a telas não-cubistas. A dissonância depende de um senso de harmonia. De algumas maneiras, o assalto modernista ao realismo havia falhado. Por volta da década de 1930, o realismo estava firme na sela novamente. Nos anos 60 e 70, a nova teoria cultural fez outro valente esforço para desalojá-lo, convocando a arte modernista em sua ajuda. No entanto essa incursão também foi, em grande parte, derrotada. Mas o que ninguém poderia ter antecipado era que a civilização ocidental estivesse à beira de se tornar, ela mesma, não-realista. A própria realidade havia agora abraçado o não-realista, à medida que a sociedade capitalista tornava-se cada vez mais dependente, em suas operações cotidianas, de mito e fantasia, riqueza ficcional, exotismo e hipérbole, retórica, realidade virtual e mera aparência.

Essa foi, assim, uma das raízes do pós-modernismo. O pós-modernismo decola quando já não se trata mais de ter informação sobre o mundo, mas de ter o mundo como informação. Subitamente, o anti-realismo já não era apenas uma questão de teoria. Como poderia você conceber, em termos realistas, a representação dos grandes e invisíveis circuitos de comunicação se entrecruzando, o incessante zumbir de signos indo e vindo que era a sociedade contemporânea? Como poderia representar a Guerra nas Estrelas ou o prospecto de milhões de mortos num ataque biológico? Talvez o fim da representação viesse quando não existisse mais ninguém para representar ou para ser representado. Os modernistas radicais haviam tentado desmontar a distinção entre arte e vida. Agora, parecia que a vida havia feito isso para eles. Mas, enquanto os modernistas radicais tinham em mente coisas como ler suas poesias em megafones em pátios de fábricas, o pós-modernismo tinha em mente, em geral, coisas como propaganda e relações públicas. Uma subcorrente de esquerda tentou reinventar modos mais dissidentes de integrar a cultura na vida social, mas dificilmente poderia competir com a produção de espetáculos políticos ou os *reality-shows* na televisão. Um assalto radical a fixas hierarquias de valor fundiu-se, sem nenhum esforço, com aquele revolucionário nivelamento de todos os valores conhecido como o mercado.

Os climas emocionais do modernismo e dos anos 60 eram muito diferentes. Ambos estavam rodeados da euforia e efervescência que se associa a uma súbita eclosão de modernização. O modernismo, como um movimento cultural, é, entre outras coisas, uma resposta ao impacto alarmante, revigorante, da modernização em larga escala de sociedades até então tradicionais. Essa é uma das razões para o único modernismo nativo no Reino Unido (em oposição ao importado) ter surgido na Irlanda culturalmente tradicionalista, politicamente turbulenta e recém-modernizada. Mesmo que boa parte do modernismo seja ferozmente crítica daquelas forças inovadoras, ele ainda capta algo de sua graça e exuberância. Em geral, no entanto, o tom do período modernista era angustiado e agonizante, enquanto o dos anos 60 era calmo e casual. O modernismo foi assombrado por visões apocalípticas do colapso da civilização, enquanto os anos 60 tenderam a saudar a perspectiva com aclamações. Apenas alguns de seus sonhos de apocalipse eram induzidos por drogas.

O modernismo e a teoria cultural eram movimentos internacionais. Ambos desprezavam o paroquialismo, fosse de natureza mental ou física. Os típicos artistas modernistas eram exilados e emigrados, e também alguns dos mais proeminentes pensadores culturais do período posterior. Assim como a classe trabalhadora revolucionária, os artistas modernistas não reconheciam nenhuma pátria, cruzando fronteiras nacionais tão facilmente quanto passavam de uma forma de arte ou grupo ou manifesto para outros. Amontoados em alguma metrópole poliglota, estabeleciam domicílio na arte, em vez de em Estados-nação. Dessa maneira, podiam compensar, entre outras coisas, a perda de uma pátria legítima e de uma tradição nacional. O modernismo era uma questão híbrida, misturando fragmentos de várias culturas nacionais. Se o mundo tradicional estava agora em pedaços, se toda identidade humana era agora uma colagem, os modernistas extrairiam uma virtude artística daquela necessidade histórica, garimpando entre os restos de ideologias obsoletas, à maneira dos catadores de lixo de Baudelaire, para produzir algumas novas e surpreendentes criações.

De maneira similar, a teoria cultural iria, mais tarde, perpassar a lingüística, filosofia, literatura, política, arte, antropologia e assim por diante, rompendo barreiras acadêmicas tradicionais enquanto avançava. Era um pesadelo de bibliotecário. Os nomes "estruturalismo", "teoria", "estudos culturais" eram meramente sinais de trânsito provisórios, tal como "existencialismo" havia sido para uma geração anterior. Assim como ocorrera com o existencialismo, as novas idéias culturais diziam respeito a profundas mudanças na vida diária, bem como à academia, a gostos, sensibilidades, valores sociais e agendas morais. Ao mesmo tempo, a teoria explodiu a barreira entre cultura popular e minoria: você podia experimentar uma leitura estruturalista de *O marinheiro Popeye* tão facilmente quanto de *O paraíso perdido*. Como a alta arte modernista, no entanto, o tratamento dispensado pela teoria à cultura popular foi, no início, uma questão um tanto *de haut en bas*. Fosse com T. S. Eliot sobre *show* de variedades ou Roland Barthes sobre luta livre, ambos os movimentos dobraram-se ao popular sem causar danos à sua aura. Foi o pós-modernismo que aqui marcou a quebra, à medida que tanto teoria quanto arte tornaram-se patentemente não-elitistas e consumistas. Aqueles teóricos de esquerda que haviam sonhado com uma ordem social sem classes tiveram apenas que abrir os olhos e ver que ela já havia chegado, e era conhecida como o *shopping center*.

Os dois períodos também foram tempos de extremismo espiritual. Como ocorre com a linguagem e a forma artística, homens e mulheres revelariam a verdade sobre si mesmos apenas quando pressionados até o limite. Ao reivindicar seus direitos, por que não aproveitar e pedir tudo? Por que apegar-se a velhas formas, enchendo garrafas velhas com vinho novo? Não era apenas uma questão de pensar novos pensamentos; as próprias molduras de nosso pensar tinham que ser quebradas e refeitas. Tampouco era apenas uma questão de produzir uma literatura ou filosofia novas, mas de inventar uma maneira totalmente nova de escrever. Filósofos como Martin Heidegger, Theodor Adorno e Jacques Derrida só podiam dizer o que tinham em mente criando novos estilos literários, rompendo os limites entre poesia e filosofia. Você tinha que usar conceitos, mas, ao mesmo tempo, apontar seus limites, destacar seus contornos, implodi-los de dentro. E isso era um tipo de equivalente da ironia modernista. Politicamente falando, você precisava construir um novo tipo de ser humano que não apenas não se engajaria em violência ou exploração, mas que fosse física e moralmente incapaz de fazê-lo. O mundo inteiro estava tremendo à beira do apocalipse, e manter-se fiel a seu desejo impossível levaria você ao abismo. O passado havia sido cancelado, a eternidade era agora e o futuro tinha acabado de aterrissar.

Apesar da torrente de idéias geradas por ambos os períodos, eles compartilhavam uma profunda desconfiança da razão humana. O modernismo reagiu a um racionalismo vitoriano tendencioso voltando-se para o exótico, o primitivista, o arcaico e o inconsciente. A verdade era para ser sentida nas vísceras e nos genitais, não na cabeça. A espontaneidade animal era o mais novo experimento cerebral. Com toda a sua modernidade autoconsciente, era um período carregado de mito e azedado com sangue e sujeira. Uma figura como D. H. Lawrence, com sua celebração dos deuses da escuridão, é um caso exemplar aqui. Seríamos lançados de costas para dentro do futuro por mirarmos as imagens arcaicas do passado, um passado que, em sua absoluta não-existência, assemelhava-se à utopia.

A década de 1960 também se voltou para cultos de felicidade produzida pela ampliação da mente, junto com formas espúrias do primitivo e do oriental. Uma inocência açucarada grassava no exterior. Intelectuais faziam palestras eruditas sobre o valor da pura vacuidade da mente, enquanto *hippies* de meia-idade dançavam nus no Hyde Park. Esquizofrênicos eram anunciados como arautos de uma nova forma de consciência. Homens e mulheres acreditavam fervorosamente em expandir a mente, mas mais com entorpecentes do que com doses de Virgílio. Em ambos os casos, às vezes era difícil distinguir entre desafios criativos à razão e o puro velho irracionalismo. Precisava-se de um tipo totalmente novo de consciência, ou seria a consciência, ela mesma, o problema? Seria a lógica uma conspiração da classe dominante? "Queremos destruir o kapital [*sic*] não porque não seja racional", anunciava Jean-François Lyotard, "mas porque é."[17] Em ambos os períodos, havia uma fuga do intelecto para a vida rural ou para as profundezas nebulosas do inconsciente, para ilhas tropicais, poesia concreta, sensações fortes ou visões psicodélicas. A reflexão era o problema, não a solução.

As décadas de 1960 e 1970 testemunharam uma grande quantidade de teoria altamente sofisticada; mas grande parte dela, ironicamente, era fascinada pelo que escapava totalmente à teorização. De modo geral, dava mais valor ao que não podia ser pensado do que ao que podia. Havia necessi-

[17]Citado em Anderson, *The Origins of Postmodernity*, p. 27.

dade de uma teoria além da teoria. Se os conceitos pertenciam à linguagem degenerada do presente, então o que quer que se esquivasse de suas garras pegajosas poderia nos trazer um lampejo de utopia. Desejo, diferença, o corpo, o inconsciente, prazer, o significante flutuante: todas essas coisas finalmente confundiram a teoria, para o deleite masoquista da teoria. Reconhecer isso, no entanto, demandava uma grande dose de pensamento rigoroso. Foi preciso um pensador mais sutil para explorar os limites do pensamento. A teoria era um tipo de homeopatia, usando a reflexão para nos levar além dela. Mas isso era diferente da complacência filistéia dos antiteóricos tardios, cujo conselho aos teóricos poderia ser resumido na popularesca advertência de Richard Rorty: "Não coce onde não pinica."

Finalmente, o que o modernismo e a "alta" teoria cultural tinham em comum era sua multifacetada ambição. Ambos estavam preparados para se aventurar por territórios perigosos, arriscar alguma coisa e trazer à baila questões de suprema importância. Novos conceitos eram forjados e novos métodos elaborados. As explorações desses escritores abrangiam política e sexualidade, linguagem e cultura, ética e economia, a psique e a civilização humana. A teoria cultural de hoje é um pouco mais modesta. Não gosta da idéia de profundidade, e fica perturbada quando se trata de fundamentos. Estremece diante da noção de universal, e desaprova perspectivas abrangentes ambiciosas. Em geral, só pode ver essas perspectivas como opressivas. Ela acredita no local, no pragmático, no particular. E, com esse devotamento, ironicamente, difere muito pouco da erudição conservadora que detesta, e que também só acredita apenas no que pode ver e pegar.

Há, no entanto, uma ironia muito mais profunda. Exatamente no ponto em que começamos a pensar pequeno, a História começou a agir grande. "Aja localmente, pense globalmente" tornou-se um *slogan* esquerdista familiar; mas vivemos num mundo onde a direita política age globalmente e a esquerda pós-moderna pensa localmente. À medida que a grande narrativa da globalização capitalista e a reação destrutiva que trás em seu rastro desdobram-se por todo o planeta, surpreendem esses intelectuais num momento no qual muitos deles já praticamente cessaram de pensar em termos políticos. Confrontado com um inimigo político implacável e, além disso, fundamentalista, o Ocidente sem dúvida será forçado, cada vez mais, a refletir sobre os fundamentos de sua própria civilização.

No entanto tem que fazer isso exatamente quando os filósofos estão chegando apressados com a notícia de que, em primeiro lugar, esses fundamentos não existem. A má notícia é que o imperador está nu. O Ocidente, então, talvez tenha que produzir algumas legitimações de seu modo de vida que soem convincentes, isso bem no momento em que pensadores culturais passivos estão garantindo que tais legitimações não são possíveis nem necessárias. Ele pode ser forçado a refletir sobre a verdade e a realidade de sua existência num tempo em que o pensamento pós-moderno tem sérias dúvidas tanto sobre verdade quanto sobre a realidade. Precisará, em suma, soar profundo numa era progressivamente superficial.

A conclusão inescapável é que, mais uma vez, a teoria cultural tem que começar a pensar de maneira mais ambiciosa — não para que possa entregar ao Ocidente sua legitimação, mas para que possa buscar compreender as grandes narrativas nas quais está agora enredada. No entanto, antes de examinarmos o que isso pode significar, precisamos fazer um balanço das perdas e ganhos da teoria cultural até agora.

CAPÍTULO 4 Perdas e ganhos

Para alguns dos seus críticos, a própria idéia de teoria cultural é uma contradição em termos, assim como "intelectual fascista" ou "*haute cuisine* do Alabama". Todo o sentido da arte e da literatura é sua peculiaridade. Obras de arte e cultura são experiências vivas, não doutrinas abstratas. São sensuais, delicadas, individualidades únicas. Não será que idéias abstratas simplesmente matam tudo isso de vez? Uma teoria da arte não é algo como tentar fazer uma ciência do emburramento ou da carícia? Não pode haver uma ciência do individual. Os entomologistas estudam a vida dos insetos, mas não estudariam uma única aranha e nada mais. A teoria é geral, a cultura é específica. Mesmo que tomemos a cultura num sentido mais amplo, para indicar de que maneiras um grupo de pessoas extrai sentido simbólico de sua situação, ainda estamos falando de sua experiência vivida. E é muito difícil ver como pode haver uma teoria disso.

De fato, todo falar sobre arte é abstrato. A teoria cultural não é exceção quanto a isso. Pode-se falar do jeito inesquecível como o tom do poema passa do desalento para o entusiasmo lírico, mas isso é falar por abstrações. A palavra "símbolo" é tão abstrata quanto a palavra "significante". Só que a maior parte das pessoas se acostumou com a primeira, mas não com a segunda. Muito da assim chamada linguagem comum é só um jargão que esquecemos ser jargão. "Caráter" e "monólogo" deixaram de ser jargão, enquanto "luta de classes" e "patriarcal" ainda são. "Sua graciosa Majestade, a Rainha" é jargão, mas não para um monarquista britânico. "Carcinoma secundário" é jargão para cabeleireiros, mas não para cirurgiões. Normalmente, jargão significa idéias com as quais você não concorda. Um ex-editor do *Times Literary Supplement* declarou que sempre eliminava palavras como "discurso". Provavelmente, os que o antecederam na cadeira editorial, riscavam palavras como "montagem" e "neurótico". E talvez para aqueles *seus* antecessores tivessem sido "evolução" e "sociologia".

Em todo caso, a suposição de que toda arte seja vividamente peculiar é de safra bem recente. Com toda sua apreciação do particular, essa suposição estranhamente pretende ser uma verdade universal. Foi somente por volta do final do século XVIII que a arte foi definida dessa maneira. Samuel Johnson pensava que o particular era tedioso e o universal, excitante. É improvável que Virgílio, Eurípides, Dante, Rabelais ou Shakespeare vissem a arte sob essa luz. Na verdade, é altamente improvável que tivessem qualquer coisa parecida com o conceito de arte que temos hoje, ou, em alguns casos, qualquer conceito de arte. A noção de arte que tomamos como certo hoje em dia foi inventada há apenas dois séculos. E não passou sem desafios. Pouco mais de um século depois de seu nascimento, caiu sob o ataque pesado do movimento modernista.

É verdade, para citar mal George Orwell, que toda linguagem é abstrata, mas algumas são mais abstratas que outras. Mas essa não é necessariamente a diferença entre a teoria e outras formas de falar de arte e cultura. Samuel Taylor,

Coleridge e T. S. Eliot, que normalmente não são vistos como teóricos, são às vezes tão abstratos quanto Jacques Derrida. Pode-se escrever sobre os contornos denticulados de uma narrativa ou a textura granulada de uma frase; mas essas são formas *aceitáveis* de jargão, como outras formas do falar de arte não são. De fato, esse tipo de jargão aceitável é o estilo da casa ou o *patois* da crítica contemporânea, tão instantaneamente reconhecível de Sydney a San Diego como um dedo recurvado para um franco-maçom. Atualmente, tornar-se um crítico literário significa aprender a ser fluente nesse tipo de linguagem.

Se "fenomenologia hermenêutica" conta como jargão, o mesmo acontece com a linguagem local de estivadores e mecânicos de automóvel. Se criadores de porcos acham os advogados obscuros, advogados podem achar os criadores de porcos mistificadores. Às vezes, é de jargão que precisamos; outras vezes, de linguagem ordinária. Não ligamos se o médico nos pergunta como vai nossa barriguinha, mas, se ele anotasse na nossa ficha "a barriguinha anda fazendo umas gracinhas" nossa confiança em suas habilidades profissionais poderia ficar abalada. Se uma crítica de arte escreve que há uma coisinha vermelha muito legal, meio engraçada, bem no meio da tela, podemos começar a nos perguntar se os recursos públicos prodigalizados em sua educação realmente se justificaram. Não queremos que os marinheiros falem sobre "aquela coisa que você desenrola para descer o bote salva-vidas". Há muitas situações na vida em que nos sentiríamos mal se compreendêssemos o que estava sendo dito. "Um pouquinho para a esquerda, e depois vá meio que flutuando por algum tempo" não é bem o que queremos ouvir do controlador de tráfego no rádio do nosso piloto.

Mesmo assim, isso dificilmente justifica que uma eminente teórica literária perpetre uma sentença como "O in-coevo para-sujeito in-fante ab-original não pode ser teorizado como, funcionalmente, *completamente* congelado num mundo onde a teleologia é esquematizada na geo-grafia". Na escola elementar, separar palavras com hifens era um jeito de melhor entendê-las; aqui, é uma ridícula afetação que tem o efeito oposto. Esse tipo de jargão é tão um emblema de pertencimento tribal quanto o estetoscópio ostensivamente pendente do bolso de um médico. Não é só que sentenças como essa sejam incompreensíveis para as massas trabalhadoras; são incompreensíveis para a *intelligensia* não-trabalhadora também. Às vezes, suspeita-se, podem até mesmo ser apenas vagamente inteligíveis para aqueles que as produzem. Gente que escreve desse jeito nem mesmo está interessada em ser compreendida. Escrever assim sendo um acadêmico *literário*, alguém que, de fato, é pago por ter, entre outras coisas, uma certa queda e um certo gosto pela linguagem, é parecido com ser um oculista míope ou um dançarino de balé flagrantemente obeso. Enquanto astros do *rock* e jogadores de futebol precisam de *ghost-writers* que os façam parecer mais inteligentes e articulados, autores como essa precisam de *ghost-writers* para tornar sua prosa mais estúpida e simplista.

Não que todos os teóricos escrevam tão miseravelmente assim. De fato, alguns deles — Theodor Adorno, Roland Barthes, Michel Foucault, Fredric Jameson — estão entre os grandes estilistas literários de nosso tempo. Pode-se ser difícil sem ser obscuro. Dificuldade é uma questão de conteúdo, ao passo que obscuridade é questão de como apresentar esse conteúdo. É verdade que há algumas idéias, pelo menos em ciência, que não podem ser adequadamente simplificadas. Nem toda sabedoria é simples e espontânea. "O segredo de toda grande arte é sua simplicidade" é *nonsense* simplista. No entanto é possível escrever com clareza sobre temas esotéricos, assim como alguns teóricos conseguem, com heróica perversidade, escrever esotericamente sobre temas comuns.

Há algo de particularmente escandaloso no fato de a teoria cultural *radical* ser tão deliberadamente obscura. Não porque poderia alcançar as hordas das classes trabalhadoras se simplesmente usasse palavras mais curtas. É escandaloso porque toda a idéia de teoria cultural é basicamente democrática. Nos velhos maus tempos, supunha-se que cultura fosse algo que se precisava ter no sangue, como malária ou glóbulos vermelhos. Incontáveis gerações de reprodução humana contribuíam para a maneira com que um cavalheiro podia distinguir instantaneamente uma metáfora espirituosa de uma já ultrapassada. Cultura não era realmente algo que se pudesse adquirir, assim como também não se poderia adquirir um novo par de sobrancelhas ou aprender a ter uma ereção. Civilidade era o que vinha naturalmente. Julgamentos sobre Stendhal e Rembrandt eram tão espontâneos como um espirro, tão instintivos quanto abrir a porta para senhoras mais velhas. A teoria que, como vimos, nasceu em algum lugar da densa democrática floresta da década de 1960, pensava diferente. Tudo de que se precisava para entrar no jogo era aprender certas maneiras de falar; não havia necessidade de se ter um par de puros-sangues atrelados à porta. E, em princípio, essas maneiras de falar estavam ao alcance de qualquer um.

Nenhum leigo abre um tratado de botânica e logo torna a fechar, irritado, se não o compreende imediatamente. Considerando que arte e cultura são pelo menos tão complexas quanto a vida das plantas, seria estranho se descrições sobre elas fossem mais compreensíveis de imediato. Entretanto muita gente que não acha difícil a botânica irritar-se ao não entender a descrição de uma escultura ou de um romance. E isso por uma razão interessante. Supõe-se que arte e cultura lidem com questões "humanas", e não "técnicas" — com o amor, a morte e o desejo, e não com as leis de delito ou a estrutura orgânica dos decápodes. E certamente todos nós podemos compreender o "humano". De fato, essa distinção é bastante dúbia. Para Aristóteles, ser um humano era, em certo sentido, uma questão técnica, como era o amor para Tomás de Aquino, o desejo para Sigmund Freud, e como é a morte para um agente funerário. E não é fácil separar o "humano" do "técnico" no caso da arte.

No entanto a arte, em princípio, parece estar disponível para qualquer um, de uma maneira que o conhecimento da estrutura orgânica dos decápodes não está. Na verdade, alguns ensaios sobre os decápodes são provavelmente muito mais fáceis de ler que o *Ulisses* de Joyce ou a poesia de Paul Celan. Com o modernismo, a linguagem da arte começa a divergir radicalmente da linguagem da vida cotidiana, de um modo que surpreenderia George Eliot. As pessoas podem às vezes ter falado como no *Adam Bede*, mas ninguém jamais falou como no *Finnegans Wake*. No entanto, com o pós-modernismo os dois idiomas são aproximados: a linguagem da mídia e boa parte da cultura tornam-se, mais uma vez, a linguagem da vida diária. E isso reforça a convicção (ela mesma bem mais antiga do que o pós-modernismo) de que a arte é uma questão de preocupações humanas comuns e de que há algo de contraditório em falar de preocupações comuns em linguagem incomum.

Isso, obviamente, é um equívoco. Questões de interesse para todos não são necessariamente simples. Pulmões e fígados são de interesse para todos, mas os médicos os discutem de maneiras muito próprias. Fazem refinadas distinções e descrevem processos complexos do tipo que nossa linguagem diária não demanda. Assuntos morais também são parte das preocupações humanas comuns, mas, como a questão do que significa viver bem é difícil de responder, a filosofia moral teve que desenvolver formas especializadas de discurso para lidar com ela. O mesmo vale para falas sobre neuroses ou a situação política. No que se refere às neuroses, é interessante que um dos raros corpos de teoria a escorrer até o nível das ruas tenha sido a psicanálise. Espantosamente, essa teoria altamente arcana é dialeto comum nas ruas. Termos como "ego", "complexo de Édipo", "libido", "paranóia" e "inconsciente" tornaram-se parte da linguagem cotidiana, o que não ocorreu com "ideologia", "fetichismo da mercadoria" e "modo de produção".

Por que isso é assim é algo que merece um estudo específico. Mas pode ser, em parte, porque haja algo de bizarro e sensacional na linguagem da psicanálise que cativa a imaginação popular, o mesmo não acontecendo com a linguagem do marxismo ou da semiótica. O outro exemplo notável de um jargão obscuro tornando-se a linguagem comum de milhões de pessoas é a teologia. "Graça", "sacramento", "Trindade" e "pecado original" são termos nada simples, mas são certamente de uso cotidiano. As pessoas comuns não têm dificuldade de entender essas noções complexas se parecem relevantes para suas vidas, assim como não têm problema em decifrar coisas complicadas da economia se seus pacotes salariais estão em jogo.

Estamos acostumados a ver questões de interesse geral sendo discutidas na linguagem comum. A imprensa é um exemplo óbvio. Estamos também habituados com questões de interesse menor sendo expressas em linguagem especializada, como o jargão dos criadores de pombos ou dos sadomasoquistas. O mais desconcertante é ouvir questões de interesse comum expressas de maneiras especializadas. Isso é frustrante, pois nos faz sentir que deveríamos ser capazes de entender essa linguagem quando, de fato, não a entendemos. Discutir assuntos de interesse comum de maneira especializada não é uma má descrição do papel do intelectual clássico. O que aconteceu em nossa época foi que "teórico intelectual" virou um novo rótulo para o que costumava ser conhecido como o intelectual. "Cultura" é agora um dos principais segmentos sobre os quais podemos levantar o tipo de questões fundamentais, prospectivas, que a *intelligentsia*, no que tem de melhor, tradicionalmente verbalizou.

Isso nem sempre foi assim. Historicamente falando, o papel do intelectual deslocou-se de um segmento para outro. Os intelectuais tiveram que achar o tipo de linguagem específica na qual questões mais gerais e mais fundamentais da humanidade pudessem ser levantadas. Estavam à procura do que poderíamos chamar uma metalinguagem — através da qual pudessem ter acesso simultâneo aos assuntos da política, da ética, da metafísica e afins. E o que possa ser essa metalinguagem é algo que tem mudado de época para época e de lugar para lugar. Às vezes, um certo assunto acadêmico oferecia aos intelectuais um hábitat temporário; às vezes, era outro. Mais cedo ou mais tarde, eles perdiam esses espaços abruptamente e tinham que buscar acomodação alternativa.

Antigamente, era na teologia — a assim chamada rainha das humanidades — que o intelectual armava sua tenda. A teologia ligava convenientemente ética, política, estética, metafísica, vida diária e verdade suprema. Esse arranjo chegou a um fim quando a teologia tornou-se rainha das humanidades num sentido bem menos prestigioso da expressão. Por um período, então, foi a filosofia que hospedou o intelectual — de fato, ainda é assim naquelas culturas européias para as quais a filosofia não foi reduzida a uma árida atividade semântica. Para o século XIX, o lugar mais óbvio para o intelectual era a ciência. As ciências naturais eram agora o paradigma do conhecimento humano, com implicações que iam muito além da natureza do mundo físico. A ciência espalhou sua influência pela ética, sociologia, teologia, filosofia, literatura e outras áreas, tendo sido, assim, o tipo de encruzilhada movimentada onde o intelectual podia se estabelecer. Se Voltaire e Rousseau foram intelectuais típicos do século XVIII, Darwin e Huxley fizeram esse papel com perfeição no século seguinte. Mas o século XIX também viu nascer o assim chamado homem de letras, cuja tarefa era mover-se entre certo número de campos do conhecimento especializado julgando-os de um ponto de vista humanista, amplamente moral e socialmente responsável. Essa espécie de diletante bem-informado devia ser competente em mais de uma disciplina caso ele ou ela fossem ganhar a vida como resenhistas. O século XIX também testemunhou o surgimento das novas disciplinas da sociologia e antropologia, que prometiam oferecer metalinguagens de alguma espécie.

É aqui que deve ser encontrada a essência do intelectual clássico. Os intelectuais não eram simplesmente especialistas limitados. Na verdade, uma definição instantânea de intelectuais pode ser esta: são o oposto dos acadêmicos. Jean-Paul Sartre considerava um cientista nuclear um intelectual apenas se ele ou ela tivessem assinado uma petição contra testes nucleares. Os intelectuais se importavam com o aporte das idéias para a sociedade e a humanidade como um todo. Por se engajarem em questões sociais, políticas e metafísicas fundamentais, eram obrigados a ser competentes em mais de uma arena acadêmica. Que rótulo acadêmico, por exemplo, se poderia colar em escritores como Raymond Williams, Susan Sontag, Jurgen Habermas, Julia Kristeva ou Michel Foucault? Não há termo óbvio algum que descreva a espécie de pensadores que são, e isso é uma das razões para um termo tão vago como "teoria" ter passado a existir. E o fato de seu trabalho não poder ser facilmente categorizado é parte central de sua significância.

Havia aqui, entretanto, um claro risco de amadorismo. À medida que o conhecimento ficava mais técnico e complexo, crescia a necessidade de pensadores que pudessem livrar-se de sua miopia acadêmica e dirigir algumas questões perturbadoras à sociedade como um todo. Sem dúvida, algumas dessas questões relacionavam-se com as mesmas forças que, antes de qualquer coisa, estavam criando essa divisão do trabalho intelectual. Ainda assim, num mundo de conhecimentos ciumentamente compartimentalizados, onde se situaria uma tal figura? E o que teria ela ou ele a dizer que fosse relevante? Não teriam que ficar tão à distância que seu discurso se perderia num murmúrio inaudível? Como poderia um discurso que atacava a própria divisão de trabalho intelectual ser intelectualmente legítimo?

Havia, em suma, cada vez menos vagas para sábios, profetas, moralistas peripatéticos, beletristas, filósofos de botequim e mercadores do Significado-do-Universo. Num sentido, isso foi um avanço. Foi um alívio deixar de ser intimidados pela retórica bombástica de homens como Thomas Carlyle,[18] ou paternalizados pelas generalidades insípidas de um Matthew Arnold.[19] Mas a situação era também muito conveniente para uma ordem social que não fazia nenhum empenho particular para ser fundamentalmente desafiada. Agora os intelectuais deveriam encontrar alguma maneira de lançar tais desafios sem, por um lado, cair no jovial amadorismo dos cavalheiros eruditos nem, por outro, ceder aos acadêmicos de visão curta. Ficaram presos entre acadêmicos e diletantes, sem estar à vontade com nenhum deles. Os intelectuais encaravam com desprezo os esquemas acadêmicos tradicionais, mas sua linguagem era demasiado técnica para os diletantes. E seu excessivo envolvimento político tornava-os desconfortáveis para ambos os lados.

A partir de finais do século XIX, o papel do intelectual passou, cada vez mais, para as humanidades. Houve várias razões para essa transição. Num mundo dominado pela ciência e pelo comércio, as humanidades estavam sendo crescentemente empurradas para as margens; mas isso lhes emprestou a poderosa perspectiva distanciada da ordem social que não estava tão disponível para aqueles envolvidos com interesses comerciais, científicos e tecnológicos. Ironicamente, então,

[18]Thomas Carlyle (1795-1881): crítico e historiador cujo trabalho é considerado desprovido de idéias claras ou doutrinas bem definidas. (*N. da T.*)

[19]Matthew Arnold (1822-88): poeta inglês, principal crítico literário de sua geração. Buscou restabelecer a autoridade de instituições — a escola, o Estado, a literatura e a religião — que pudessem elevar os homens acima de suas vidas ordinárias, permitindo-lhes "resistir aos erros e corrupções da vida contemporânea".

foi sua crescente superfluidade numa sociedade pequeno-burguesa que deu às humanidades um novo tipo de centralidade espiritual. Só que, em grande parte pelas mesmas razões, era improvável que fossem levadas em conta.

Além disso, as humanidades, ou a "cultura", eram um lugar onde mais sensivelmente se registrava a crise da modernidade como um todo. Cultura era civilidade, comunidade, criação imaginativa, valores espirituais, qualidades morais, a textura da experiência vivida, tudo isso que se encontrava sob o cerco de um impiedoso capitalismo industrial. Ciência, filosofia e sociologia, todas pareciam ter capitulado a essa ordem bárbara. A filosofia parecia fascinada demais pela distinção lógica entre frases como "nada importa" e "nada aporta" para ter interesse em mudar o mundo. O pensamento moral presumia que o auto-interesse consciente era a força condutora da vida humana. A sociologia investigava a sociedade como era, e não como deveria ser. Parecia que a cultura, *faute de mieux*, fora deixada com a batata quente.

Agora que a religião declinava, a cultura parecia ser o único fórum onde ainda se poderiam levantar questões sobre valores e fins fundamentais, em meio a uma sociedade impaciente com essas noções etéreas. Se, entretanto, a cultura podia ser crítica, era devido à sua crescente irrelevância. Sua dissensão inócua podia ser permitida. Muitas de suas propostas para as aflições contemporâneas eram retrógradas, paternalistas e intoleravelmente arrogantes, o que servia para sublinhar seu *pathos*. Como a religião, era muito freqüentemente valorada em teoria, mas desconsiderada na prática. Cultura era aquilo que você saudava tirando o chapéu, quando a caminho do banco. Era, portanto, o lugar exato para o intelectual — uma figura que retinha certa aura espiritual venerável, mas que ninguém levava muito a sério quando se tratava de decidir onde construir a nova estação de tratamento de esgotos. Como a cultura, os intelectuais estavam dentro e fora da sociedade ao mesmo tempo. Tinham autoridade, mas não poder. Eram o clero secular da era moderna.

Mas havia uma razão mais positiva para o apelo crescente da cultura à *intelligentsia*. Se essa precisava evitar tanto os suscetíveis cavalheiros-eruditos quanto os especialistas calejados, a cultura parecia ser justamente a forma de fazê-lo. Por um lado, nenhum conceito poderia ser mais geral. Na verdade, um de seus problemas era a dificuldade de saber o que ficava de fora. Abrangia tudo, desde os rarefeitos pináculos da arte até os vales tediosos da vida cotidiana. Chopin era cultura, tanto quanto a contabilidade de dupla entrada. Por outro lado, a cultura estava se tornando, cada vez mais, um conjunto especializado de atividades. Não mais apenas uma idéia abstrata, mas toda uma indústria que exigia possante investigação analítica. Se a cultura podia pronunciar-se sobre a qualidade da vida social como um todo, poderia também produzir descrições detalhadas dos estilos de corte de cabelo da classe trabalhadora ou das estratégias do expressionismo. Combinava abrangência e especificidade. Se possuía a textura porosa de um conceito social, possuía também a trama cerrada de um conceito estético. Como tal, era uma atração natural para os intelectuais, quando mais não fosse porque agora parecia difícil levantar o tipo de questões que lhes diziam respeito estando no interior de uma política, economia, sociologia e filosofia cada vez mais cooptadas. O intelectual, coerentemente, tornou-se o teórico cultural. A criança foi abandonada à cultura, em parte por que os que a cercavam haviam desertado.

No entanto não desaparecia a sensação de que havia algo autocontraditório na idéia de teoria cultural. Estava muito bem intelectualizar sobre economia ou política, assuntos apropriadamente impessoais, que, como tais, prestavam-se a um tratamento objetivo e desapaixonado. A cultura, entretanto, era a própria casa do valor, da paixão, da experiência sensual, preocupada em explicar como o mundo era sentido, e não o que era o mundo. Não o tipo de coisa a ser tratada com sangue frio e cerebralismo. Há muito os intelectuais eram vistos na cultura anglo-saxônica como áridos e convencionais negadores da vida, e também como sinistramente robóticos e remotos. Evocavam mais a fantasmagórica abertura musical do programa de TV *Mastermind* do que o alegre *jingle* de *University Challenge*. Há algo de arrepiante a respeito do intelecto. Toda uma história de racionalismo ocidental desconectou-o das emoções, deixando-o ameaçadoramente frígido e desprovido de sentimentos. Os intelectuais são os Robespierre enfurecidos, de lábios apertados, do pesadelo anglo-saxão. Poderia um teórico ao menos reconhecer uma emoção artística, sem ter algo a dizer sobre ela?

Mas a imagem popular dos intelectuais é, de fato, irremediavelmente confusa. Se são censurados como sem coração, também são denunciados como apaixonadamente partidaristas. Na verdade, de um ponto de vista conservador, combinam o pior dos dois mundos. De um lado, voltam um olhar pétreo e distanciador aos costumes e à piedade caros aos corações tradicionalistas; de outro, são associados com o rancor, a polêmica e a parcialidade. Se têm olhar duro e aparência sinistra, são também descabelados e comicamente caóticos. Como tais, são uma mistura única de palhaços e clínicos, a ser tão ridicularizados quanto temidos.

Entretanto a contradição é apenas aparente. Justamente porque os intelectuais procuram examinar costumes e crenças, em vez de complacentemente tomá-los como garantidos, é que são motivados a clamar por mudança social. Afastar-se de crenças aceitas — como a necessidade de bater duro nos sindicalistas — vai junto com a paixão por uma sociedade na qual os trabalhadores não sejam tratados apenas como mercadorias descartáveis. Os intelectuais radicais não são despidos de paixão; apenas de paixões conservadoras. Se você tenta olhar desapaixonadamente para a estrutura geral da sociedade, poderia muito bem acabar sendo tomado pela convicção de que ela precisa de uma revisão geral. O desapaixonado e o partidarista não estão necessariamente em conflito direto. O preconceito popular está certo ao ver o intelectual típico como sendo os dois juntos, mesmo que não faça a mínima idéia do porquê.

É estranho descartar intelectuais culturais como cerebrais, criaturas emocionalmente anêmicas, quando são hoje encontrados trabalhando com loucura, fantasia, sadomasoquismo, filmes de horror, erotismo, pornografia e poesia esquizóide. Alguns acham esses tópicos um lixo, mas só pessoas seriamente bizarras os acham tediosamente cerebrais. Em todo caso, estudar imagística floral em Alfred Tennyson[20] não é exatamente uma atividade dionisíaca. O que os críticos de tal teoria cultural deixam de perceber é sua pura ebulição. Isso, acima de tudo, é o que tem atraído para ela gerações de estudantes, junto com a crença de que levanta questões fundamentais muito freqüentemente evitadas pela crítica convencional. Críticos da teoria às vezes reclamam que seus

[20]Alfred Tennyson (1809-92): considerado o maior poeta vitoriano. (*N. da T.*)

devotos parecem achar a teoria mais excitante do que as obras de arte que ela deveria esclarecer. Mas às vezes é. Freud é muito mais fascinante do que Cecil Day Lewis. *As palavras e as coisas,* de Foucault, é um bocado mais cativante e original do que os romances de Charles Kingsley.

A suposição de que a teoria é valiosa somente se esclarece obras de arte é interessante. Em algum lugar por trás dela espreita a convicção puritana de que tudo que não seja útil, que não tenha valor sonante imediato, é uma forma de autoindulgência pecaminosa. Qualquer coisa, desde pensar até fazer amor, tem que justificar sua existência perante algum sinistro tribunal da utilidade. Até mesmo nossos pensamentos devem ser rigorosamente instrumentais. Não se reconhece aqui, em nenhuma medida, o desejo de Bertolt Brecht de que o pensamento possa vir a ser "um verdadeiro prazer sensual". A não ser que o pensar seja diretamente atrelado ao fazer, será sem valor. É difícil ver como se poderia justificar a astronomia nessas bases. A esquerda política tem sua própria versão desse pragmatismo filisteu, na suposição de que a "teoria" deva ser sempre voltada para a "prática". Contemplar um Jackson Pollock só é permissível se isso der uma contribuição tangível à emancipação da classe trabalhadora.

É verdade que a teoria tem grande poder de esclarecer obras de arte (embora aqueles que fingem ver nisso sua única justificativa de fato duvidem de que possa). Mas pode também ser ricamente esclarecedora por direito próprio. Nem um único ramo da teoria cultural — feminismo, estruturalismo, psicanálise, marxismo, semiótica e similares — está, em princípio, confinado à discussão da arte, ou realmente começou a vida aí. Isso, para alguns de seus críticos, é mais do que suficiente para desqualificá-la. Esquecem-se de que isso também é verdade a respeito de grande parte da assim chamada crítica tradicional. ("Assim chamada" porque a estreita concepção da crítica como puramente "estética" de maneira alguma é, de fato, tradicional. Nossas idéias correntes sobre o estético são, elas mesmas, de safra recente. A crítica começou a vida na sociedade antiga como retórica, que sempre foi diversificada em seus usos e política em seus efeitos.) É verdade que, numa ordem social que necessita urgentemente de reparos, a teoria tem, com certeza, que estar atrelada a fins políticos práticos. Mas saberíamos que, quanto a esse aspecto, uma ordem social teria melhorado quando não mais sentíssemos a compulsão de justificar nosso pensamento no tribunal da utilidade. Seríamos então capazes de pensar por pensar, sem sentir o impulso neurótico de ter que nos desculpar por isso. Veríamos que Freud, por exemplo, vale a pena ser lido por ele mesmo, e não apenas para lançar luz sobre *Where the Wild Things Are*.

A teoria cultural tem o hábito de propor o que poderíamos chamar metaquestões. Em vez de perguntar "Este poema tem valor?", ela pergunta "Que queremos dizer com chamar um poema bom ou mau?". Em vez de perguntar se a trama de um romance é implausível, ela se pergunta o que é um romance, afinal. Em vez de perguntar se o concerto para clarinete é um tanto adocicado demais para ser inteiramente convincente, inquire sobre as condições materiais necessárias, em primeiro lugar, para a produção de concertos, e como essas condições contribuem para a forma da obra em si. Os críticos discutem símbolos, enquanto os teóricos perguntam por qual processo misterioso uma coisa pode vir a simbolizar outra. Os críticos comentam o caráter de Coriolano, enquanto os teóricos perguntam como é possível que um padrão de palavras numa página possa parecer ser uma pessoa.

Nenhuma dessas metaquestões precisa *substituir* as questões críticas diretas. As duas espécies de perguntas podem ser feitas conjuntamente. Mas a teoria, à sua maneira despretensiosa, é transtornada pelo modo como a crítica de arte convencional parece tão animada ao tomar como certo um número excessivo de coisas. A crítica move-se de maneira muito rápida e autoconfiante, recusando-se a levar as questões suficientemente longe. Tem o ar de parecer saber toda espécie de coisas sobre as quais realmente não temos certeza. Nesse sentido, a teoria é menos dogmática que a crítica convencional, mais agnóstica e mentalmente receptiva. Ela quer reduzir o número de preconceitos casualmente tidos como um dado, e busca escrutinar nossas pressuposições espontâneas tanto quanto possa. A investigação, claro, tem que começar em algum lugar. Em princípio, é possível fazer retroceder a questão *ad infinitum*. Mas os modos aceitos de falar sobre a cultura são precipitados demais naquilo que tomam como entendido.

Desse ponto de vista, os não-teóricos parecem notavelmente desprovidos de curiosidade. Embora possam ter estado estudando, digamos, ficção em prosa por vários anos, parece não terem nunca pausado para se perguntar o que realmente é a ficção em prosa. Seria como cuidar de um animal durante anos sem ter idéia de se é um texugo, um coelho ou um mangusto deformado. Não se trata de presumir que haja apenas uma resposta, ou que haja pelo menos alguma resposta satisfatória para a questão do que seja ficção. Trata-se apenas de sugerir que a pergunta merece ser feita.

Poderíamos começar a responder assinalando que a ficção é um tipo de escrita na qual você não pode mentir, nem dizer a verdade, nem cometer um erro. Não se pode mentir em ficção, já que o leitor não presume que você esteja pretendendo ser verdadeiro. "Há muito tempo, havia uma menininha chamada Cachinhos de Ouro" não é verdade, mas também não é uma mentira. "Oh, não, não havia" não é réplica relevante, embora seja verdadeira. Mentir significa declarar o que é falso com a intenção de enganar, e ninguém quer nos forçar a crer que Cachinhos de Ouro realmente existiu. "Refresca partes que outras cervejas não alcançam" não é verdade nem mentira, pois não se espera que alguém tome literalmente esse palpável exagero. "Há muito tempo, havia uma menininha chamada Cachinhos de Ouro" sempre pode ser reescrito: "Eu o convido a imaginar um mundo ficcional em que havia uma menininha chamada Cachinhos de Ouro." Mesmo que tenha alguma vez existido uma menininha chamada Cachinhos de Ouro que realmente tenha encontrado três ursos, isso não afetaria o *status* ficcional da história. A história não se propõe a nos dar informação factual, mas nos entregar o que se poderia chamar uma verdade moral. O fato de essa verdade, no caso de "Cachinhos de Ouro", ser bastante trivial e ostensivamente ideológica — não mexa com a propriedade privada dos outros, mesmo que sejam peludos, irascíveis e ginguem em quatro patas — não faz diferença para o caso.

Num outro sentido, certamente, a ficção pode ser mais verdadeira que a vida real, que às vezes capta as coisas de modo irremediavelmente confuso ou simplesmente errado. A vida real foi obtusa ao fazer Byron morrer de uma febre na Grécia, em vez de abatido por uma bala na luta pela independência do país. Foi negligência da história permitir que a quintessencialmente vitoriana Florence Nightingale[21] perdurasse pelo século XX adentro, ou deixar Robert Maxwell afundar suavemente no oceano e escapar à desgraça pública.[22] A arte teria manejado todas essas coisas com muito mais proficiência.

No entanto, ainda em outro sentido, a ficção é incapaz de contar a verdade. Se uma autora parte para nos garantir que o que está afirmando agora é realmente verdade — que, literalmente, de fato aconteceu — tomaríamos isso como uma declaração ficcional. Romancistas e contistas são como o menino que brincava de gritar por socorro: estão condenados a ser perpetuamente desacreditados. Você poderia pôr a declaração numa nota de rodapé e assiná-la com suas iniciais e a data, mas isso não a faria passar da ficção para o fato. O subtítulo "Um romance" é suficiente para garantir isso. No romance *Doutor Fausto*, Thomas Mann pausa para homenagear um indivíduo da vida real, um homem cuja existência real poderíamos muito bem creditar às suas palavras. Mas, ainda assim, nada há que nos impeça escolher considerar a referência ficcionalmente. Mesmo que um romance traga fatos concretos, não se torna, de alguma forma, mais verdadeiro. Novamente, o fato de sabermos ser isso um romance garante que não examinemos tais declarações pelo seu valor

[21]Florence Nightingale (1820-1910): trabalhou como enfermeira do exército inglês durante a guerra da Criméia e dedicou a vida a questões de saúde pública, hospitalar e familiar (especialmente em benefício da classe operária). (*N. da T.*)

[22]Robert Maxwell (1923-91). Tcheco naturalizado inglês, multiempreendedor (jornais, editoras, TVs etc.), acumulou mais de quatrocentas empresas em diversos países e diversos processos por negócios fraudulentos. Morreu misteriosamente nadando no Atlântico. Seu império ruiu pouco depois. (*N. da T.*)

de verdade, mas que as tomemos como parte de um padrão retórico geral. Romances não existem para nos dizer que os lêmures são primatas noturnos de movimentos lentos ou que Helena é a capital de Montana. Os romances mobilizam tais fatos como parte de um padrão moral.

É difícil para a ficção cometer erros, pois uma das instruções invisíveis que a acompanha é: "Tome tudo que seja dito aqui como propositado." Se uma autora faz de Napoleão uma menina adolescente, presumimos que isso não seja apenas resultado de professores escandalosamente negligentes. Se ela consistentemente escreve errado o nome de Napoleão, admitimos que isso também tenha algum tipo de significado simbólico. Se erra a grafia apenas uma ou duas vezes, poderíamos supor que fosse um erro tipográfico e, portanto, não fizesse parte do texto literário em si. Em suma, ficção é uma forma ideal para aqueles com apenas uma frágil apreensão do mundo factual. Ninguém pode desmascarar sua ignorância. Essa é uma razão para haver uma ligação íntima entre intelectuais alheios a este mundo e escritores criativos — que ocasionalmente habitam o mesmo corpo.

Os oponentes da teoria talvez sintam que levantar questões desse tipo é meio sinistro, robótico, sem-coração e afrontosamente partidarista. Outros talvez sintam que, de fato, é bastante interessante. Considere, por exemplo, a diferença entre poesia e prosa. A única maneira satisfatória de descrever essa diferença é que, na poesia, é o autor que decide onde terminam as linhas, enquanto na prosa é o tipógrafo. Para descobrir por que a única maneira adequada de descrever a diferença entre as duas formas é essa — porque as diferenças aparentes mais óbvias realmente não vão funcionar —, você terá que ler um pouco de teoria.

Ou pense na questão do quanto um leitor aporta à obra literária, e quanto a obra provê ela mesma. Por exemplo, tome a comicidade imbatível da primeira sentença do conto de Evelyn Waugh, "Mr Loveday's Little Outing": "'Você não vai achar seu pai muito mudado', observou Lady Moping enquanto o carro virava para os portões do Asilo Municipal." Isso realmente é uma forma de ironia inglesa, juntar assim casualmente o momentoso (a insanidade) e o cotidiano. Os lábios apertados indicam que uma coragem estóica espreita em algum lugar por trás desse truque cômico, enquanto o grotesco ou catastrófico é impassivelmente sustentado pelo queixo firme.

Todavia a sentença de Waugh é também um bom exemplo da forma cautelosamente atenuada de os britânicos se expressarem. Como tal, isso nos faz lembrar o quanto toda literatura é assim também atenuada, mesmo em sua mais lúgubre melodramaticidade. Isso ilustra como o leitor de uma obra literária inconscientemente suplementa a informação necessária para que ela faça sentido ou faz suposições vitais que podem não ser inteiramente autorizadas. Supomos que Lady Moping esteja falando a uma pessoa sentada a seu lado no carro, filho ou filha dela mesma e também de um interno do asilo, a quem estão indo visitar. Supomos também, provavelmente, que o interno em questão seja o marido de Lady Moping — presumivelmente Lord Moping.

Nada disso, entretanto, é realmente declarado. Claro, descobriremos a verdade à medida que formos lendo, mas podemos ainda apreciar a lacônica comédia da sentença de abertura simplesmente fazendo certas suposições. Se supusermos que o pai em questão seja, de fato, o marido de Lady Moping, o veio cômico de sua crua casualidade fica notavelmente acentuado. O humor só funciona realmente se acreditarmos que o pai é um interno do asilo, embora seja pura conjectura. Pode ser que Lady Moping simplesmente o mencione casualmente ao visitar o asilo por algum outro motivo ou que ele esteja de fato no prédio, mas seja da equipe médica. Que o pai não tenha mudado muito é uma forma divertida de sugerir que estava louco de pedra quando solto, embora isso pudesse ser a maneira de Lady Moping garantir a seu filho ou filha que, apesar do encarceramento, ele ainda é tão gentil e razoável como sempre foi. A sintaxe da sentença ("enquanto o carro virava...") sugere a obscura presença de um chofer, sendo Lady Moping demasiado distinta para dirigir ela mesma, embora também isso seja inferência de leitura.

É uma pena arruinar uma boa piada com teoria demais. Mas descobrir o que faz a comédia funcionar é um negócio interessante. Pode-se notar que fazer isso acabou de envolver um pouquinho de leitura razoavelmente cerrada, da espécie que se diz serem os teóricos incapazes de fazer. Que a teoria seja incapaz de leitura cerrada é uma das mais recorrentes contendas de seus adversários. Atualmente, é um saber tão aceito como a crença de que a calvície é incurável ou que falte humildade a Naomi Campbell. Na verdade, isso é quase que inteiramente falso. Alguns críticos teóricos são leitores negligentes, mas alguns não-teóricos também. Quando se trata de um pensador como Jacques Derrida, a acusação mais hábil seria a de que ele é um leitor consciencioso *demais* — que se põe tão próximo da obra, fastidiosamente testando seus aspectos mais microscópicos, que, como uma tela vista de muito perto, o texto ameaça desintegrar-se num conjunto de estrias e manchas. O mesmo pode ser dito de muitos outros escritores desconstrutivistas. No tocante à maior parte dos outros principais teóricos, a acusação de que ficam demasiado afastados da obra simplesmente não cola. A maioria deles lê tão tenazmente quanto críticos não-teóricos, e alguns deles até bastante mais.[23]

Os defensores da análise fechada às vezes presumem que exista uma distância ideal a ser estabelecida entre o leitor e a obra. Mas isso é uma ilusão. Ler, ver e ouvir envolvem constante mudança de foco, mergulhos numa particularidade solta e retornos ao panorama total. Algumas formas de ler ou ver abordam a obra diretamente, enquanto outras se insinuam timidamente até ela. Algumas se atêm a seu desdobramento gradual como um processo no tempo, enquanto outras visam um instantâneo, ou uma fixação espacial. Algumas cortam obliquamente a obra, enquanto outras a espiam do nível do chão. Há críticos que começam com os narizes amassados contra a obra, absorvendo suas mais primitivas primeiras impressões, antes de ir gradualmente se afastando para abranger o entorno. Nenhuma dessas abordagens é correta. Não há correção ou incorreção a esse respeito.

Uma suposição comum dos críticos da teoria é que ela "se intromete" entre o crítico e a obra. Interpõe sua massa obstruinte entre os dois, lançando uma sombra desgraciosa sobre as palavras na página ou as formas na tela. É uma densa malha de doutrina jogada sobre a obra, deixando à mostra apenas seletos pedacinhos dela. Outros pedacinhos ficam distorcidos ou bloqueados. Além disso, essa malha é jogada,

[23]Alguns exemplos: Theodor Adorno sobre Brecht, Walter Benjamin sobre Baudelaire, Paul de Man sobre Proust, Fredric Jameson sobre Conrad, Julia Kristeva sobre Mallarmé, Geoffrey Hartman sobre Wordsworth, Roland Barthes sobre Balzac, Franco Moretti sobre Goethe, Harold Bloom sobre Stevens, J. Hillis Miller sobre Henry James. A lista poderia ser bastante extensa.

monotonamente, sobre todas as obras que apareçam, destruindo peculiaridades e apagando diferenças. É verdade que uma parte da crítica comporta-se assim, mas nem toda ela é teorética. Os beletristos cavalheiros que comandavam o espetáculo crítico há algumas décadas certamente sabiam manipular um filtro doutrinal como esse. Partes da arte preocupadas com conflitos de gênero e de classe ficaram regularmente excluídas, enquanto a crítica desfavorável a grandes autores era sentida como descortês. O contexto social da arte era admitido apenas de uma maneira altamente floreada. O mesmo vocabulário untuoso — "notavelmente refinado", "esplendidamente robusto", "pavorosamente naturalístico", "sublimemente alcançado" — era impiedosamente superposto a toda obra. Os preconceitos da classe patrícia intrometiamse desajeitadamente entre o leitor e a obra.

De fato, a idéia de uma linguagem crítica "interpondo-se" entre o leitor e a obra é uma enganadora metáfora espacial. É verdade que há comentários críticos que atrapalham, mas essa não é a melhor maneira de descobrir por quê. Sem preconcepções de nenhum tipo, seríamos incapazes até mesmo de identificar uma obra de arte. Sem alguma espécie de linguagem crítica à nossa disposição, simplesmente não saberíamos o que procurar, assim como a introspecção não tem sentido se não temos um vocabulário com o qual identificar o que encontramos dentro de nós mesmos. A visão totalmente desinteressada de uma obra, uma que não a aborde de um ângulo determinado, seria totalmente cega. Estaria completamente perdida, como um visitante de Alfa Centauro confrontado com *Os Simpsons*.

No melhor de sua serventia, os conceitos críticos são aquilo que nos franqueia o acesso às obras de arte, e não o que as bloqueia para nós. São maneiras de alcançar uma compreensão delas. Alguns podem ser instrumentos mais efetivos que outros, mas essa distinção não se orienta pelas diferenças entre teoria e não-teoria. Um conceito crítico, mesmo inútil ou ofuscante, não é uma cortina que despenca entre nós e a obra de arte. É um modo de experimentar coisas com ela, algumas das quais funcionam e outras não. No melhor dos casos, separa alguns aspectos da obra para que possamos situá-la num contexto significativo. E conceitos diferentes vão revelar aspectos diferentes. Os teóricos são pluralistas quanto a isso: não poderia haver um só conjunto de conceitos que nos descobrisse a obra em sua totalidade. A diferença-chave é entre conceitos que, por nos serem muito familiares, tornaram-se tão transparentes quanto palavras como "pão", e aqueles que ainda mantêm a mesma estranheza de palavras como "*pretzel*". São os últimos que geralmente se chamam "teoria", embora *pretzels* não sejam, de fato, mais bizarros que pães.

Quais foram as conquistas da teoria cultural? Para começar, ela nos libertou da idéia de que haja uma única maneira correta de interpretar uma obra de arte. Há uma piada sobre o católico ecumênico de araque que concedeu a seu colega protestante haver muitas maneiras de adorar a Deus, "você da sua, e eu da Dele". É bem dessa forma que os críticos conservadores consideram os teoristas. Eles próprios lêem a obra como ela desejaria ser lida se apenas pudesse falar, enquanto os teóricos insistem perversamente em importar para elas montes de idéias fantasiosas. Considerar *The Waste Land* como uma reflexão sobre o vazio espiritual do Homem sem Deus é ler aquilo que está ali na página, enquanto ver o poema como sintoma de uma civilização burguesa exaurida numa era de guerras imperialistas é impor ao poema suas teorias enroladas. Falar de exploração espiritual em D. H. Lawrence é ser fiel aos textos, enquanto falar do sexismo em sua obra é distorcê-las para seus próprios propósitos políticos.

Ler *O morro dos ventos uivantes* como um romance sobre a morte é responder ao que está ali na sua frente, enquanto lê-lo como um romance sobre o impulso de morte é deixar que Freud se interponha entre você e Heathcliff. Jane Austen trata de amor, casamento e valores morais; só os surdos aos clamores do coração consideram tudo isso em seus romances como coisas inseparáveis de propriedade e classe social. Ler Philip Larkin simplesmente é apreciar seu irônico pesar pelo fim da Inglaterra pastoral, enquanto ver sua poesia como parte de uma Inglaterra pós-imperial esgotada é lê-lo entre luzes piscantes de alarme ideológico.

Reconhecer que *Rei Lear* tem mais de um significado não é reivindicar que possa significar qualquer coisa. Os teóricos não sustentam que qualquer coisa pode significar qualquer coisa; apenas, suas razões para não poder diferem um pouco de outras abordagens. Só os autoritários temem que a única alternativa para as próprias crenças seja a total ausência de crenças, ou qualquer crença que se queira. Como os anarquistas, enxergam apenas caos ao seu redor; mas o anarquista vê esse caos como criativo, enquanto eles o consideram ameaçador. O autoritário é só a imagem especular do niilista. No entanto o verdadeiro sentido não é nem talhado na pedra nem um vale-tudo, nem absolutista nem *laissez-faire*. Você tem que ser capaz de selecionar aspectos da obra de arte que apóiem sua interpretação dela. Mas existem muitos aspectos diferentes, interpretáveis de maneiras diferentes; e o que pode ou não ser selecionado como aspecto está também aberto a discussão. Nenhuma hipótese crítica é inexpugnável; todas podem ser revistas.

Que outras realizações podem ser creditadas à teoria cultural? Ela nos convenceu de que há muitas outras coisas implicadas na feitura de uma obra de arte além do autor. As obras de arte têm uma espécie de "inconsciente" que não está sob o controle de seus produtores. Chegamos a compreender que um desses produtores é o leitor, o ouvinte ou quem vê — que o receptor de uma obra de arte é co-criador dela, sem quem ela não existiria. Tornamo-nos mais sensíveis ao jogo de poder e desejo nos artefatos culturais, à variedade de modos como eles podem confirmar ou contestar a autoridade política. Compreendemos também que, no mínimo, isso tem a ver tanto com sua forma quanto com seu conteúdo. Surgiu uma percepção mais aguda do quão intimamente as obras culturais pertencem aos seus tempos e lugares — e de como isso pode enriquecê-las, ao invés de diminuí-las. O mesmo é verdadeiro para nossas reações a elas, sempre historicamente específicas. Prestou-se maior atenção aos contextos materiais de tais obras de arte, e ao como tanta cultura e civilidade tiveram suas raízes na infelicidade e na exploração. Viemos a reconhecer a cultura no sentido mais lato como uma arena em que excluídos e despossuídos podem explorar significados compartilhados e afirmar uma identidade comum.

De todos esses ganhos, um dos mais controvertidos tem sido a ligação entre cultura e poder. A questão da cultura para o liberal ou conservador é que ela é o próprio oposto de poder. Sem dúvida, ela é um desses lugares abençoados, protegidos, onde ainda podemos escapar à desagradável influência do poder. Enquanto a vida social cada vez mais caía sob o domínio da utilidade, a cultura estava perto para nos lembrar que havia coisas que tinham valor, mas não preço. À medida que uma razão crassamente instrumental apertava as garras em torno das coisas humanas, a cultura rejubilava-se em tudo que existisse puramente por si mesmo, sem outra finalidade que não sua própria abundante autofruição. Dava testemunho da profundidade do lúdico, ao contrário da pesada canga do trabalho. Enquanto a vida humana ia ficando cada vez mais quantificada e administrada, lá estava a arte para vindicar o que era peculiarmente individual. Ela nos chamou de volta à nossa existência corporal e sensual num mundo em que até isso estava sendo inexoravelmente mercantilizado.

De todas essas maneiras, a cultura agiu como uma preciosa reminiscência da utopia. Enquanto a arte se tornava menos e menos essencial numa civilização para a qual o valor era tudo que o mercado declarava que fosse, foi capaz de transformar essa mesma não-necessidade numa espécie de virtude. Podia falar pelo contingente, pelo particular à deriva, pelo gloriosamente sem propósito, pela exceção miraculosa num mundo de leis férreas e forças inexoráveis. Sem dúvida, podia ilustrar essa contingência agarrando-se ao milagre de sua própria existência, obstinada a persistir numa sociedade para a qual tinha crescentemente menos importância. Porque vinha tendo uma função cada vez menos identificável, a cultura podia questionar toda a brutal suposição de que as coisas têm que ser funcionais para conseguir se sustentar. Podia atuar como uma crítica política simplesmente mantendo insistente lealdade a si mesma.

Ao mesmo tempo, podia tirar vantagem do fato de estar à deriva na sociedade para espreitar além de seus limites provinciais, explorando questões de importância vital para a humanidade como um todo. Podia ser universal, em vez de estritamente histórica. Podia levantar questões extremas, não apenas pragmáticas e paroquiais. Aqueles que, sem mais, descartam o universal, esquecem-se que, muitas vezes, ele é a alternativa. A cultura podia acolher todos aqueles valores errantes que a sociedade ortodoxa expulsara como mero lixo improdutivo: o desviante, o visionário, o erótico, o transcendente. Como tal, era uma viva condenação à civilização da qual tinha nascido — não tanto por causa do que mostrava ou dizia, mas simplesmente pela sua estranha, absurda e enervante presença.

Pode-se compreender, então, a fúria daqueles que vêem a teoria cultural como pretendendo demolir este último bastão do espírito humano. Se até mesmo essa frágil cidadela dos valores humanos pode ser invadida pelo poder e pela política, fica difícil enxergar onde mais poderiam se refugiar. De maneira alguma isso foi sempre assim. Antes de a cultura tomar o centro do palco, havia uma morada óbvia para o espírito, conhecida como religião. A religião fazia tudo que a cultura viria a fazer mais tarde, mas muito mais efetivamente. Podia alistar incontáveis milhares de homens e mulheres no negócio do valor supremo, não apenas os poucos bem-educados o bastante para ler Horácio ou ouvir Mahler. Para assisti-la nessa tarefa, tinha o fogo do inferno à sua disposição — penalidade que se demonstrava bem mais convincente que os murmúrios de cultivado desagrado em torno daqueles que não haviam lido Horácio. A religião tem sido, no curso da história humana, um dos mais preciosos componentes da vida popular, mesmo que, incomodamente, quase todos os teóricos da cultura popular a ignorem.

Através de ritual e código moral, a religião podia ligar questões de valor absoluto à experiência diária de homens e mulheres. Nada era menos abstrato que Deus, céu, pecado, redenção. Assim como a arte encarna problemas fundamentais em signo, som, tinta e pedra, a religião os acolheu na experiência cotidiana em todo um conjunto de iconografia, sensibilidade devocional, padrões de conduta pessoal e um corpo de práticas cultuais. Implantou a lei cósmica nas profundezas mesmas do individual, na faculdade conhecida como consciência. A fé amarrava o povo e os intelectuais, os simples crentes e o clero, no mais durável dos laços. Podia criar um senso de propósito comum para muito além da capacidade de uma cultura minoritária. Delineava a mais grandiosa das narrativas, conhecida como escatologia. Podia entrelaçar arte, ritual, política, ética, mitologia, metafísica e vida cotidiana, enquanto emprestava a esse poderoso edifício a sanção de uma autoridade suprema. Era, pois, particularmente deplorável que envolvesse um conjunto de crenças que pareciam notavelmente obscuras e implausíveis a muitas pessoas decentes e racionais.

Não é de admirar, então, que a cultura tenha estado em crise desde o momento em que foi alçada à proeminência. Pois foi convocada a assumir aquelas funções numa era pós-religiosa; e não chega a surpreender que, lamentavelmente, tenha fracassado quase inteiramente nisso. Parte da força da religião foi ligar fato e valor, a conduta rotineira da vida cotidiana com assuntos de suprema importância espiritual. A cultura, entretanto, racha ao meio esses domínios. Em seu sentido cotidiano, abrangente e popular, ela significa um conjunto de modos de fazer coisas; em seu sentido artístico, significa um *corpus* de trabalho de valor fundamental. Mas a conexão entre eles está fatalmente ausente. A religião, em contraste, é cultura em ambos os sentidos e simultaneamente.

Falar de uma era pós-religiosa é falar um bocado apressadamente. A época pode parecer assim em Leeds ou Frankfurt, mas dificilmente em Dacca (a capital de Bangladesh) ou Dallas, no Texas. Pode parecer irreligiosa para intelectuais, mas não para fazendeiros camponeses ou faxineiras de escritório. Em primeiro lugar, na maior parte do globo, incluindo muito dos Estados Unidos, a cultura nunca expulsou a religião. Mesmo em algumas regiões onde ela o fez, a religião está se insinuando de volta, como uma vingança. No planeta em geral, ainda é, de longe, a forma simbólica mais engenhosa. À medida que homens e mulheres sentem-se mais vulneráveis e desprezados, podemos esperar a escalada de feios fundamentalismos religiosos de várias ordens. A era em que a cultura buscou fazer o papel de sucedâneo da religião talvez esteja chegando ao fim. Talvez a cultura, pelo menos a esse respeito, tenha finalmente admitido a derrota.

Os conservadores erram em acreditar que os radicais estão aí para roubar a inocência política da cultura. Para começar, e como ocorre com a maioria das formas de inocência, ela nunca existiu. Em todo caso, foram os radicais, e não os conservadores, que enfatizaram as dimensões afirmativas e utópicas da cultura. Acontece que eles assinalaram, ao mesmo tempo, as maneiras como ela se faz cúmplice de formas repugnantes de poder. Sem dúvida, esses dois aspectos da cultura não estão separados. Ao nos encorajar a sonhar para além do presente, ela também pode prover a ordem social estabelecida com uma válvula de escape conveniente. Imaginar um futuro mais justo pode confiscar algumas das energias necessárias para realizá-lo. O que não pode ser atingido em realidade pode ser realizado em fantasia. De qualquer modo, a fantasia está longe de ser estranha ao funcionamento das ordens capitalistas avançadas.

No entanto isso qualifica, mais do que desgasta, o papel utópico da cultura. Significa simplesmente que a cultura é utópica tanto no sentido positivo quanto no negativo. Se ela resiste ao poder, é, em si mesma, uma forma irresistível dele. O ponto de vista radical sobre a questão, em outras palavras, é mais pluralístico e aberto do que o daqueles para quem a cultura artística tem um valor inequívoco; os radicais são mais nuançados e ambíguos a respeito do assunto. Gostam de ver os dois lados da questão. Não pressupõem, com espírito dogmaticamente generalizador, que a arte seja sempre e por toda parte positiva. Estão atentos, por exemplo, à exploração e ao abuso tão freqüentemente encontrados em suas raízes. Para eles, isso não invalida a arte; simplesmente torna mais experimental e multifacetada a forma como a abordam. Sabem ser excessivamente abrangentes a respeito, à maneira de seus colegas humanistas liberais.

Não muitas das objeções usuais à teoria cultural resistem a uma crítica. Algumas delas têm sido intoleravelmente carregadas de jargão; mas o impulso subjacente é atraentemente democrático, e é provável que tenha produzido estilistas mais refinados do que sua contraparte não teorética. De qualquer modo, algumas formas de linguagem especializada são desejáveis, e não de mau gosto. Não é verdade que a teoria cultural evite a leitura cerrada. Não é distante nem insensível. Não tem o propósito de abolir o espírito humano, mas de trazê-lo de volta à terra. Não necessariamente se interpõe entre a obra de arte e seus receptores. Se pode, às vezes, ser um obstáculo para a real compreensão, assim também acontece com outras formas de crítica de arte. Não acredita que Jeffrey Archer seja tão bom quanto Jane Austen; simplesmente pergunta o que queremos dizer quando fazemos tais afirmações.

A maioria das objeções à teoria é ou falsa ou bastante trivial. Pode-se partir para uma crítica muito mais devastadora do que isso. A teoria cultural, tal como a vemos, promete atacar alguns problemas fundamentais, mas, no todo, falha. Tem sido acanhada com respeito à moralidade e à metafísica, embaraçada quando se trata de amor, biologia, religião e revolução, grandemente silenciosa sobre o mal, reticente a respeito da morte e do sofrimento, dogmática sobre essenciais, universais e fundamentos, e superficial a respeito de verdade, objetividade e ação desinteressada. Por qualquer estimativa, essa é uma parcela da existência humana demasiado grande para ser frustrada. Além disso, este é um momento bastante embaraçoso da história para que nos achemos com pouco ou nada a dizer sobre questões tão fundamentais. Vejamos se podemos começar a corrigir nossas deficiências abordando esses problemas sob uma outra luz.

CAPÍTULO 5 Verdade, virtude e objetividade

Nenhuma idéia é tão impopular na teoria cultural contemporânea como a da verdade absoluta. A frase cheira a dogmatismo, autoritarismo e crença no atemporal e universal. Comecemos, então, buscando defender essa noção notavelmente modesta e eminentemente razoável.

É um erro pensar a verdade absoluta como um tipo especial de verdade. Dessa perspectiva, há verdades que são mutáveis e relativas e há uma espécie mais alta de verdade que não é nem uma coisa nem outra. Em vez disso, é fixa por toda a eternidade. A idéia é que alguns, geralmente pessoas de mentalidade autoritária e dogmática, acreditam nessa espécie mais alta de verdade, enquanto outros, como os historicistas e pós-modernistas, não. De fato, alguns pós-modernistas declaram não acreditar em qulquer tipo de verdade — mas isso apenas por identificarem verdade com dogmatismo: ao se rejeitar o dogmatismo, lá se foi a verdade junto. Essa é uma manobra peculiarmente inútil. Em círculos pós-modernos menos sofisticados, sustentar uma posição com convicção é visto como desagradavelmente autoritário, enquanto ser difuso, cético e ambíguo é, de algum modo, democrático. É difícil, nesse caso, saber o que dizer sobre alguém apaixonadamente compromissado com a democracia, em comparação com alguém confuso e ambíguo a respeito.

Para essa vertente do pós-modernismo, defender que uma posição é preferível a outra é algo objetavelmente "hierárquico". Nessa teoria, não é clara a razão para se ver o anti-hierárquico como preferível ao hierárquico. Uma certa preferência pós-moderna por não saber o que pensar sobre qualquer coisa está talvez refletida no hábito norte-americano de falar inserindo "*like*" (como) depois de cada três ou quatro palavras. Seria dogmático sugerir que algo realmente é o que é. Em vez disso, você deve introduzir uma hesitação ritual em sua fala, numa espécie de permanente incerteza semântica.

Gente que vê a verdade como dogmática e, por isso, não quer nada com ela, é bem parecida com os que se chamam imoralistas porque acham que moralidade só quer dizer proibir as pessoas de irem para a cama umas com as outras. Tais pessoas são puritanas ao contrário. Assim como os puritanos, igualam moralidade e repressão; levar uma vida moral é passar terríveis pedaços. Mas, enquanto os puritanos acham que passar maus pedaços é uma coisa excelente e, além disso, notavelmente edificante, essas pessoas não acham de modo algum, e então rejeitam a moralidade como um todo. Igualmente, aqueles que não acreditam na verdade muito freqüentemente são dogmáticos ao contrário. Rejeitam uma idéia de verdade que, para começar, nenhuma pessoa razoável defenderia.

Não há de fato uma classe de verdades mundanas e historicamente mutáveis, ao lado de uma classe superior de verdades absolutas em que você pode ou não acreditar, como alguns acreditam em anjos e outros não. Algumas declarações são verdadeiras apenas de um ponto de vista particular: um celebrado exemplo é "A França é hexagonal", que é verdadeiro apenas para os que olham o mundo a partir de um determinado quadro de referência geométrico. Mas há montes de outras verdades que são absolutas sem ser, em nenhum sentido, elevadas ou superiores.[24] "Esse peixe está meio passado", se é verdade, é tão absolutamente verdadeiro quanto alega ser "Eu vos digo: antes que Abraão fosse, Eu sou". Que verdades desse tipo sejam absolutas não é nada especialmente problemático. Simplesmente significa que, se uma declaração é verdadeira, então o oposto dela não pode ser verdadeiro ao mesmo tempo, ou de algum outro ponto de vista. Não pode ser o caso de o peixe estar e não estar meio passado. Não pode estar fresco para você e pútrido para mim, mesmo que pútrido seja como eu o prefira. Isso não exclui a possibilidade da dúvida e da ambigüidade. Talvez eu não esteja seguro de se o peixe está ou não passado. Mas, se não estou seguro, é absolutamente verdade que não estou seguro. Não posso ter e não ter certeza ao mesmo tempo. Não pode ser que eu esteja seguro a partir da minha perspectiva, mas não da sua. Talvez o peixe estivesse bom há duas horas e agora esteja num estado claramente duvidoso. Nesse caso, o que era absolutamente verdadeiro há duas horas deixou de sê-lo agora. E o fato de não ser verdade agora também é tão absolutamente verdadeiro quanto.

Aqui "absolutamente verdadeiro" realmente quer dizer apenas "verdadeiro". Poderíamos dispensar o "absoluto" inteiramente, não fosse pela necessidade de argüir contra relativistas que insistem, como seu nome implica, que a verdade é relativa. Poucos relativistas são suficientemente ousados a

[24]Para uma excelente defesa da noção de verdade como absoluta, ver Paul O'Grady, *Relativism*, Chesham, Bucks, 2002, cap. 2. Ver também Bernard Williams, *Truth and Truthfulness*, Princenton e Oxford, 2002, p. 258 e seg.

ponto de afirmar que "estou agora em Damasco" e "estou agora em Doncaster" poderiam ser ambas verdadeiras se ditas pela mesma pessoa num mesmo momento. Estariam mais inclinados a sugerir que a mesma proposição poderia ser verdade para você, mas não para mim; ou verdadeira na segunda-feira, mas não na sexta; ou verdadeira para os belgas, mas não para os axântis. No que se refere a muitas verdades, entretanto, nada disso é muito convincente. O que é verdade a seu respeito também é verdade para mim. Se é verdade que você se sente desencorajado e eu estou em êxtase, então é verdade para mim que você está desencorajado. Se você se sente mal do fígado na segunda, mas perfeitamente bem na sexta, ainda assim é verdade, na sexta, que tivesse estado mal na segunda.

Nada significativo capaz de abalar o mundo está em jogo aqui. Não há nada clamorosamente autoritário em curso. Que a verdade seja "absoluta" quer simplesmente dizer que, se algo é estabelecido como verdade — um negócio muitas vezes cansativo, confuso e sempre sujeito a revisões —, então não há mão dupla nisso. Isso não quer dizer que a verdade só possa ser descoberta de algum ponto de vista desinteressado. De fato, não diz nada sobre *como* chegar à verdade. Simplesmente diz algo sobre a natureza da verdade em si mesma. Todas as verdades são estabelecidas a partir de pontos de vista específicos; mas não faz sentido dizer que há um tigre no banheiro do meu ponto de vista, mas não do seu. Eu e você podemos discutir ferozmente sobre se há ou não um tigre no banheiro. Chamar a verdade de absoluta, no caso, é apenas dizer que um de nós tem que estar errado.

Se é verdade que o racismo é um mal, então não é verdade apenas para suas vítimas. Elas não estão apenas expressando como se sentem; estão fazendo uma declaração sobre como as coisas são. "Racismo é um mal" não é o mesmo tipo de proposição que "Sempre acho sublime o cheiro de tinta fresca do jornal". É mais como a proposição "Há um tigre no banheiro". Pode-se imaginar alguém murmurando consolos para vítimas do racismo e dizendo que compreende bem por que se sentem assim; que tal sentimento é inteiramente válido para elas — que, sem dúvida, se estivesse em suas peles, certamente se sentiria do mesmo jeito; mas que, de fato, não está, e, sendo assim, de modo algum considera racista a situação. Tal indivíduo é conhecido como um relativista. Poderia concebivelmente ser conhecido, menos gentilmente, como um racista. Talvez quisesse melhorar a situação acrescentando que, no momento, pode até ser racista, mas que, dentro de poucos anos, aqueles na ponta mais difícil vão olhar para o passado e ver que não foi racista de modo algum. Além de não ser nenhum consolo, isso é totalmente incoerente.

Se é verdade que uma situação é racista, então é absolutamente verdade. Não é apenas minha opinião ou a sua. Mas é claro que poderia não ser verdade. Ou poderia ser parcialmente verdade — e, nesse caso, ela é, absolutamente, parcialmente verdade, ao contrário de ser completamente verdade ou não ser verdade de modo algum. Defensores da verdade absoluta não são necessariamente dogmáticos. Em todo caso, dogmatismo não quer dizer apenas esmurrar a mesa com uma mão e agarrar seu oponente pela garganta com a outra. Quer dizer recusar-se a dar qualquer fundamento às suas crenças e, em vez disso, simplesmente apelando para a autoridade. Existem montes de dogmáticos corteses e de fala mansa. Sustentar que algo é absolutamente verdade não significa afirmá-lo contra toda evidência e argumento concebíveis e recusar-se, em qualquer circunstância, a conceder que se esteja errado. Os que acreditam na verdade absoluta podem muito bem ser o tipo de gente patologicamente cautelosa em aceitar seja lá o que for como verdadeiro, a não ser que seja inequivocamente inegável. Podem arrastar-se pela vida numa névoa de ceticismo e miasma de dúvida. Acontece que, quando eles, uma vez a cada década, talvez, e com rancorosa relutância, chegam a aceitar como verdadeira uma proposição do tipo "O jardineiro-chefe acaba de dar um tiro no pé", reconhecem que seu contrário não pode ser igualmente certo, e que ser verdadeira para eles próprios significa ser igualmente verdadeira para todos os demais.

Nem "absolutamente verdadeiro" significa verdadeiro independentemente de qualquer contexto. Podemos julgar o mundo apenas do interior de algum tipo de quadro de referência. Mas isso não significa necessariamente que o que é verdadeiro de um ponto de vista seja falso de outro. Elefantes podem ser sagrados para você, mas não para mim, se isso representa uma diferença entre nossas maneiras de significá-los. Mas não pode ser verdade que elefantes sejam realmente sagrados do mesmo modo que realmente têm quatro pernas, e que, no mesmo sentido, não sejam sagrados. As culturas compreendem o mundo de maneiras diferentes, e o que algumas vêem como um fato, outras não; mas se verdade simplesmente significa verdade-para-nós, então não pode haver conflito entre nós e outras culturas, pois verdade é, igualmente, apenas verdade-para-eles. Isso é bastante tolerável quando se trata do *status* sagrado dos elefantes, sendo também extremamente conveniente para nós caso sustentemos que impor relações sexuais às criancinhas contribui para seu bem-estar emocional e estabilidade psicológica nos anos subseqüentes, enquanto a cultura vizinha não vê assim. Como a visão da outra é inteiramente relativa ao seu próprio modo de vida, não pode, naturalmente, ter nenhum efeito sobre nosso comportamento. Em todo caso, se cada quadro de referência cultural constrói o mundo de forma suficientemente distinta, é difícil enxergar como quadros distintos poderiam compartilhar a mesma proposição. Um mundo diferente produz um significado diferente.

A verdade absoluta nada tem a ver com fanatismo. Não significa necessariamente o tipo de verdade com o qual se está fervorosamente comprometido. "Erlangen está na Alemanha" é absolutamente verdadeiro, mas ninguém iria ao encontro da morte por isso. Não é o tipo de verdade que faça ferver o sangue e acelerar o coração. Não tem a mesma força emocional de "Você estrangulou minha tia-avó, seu canalha desprezível!". A maior parte das verdades absolutas é bastante trivial. O mesmo vale para a palavra "absoluto" quando empregada em algum discurso moral. Para Tomás de Aquino, "absolutamente errado" não significa necessariamente "muito, muitíssimo errado". Aqui, a palavra "absoluto" não é um intensificador. Significa simplesmente "não deveria ser feito em nenhuma circunstância". Aquino pensava, estranhamente, que mentir era absolutamente errado, mas matar, não; mas é claro que não acreditava que mentir fosse sempre uma ofensa mais grave que matar. Sendo razoavelmente inteligente, avaliava bastante bem que mentir é, às vezes, bastante inofensivo. Só que, para ele, era absolutamente errado.

A verdade absoluta não é a verdade separada do tempo e da mudança. Coisas verdadeiras num dado momento podem deixar de sê-lo noutro, ou novas verdades podem surgir. A afirmação de que uma verdade é absoluta é uma afirmação sobre o que significa dizer que algo é verdadeiro, não uma negação de que haja verdades diferentes em ocasiões diferentes. Verdade absoluta não significa verdade não-histórica: não significa o tipo de verdades que caem do céu, ou que nos são garantidas por algum falso profeta de Utah. Ao contrário, são verdades descobertas através de argumento, evidência, experimento, investigação. Muito do que se toma como (absolutamente) verdadeiro em qualquer ocasião acabará, sem dúvida, por se mostrar falso. A maioria das hipóteses científicas aparentemente à prova d'água acabou por se mostrar cheia de furos. Nem tudo que se considera verdadeiro é realmente verdadeiro. Mas continua sendo válido que não pode estar chovendo apenas do meu ponto de vista.

Por que tudo isso importa? Importa, em primeiro lugar, porque faz parte de nossa dignidade de criaturas moderadamente racionais conhecer a verdade. E isso inclui saber a verdade a respeito da verdade. É melhor não ser enganado, se tivermos possibilidade de evitá-lo. Mas importa também pelo fato de se ter feito da palavra "absoluta" uma assombração grotesca nesse contexto; e porque, se os relativistas estão certos, então a verdade é esvaziada de muito de seu valor. Como assinala Bernard Williams, o relativismo realmente é uma maneira de racionalizar esvaziando o conflito.[25] Se você sustenta que democracia significa permitir que todo mundo vote, enquanto eu sustento que podem votar apenas aqueles que passaram num certo número de testes de inteligência infernalmente complicados, haverá sempre um liberal por perto para alegar que, a partir de nossos diferentes pontos de vista,

[25]Ver Bernard Williams, *Ethics and the Limits of Philosophy*, Cambridge, Mass., 1985, p. 156.

estamos ambos certos. Se o verdadeiro perde sua força, então os radicais políticos podem parar de falar como se fosse inequivocamente verdade que as mulheres são oprimidas ou que o planeta esteja sendo gradualmente envenenado pela ganância corporativa. Podem ainda querer insistir que a lógica é uma conspiração da classe dominante, mas não podem esperar que alguém acredite neles. Os campeões do iluminismo estão certos: a verdade realmente existe. Mas certos também estão os críticos do contra-iluminismo: existe mesmo a verdade, mas é monstruosa.

Se a verdade absoluta está desprestigiada hoje em dia, assim também a idéia de objetividade. Talvez possamos iniciar a reabilitação dessa idéia considerando-a, primeiro, em relação à questão do bem-estar humano. Todos os homens e mulheres estão em busca do bem-estar, mas o problema está em saber em que consiste. Talvez signifique algo diferente para cada um, ou para cada período e cultura. É porque está longe de ser claro o que vale como bem-estar que precisamos elaborar discursos como a filosofia moral e política para ajudar a deslindar seu significado. Se fôssemos transparentes para nós mesmos, não haveria necessidade dessas maneiras esotéricas de falar. Seríamos capazes de saber o que seria viver bem apenas olhando em nós mesmos, simplesmente por instinto.

Essa é a situação invejável dos sapos, que sabem, por instinto, como fazer o que é melhor para sapos fazerem. Simplesmente seguem suas naturezas de sapo, e, para eles, fazer isso é prosperar. Ser um sapo bom e não um sapo mau é viver uma gratificante vida de sapo. Bons sapos são muito parecidos com sapos. No entanto esse não é um tipo de qualidade pela qual possam ser congratulados, já que ser parecidos com sapos é algo que não podem deixar de ser. Não é uma conquista. Sapos não ganham medalhas por serem sapos. Pode haver um bom sapo, mas não um sapo virtuoso. De certo ponto de vista, entretanto (embora não o mais popular hoje em dia, especialmente entre teóricos culturais), os seres humanos têm que dar duro para chegar a humanos, e, por isso, sem dúvida, podem ser congratulados. Dado que somos capazes de ser falsos para com nossas naturezas, há alguma virtude em sermos leais a elas.

Poderia ser, então, que nos assemelhemos aos sapos no sentido de também termos uma natureza, ou seja, um jeito de viver peculiar de quem é um humano bem-sucedido, e que, se lhe somos leais, nos permitirá prosperar. Acontece que não temos certeza do que seja isso. Ou talvez mude de uma ocasião para outra. Por sermos animais lingüísticos, nossa natureza, se acaso temos alguma, é muito mais maleável e complicada que a dos sapos. Por causa da linguagem e do trabalho, e das possibilidades culturais que trazem em seu rastro, podemos transformar o que somos de maneiras que os animais não-lingüísticos não podem. Para descobrir o que somos, conhecer nossas próprias naturezas, temos que pensar muito a respeito; e o resultado é que, ao longo dos séculos, produzimos uma série espantosa de versões do que é ser humanos. Ou, se preferir, do que é para um animal humano, ao contrário de uma lesma ou uma margarida, viver bem e prosperar. A história da filosofia moral está juncada de modelos da vida boa abandonados e desgastados.

Tome-se, por exemplo, a noção de felicidade. Acreditar que a felicidade é o que os seres humanos buscam — que esse é o nome para seu modo particular de viver bem — é muito persuasivo. Explicaria a maior parte do que vemos acontecer à nossa volta, desde as pessoas levantando-se prontamente em horas espectrais da manhã até assiduamente enxugando suas escovas de dente à noite. Mas o que é felicidade? Se significar simples contentamento, então os seres humanos podem, presumivelmente, ser felizes quando morosamente prostrados diante de um aparelho de televisão quatorze horas por dia, com os olhos vidrados e mastigando grandes punhados de substâncias potencialmente letais. É difícil evitar a suspeita de que viver uma vida humana boa poderia envolver um toque de algo mais, pois essa descrição soa muito como ser feliz do jeito que um coelho poderia ser.

Quer dizer então que os vidrados mastigadores não são realmente felizes? Talvez sim, se felicidade abranger mais que um lerdo contentamento. As pessoas podem estar grosseiramente auto-enganadas sobre si mesmas, inclusive sobre se são felizes. É possível ser completamente miserável sem saber disso. Se um escravo de galé acorrentado ao remo levanta a cabeça batida pelo vento e grunhe roucamente que não pode conceber maneira mais privilegiada de servir a seu imperador, antes de desabar novamente exausto numa pilha, poderíamos apenas ter a suspeita de que haja aqui alguma mistificação ideológica. Ou pode tratar-se de um masoquista que não consegue crer na sua sorte de tropeçar com um psicopata tão sádico como o capitão. Ou sua situação prévia pode ter sido muito pior e, em comparação, isto é o paraíso. Ou ele pode simplesmente ser incapaz de imaginar qualquer tipo de vida mais satisfatória. Teríamos de lhe perguntar de novo se é feliz depois que experimentasse um pingo de liberdade, um amor extasiante ou um sucesso sensacional em outra ocupação prestigiada em terra.

Mesmo assim, essas pessoas que dizem ser felizes podem ter razão, pelo menos num sentido da palavra. Gostam do que estão fazendo, não desejariam jamais se levantar de suas poltronas (se isso ainda for mesmo uma possibilidade prática) e não têm sequer uma única preocupação no mundo. Talvez não sejam felizes num sentido mais profundo. Num rápido olhar, não parecem haver sondado as ricas profundezas do potencial humano. Mas essas profundezas incluem sofrimentos, tanto quanto êxtases. Pode haver diversas maneiras de ser feliz, e essa pode ser uma delas.

Além disso, pessoas brutais e violentas podem ser felizes, pelo menos no sentido de se sentirem contentes com suas vidas. Gângsteres podem colher muita satisfação profissional do que fazem, para não falar de se deleitarem com os proventos. Você pode obter considerável prazer de assassinar médicos que interrompem gravidezes se sente que está agindo como instrumento da vontade de Deus. Depois de um duro dia massacrando a população local, comandantes militares voltam aos seus estados-maiores em paz e satisfeitos por terem feito o mundo um pouco mais seguro para a liberdade. Mais uma vez, pode ser que essas pessoas não sejam felizes num sentido mais profundo. Mas não quer dizer que não sejam felizes de modo algum — que realmente detestem ter que matar aborteiros ou aborígines, mas conseguiram convencer-se do contrário. Nem sempre se deveria deixar de incriminar as pessoas invocando o auto-engano ideológico. Os perversos podem estar contentes com sua perversidade, e se sair bem com ela. É agradável ler histórias edificantes em que eles se dão mal, mas ficção não é vida real. Henry Fielding[26] faz

[26]Henry Fielding (1707-54), romancista inglês voltado para a crítica social e a sátira; autor, entre vários outros, de *Tom Jones* e *Joseph Andrew*. (*N. da T.*)

com que seus vilões levem um tombo, mas usualmente manda sinais irônicos de que isso ocorre apenas por estarem num romance. Na vida real, provavelmente chegariam a primeiros-ministros.

Se os perversos podem ser felizes, os bons freqüentemente não são. Ser virtuoso num mundo predador, como acontece com alguns dos cândidos inocentes de Fielding, provavelmente significa que você será cruelmente abusado. Em tal sociedade, os inocentes precisam ter o máximo cuidado consigo mesmos; mas então como podem ainda ser inocentes? Você pode ser virtuoso sob tortura, recusando-se a trair seus camaradas, mas não pode ser feliz. Um mártir é alguém que sacrifica a própria felicidade para que outros prosperem. Você pode achar isso gratificante, mas dificilmente seria uma questão de felicidade. Não é o que você escolheria, se a situação não parecesse exigi-lo. Um mártir que morre delirantemente feliz é apenas questionavelmente um mártir. Os mártires dão sua vida porque é a coisa mais preciosa que têm, não por estarem ansiosos para morrer.

Apesar de tudo isso, algo em nossa intuição nos diz que seres humanos foram feitos para algo mais do que cometer assassinatos e mastigar batatas fritas. Tome a conhecida história de George Best, talvez o melhor jogador de futebol da história até que o alcoolismo o derrubasse. Best, o ex-jogador, estava relaxando num quarto de hotel cinco estrelas, rodeado de caviar e champanhe e com uma ex-*miss* universo langorosamente reclinada a seu lado quando um funcionário do hotel entrou, carregado com ainda mais artigos de luxo. Contemplando de cima o indolente astro, balançou tristemente a cabeça e murmurou: “George, onde foi que tudo deu errado?”

Claro, a piada é que dificilmente se alegaria que as coisas tivessem dado errado para um homem com estilo de vida tão luxuoso. É assim que o próprio Best conta essa história. No entanto, o funcionário do hotel estava certo: a vida de Best dera errado. Ele não estava fazendo aquilo que tinha em si para fazer. Certamente estava se divertindo, e até podia, em algum sentido, ter sido feliz; mas não estava *prosperando*. Havia fracassado naquilo em que estava imensamente preparado para ser o melhor. É verdade que sua vida, provavelmente, era mais agradável do que fora nos seus tempos de futebol, quando era forçado a interromper a farra de vez em quando para treinar. Não que tivesse sido mais feliz como jogador, no sentido de se divertir muito mais, embora, mesmo então, conseguisse divertir-se o bastante para todo um time de jogadores. Nem é o caso de que seu modo de vida como pós-jogador lhe tenha trazido, de fato, grandes sofrimentos, aparentemente confirmando o ponto de vista evangélico segundo o qual os dissolutos sempre recebem o castigo que merecem. É que ele havia cessado de prosperar. Sua vida poderia ter sido feliz no sentido de ser opulenta, satisfatória e divertida, mas não estava indo a lugar algum. O cumprimento casual "como vai indo?" sugere algo de moralmente significativo. Best havia se desintegrado como ser humano. Na verdade, existe a suspeita de que costumava contar essa história com tanto prazer em parte para desafiançar o fato.

Mas para onde se supõe que *esteja indo* a vida humana? Afinal, as vidas humanas não são como ônibus ou corridas de bicicleta; e a idéia de que a vida é uma série de obstáculos que você deve superar para atingir um objetivo é apenas a fantasia punitiva puritana de chefes de escoteiros, marechais e executivos de corporações. A vida de Best se desintegrou não porque não conquistava mais nada, mas porque não estava se realizando. Não porque não mais acumulava gols, troféus de prata e salários, mas por não estar vivendo, com licença do trocadilho, *at his best*, em sua melhor forma. Não estava sendo o tipo de pessoa que era mais capaz de ser. Muito pelo contrário, partia ativamente para destruí-la. Sua "dissipação" pós-futebol, como comentavam os que sabiam cheirar coisas no ar, era talvez um modo alternativo de tentar vencer. Best estava agora desesperadamente se arrastando de uma vedete ou garrafa para outras, numa grotesca paródia de mais e mais vitórias no jogo.

Abandonar a carreira de jogador de futebol, mesmo que estivesse ficando difícil levá-la adiante, poderia ser visto, em certo sentido, como uma corajosa rejeição da ética do sucesso. Era um reconhecimento, por mais chapado que estivesse, de que a vida não era uma questão de gols, em todos os sentido da palavra.[27] Best agora estava livre para se divertir, e não para viver como uma espécie de auto-empresário. Em sentido diferente, a frenética vida de luxo era uma sombra exatamente disso. O vazio do desejo tomou o lugar da inocuidade da conquista. Para ambos os estilos de vida, o presente é completamente sem valor. É apenas uma ponte para o futuro, que acabará sendo exatamente a mesma coisa. A maneira de Best ter genuinamente se realizado seria continuando a jogar futebol. Não teria sido agradável o tempo todo e, sem dúvida, muitas vezes iria sentir-se descontente; mas teria sido a melhor maneira de prosperar. Jogar futebol seria a opção moral.

[27] Pois *goals* em inglês pode significar gols ou metas. (*N. da T.*)

Talvez o que tenha ajudado Best a decair tenha sido o fato de não ser capaz de jogar por jogar. Nenhum jogador pode fazer isso numa indústria de esportes que tem mais a ver com acionistas do que com jogadores, maestria ou espectadores. Seria como um *designer* comercial superpressionado imaginando que poderia viver como um Michelangelo. Para viver uma vida realmente satisfatória, temos que ser livres para fazer aquilo que fazemos só por fazer. Best já não era capaz de jogar só pela alegria de jogar, e voltou-se, em vez disso, da alegria para o prazer. Seu hedonismo foi apenas o outro lado do instrumentalismo que o enfurecia.

A questão com a natureza humana é que ela não tem um objetivo. Nisso, não é diferente de nenhuma outra natureza animal. Não há objetivo algum em ser um texugo. Ser uma girafa não leva você a lugar algum. É só uma questão de fazer suas coisas de girafa apenas por fazer. No entanto, por serem os humanos, por natureza, criaturas históricas, parecemos estar indo a algum lugar — de modo que é fácil interpretar mal esse movimento em termos teleológicos e esquecer que tudo é feito apenas por fazer. Natureza é um conceito-limite: não se pode perguntar por que uma girafa faz as coisas que faz. Dizer "é parte de sua natureza" é resposta suficiente. Não se pode ir mais fundo que isso. Da mesma forma, não se pode perguntar por que as pessoas deveriam querer sentir-se felizes e realizadas. Seria como perguntar o que alguém espera obter com apaixonar-se. A felicidade não é um meio para se alcançar um fim.

Se alguém pergunta por que você não quer morrer, poderia responder que tem uma trilogia de romances por acabar, ou netos para ver crescer, ou que um sudário não combinaria de jeito nenhum com a cor do esmalte de suas unhas. Mas, com toda certeza, seria resposta suficiente dizer que é porque você quer viver. Não há nenhuma necessidade de especificar propósitos particulares. Viver é razão suficiente em si mesma. Certamente existem pessoas que estariam melhor se estivessem mortas; quanto às outras, não precisariam de uma razão para continuar. É tão supérfluo explicar por que você quer viver como seria explicar o não gostar de ter o corpo todo acariciado por urubus. O único problema é que algo como a vida, que é ou deveria ser preciosa em si mesma, não parece ter necessidade de acabar. Como a vida não está a serviço de alguma outra coisa, não há um ponto no qual podemos dizer que sua função se completa e seu propósito acaba. Essa é uma das razões para a morte estar sempre sujeita a parecer arbitrária. Somente uma vida que se tivesse realizado completamente poderia não parecer danificada por ela. E, desde que estejamos vivos, há sempre mais auto-realizações lá onde conseguimos as outras.

A idéia de satisfazer sua própria natureza é hostil à ética de sucesso capitalista. Tudo numa sociedade capitalista tem que ter sua razão e propósito. Se você age bem, então espera uma recompensa. Para Aristóteles, ao contrário, agir bem era uma recompensa em si. Não se esperava mais recompensa por isso do que por degustar um prato delicioso ou dar uma boa nadada de manhã cedo. Não é como se o prêmio para a virtude fosse a felicidade; ser virtuoso é ser feliz. É gozar a profunda espécie de felicidade que vem de satisfazer sua própria natureza. Isso não deve sugerir que os virtuosos serão sempre bem-sucedidos no mundo — doutrina que, como observa Henry Fielding, só tem um defeito: não é verdadeira.

De fato, é mais provável que você se saia bem no mundo se for corajoso, amoroso, flexível, compassivo, imaginativo, cheio de recursos e tudo o mais. Outras pessoas estarão menos inclinadas a atirar barras de ferro sobre sua cabeça de uma grande altura, e, mesmo que o fizessem, você teria a astúcia de se esquivar. Mas os virtuosos podem, é claro, ficar desestruturados. De fato, pode ser sua virtude que os desestruture. E então não se pode dizer que sejam felizes. Mas, embora a virtude possa trazer infelicidade, ela era, para Aristóteles, uma fonte de satisfação em si mesma. Pense, por exemplo, como ser fisicamente sadio pode, de algum modo, trazer-lhe problemas. Pode deixá-lo com uma musculatura tão ondulada que certos fregueses de bares não resistiriam em olhá-lo com inveja e lhe mandar um beijinho. Mas ser saudável continua sendo agradável em si mesmo. Aristóteles também pensava que, se você não agisse bem, não seria punido pelo fogo do inferno nem por um súbito raio do céu, mas teria de viver uma vida danificada, aleijada.

É claro que você não pode acreditar em tudo isso e ser, ao mesmo tempo, um antiessencialista. Em primeiro lugar, antiessencialistas não acreditam em naturezas. Imaginam que, se alguma coisa tem uma natureza, então essa deve ser eternamente fixa e inalterável. Para eles, falar de natureza também faz aflorar o que é comum a certas coisas, algo muito impopular numa era que faz da diferença um valor supremo. Críticos do essencialismo também suspeitam, com alguma razão, que, quando se trata de seres humanos, mais que de girafas, a resposta "isso simplesmente é da minha natureza" é uma auto-racionalização evasiva. Destruir comunidades tribais em busca de lucro é apenas parte da natureza humana. Ser um espancador de mulheres é simplesmente o que sou. Os antiessencialistas suspeitam, portanto, da idéia de natureza — e os apologistas do capitalismo também. O capitalismo quer que homens e mulheres sejam infinitamente maleáveis e adaptáveis. Como sistema, tem um horror faustiano a contornos fixos, a qualquer coisa que ofereça obstáculo à infinita acumulação do capital. Se, num certo sentido, é um sistema completamente materialista, é virulentamente antimaterial em outro. A materialidade é o que lhe obstrui o caminho. É a coisa inerte e recalcitrante que opõe resistência aos seus esquemas grandiosos. Tudo que é sólido tem que ser dissolvido no ar.

O conflito entre a crença tradicional na natureza humana e a rejeição "progressista" dela eclode entre Macbeth e Lady Macbeth pouco antes de tratarem de matar o rei:

> MACBETH:
> Ouso fazer tudo que a um homem assenta;
> Quem mais ousa fazer não o é mais.
> LADY MACBETH:
> ...Quando ousaste fazê-lo, um homem então eras;
> E ser mais do que eras seria
> muito mais homem te tornares.
>
> (Ato I, cena 7)

Essa é a contenda entre aqueles que, como Macbeth, vêem as limitações da natureza humana como criativas, e os como Lady Macbeth, para quem ser humano é uma questão de perpetuamente superá-las. Para o próprio Macbeth, exceder esses limites criativos é desfazer-se, tornando-se nada no ato de querer ser tudo. É o que os antigos gregos conheciam como *hubris*. Para Lady Macbeth, essa natureza limitante não existe: a humanidade é livre para inventar e reinventar a si mesma à vontade, num processo potencialmente sem fim. Quanto mais você faz, mais você é. Nisso, Aristóteles ficaria do lado de Macbeth. Ele pensava que a idéia de produção econômica em função do lucro não era natural, pois envolvia uma ausência de limitações que nos é estranha. O econômico, tanto para Aristóteles como para o socialismo, tinha que estar incrustado no moral. No entanto, com a entrada em funcionamento deste sistema econômico não-natural conhecido como capitalismo, foi o socialismo que, com o tempo, veio a parecer contrário à natureza humana.

Nenhum estilo de vida na história tem sido mais amante da transgressão e da transformação, mais enamorado do híbrido e do pluralístico do que o capitalismo. Com sua implacável lógica instrumental, não tem tempo para a idéia de natureza — para aquilo cuja existência consiste toda em simplesmente realizar-se e desdobrar-se, puramente para si e sem nenhuma idéia de propósito. Esse é um motivo para essa ordem social ter horror brutal à arte, que pode ser vista como a imagem mesma da auto-realização, tão gloriosamente sem propósitos. É também uma razão para a estética ter papel moral e político tão surpreendentemente importante na era moderna.

Não é preciso imaginar, como fazem muitos antiessencialistas, que as naturezas têm que ser eternamente fixas. O mais dramático exemplo que temos de uma natureza em perpétuo refazer-se é a natureza humana. Os campeões da transgressão estão certos pelo menos até este ponto: que está em nossa natureza irmos além de nós mesmos. Por sermos a espécie de animais trabalhadores, lingüísticos, sexuais e sociais que somos, é de nossa natureza produzir cultura, que é sempre mutável, diversa e aberta. Assim, é fácil confundir o tipo especial de natureza que temos, tomando-a por natureza nenhuma e passando a cultivar, como os campeões da transgressão, uma imagem faustiana de nós mesmos. Podemos fantasiar, como faz tanta da assim chamada teoria cultural "materialista", que a cultura substitui inteiramente nossa natureza material, erradica cada um de seus últimos traços e, assim, pode dançar sobre sua tumba.

Outra razão para ser fácil pensar desse modo é que o conceito de natureza muitas vezes se liga à idéia de função. Quando um relógio cumpre sua função de dizer a hora com precisão, é um bom relógio, fazendo o tipo de coisa que os relógios devem fazer. Com o risco de soar ligeiramente ridículo, podemos falar dele como satisfazendo sua natureza. Mas qual a função dos seres humanos? Para *o que* servem os seres humanos? A resposta é, certamente: nada — mas essa é precisamente a questão. Nossa função é ser sem função. É realizar nossa natureza como um fim em si mesmo. Precisamos da palavra "natureza" aqui para evitar ter que dizer "realizar *nós mesmos* como um fim em si", dado que muito do que somos capazes não deveria, de forma alguma, vir à luz do dia. Assim, "natureza" significa aqui algo como "a maneira como temos mais probabilidade de prosperar". E como não é nada óbvio o que esteja envolvido aí, essa é uma outra razão para ser fácil confundir isso como não ter natureza nenhuma.

Esse é o erro dos antiessencialistas. Poderiam conceder que os seres humanos têm uma natureza num sentido físico, material — que existem certos aspectos peculiares que nos caracterizam como espécie. (Embora não haja necessidade de presumir, por isso, a existência de uma descontinuidade radical entre homens e animais, já que a natureza tem tanto horror a descontinuidades radicais quanto ao vácuo.) É que eles não vêem que daí derivem quaisquer conseqüências morais e políticas particulares. Para eles, isso é uma maneira de falar demasiado geral para que nos possa trazer algo de muito informativo. É, em grande medida, uma verdade, mas inócua. Os antiessencialistas têm razão em reclamar que as falas sobre natureza humana são incomodamente gerais. Mas um dos perigos que correm é cair em alguma forma de idealismo. Se você diminui a importância do aspecto material do "ser-da-espécie"[28] da humanidade, pode acabar concluindo que seres humanos existem apenas no nível do significado e do valor. E esse é um erro conveniente para intelectuais.

O filósofo político John O'Neill assinalou que grande parte do que os pensadores pós-modernos criticam como "essencialista" é uma caricatura da doutrina das essências, que ninguém defende.[29] O essencialismo, diz ele, é a crença de que existem propriedades que algumas coisas têm que ter para ser o tipo de coisas que são. Para alguma coisa ser cobre, tem que ter ductibilidade, maleabilidade, fusibilidade, condutividade elétrica, número atômico 29, e assim por diante. Não se segue daí que todas as propriedades de um objeto sejam essenciais para ele, ou que não possa haver muita diferença e diversidade entre objetos da mesma classe. Todas as ovelhas são incomparáveis, únicas. Essencialismo não quer dizer uniformidade. Também não se segue que todos os objetos consignados à mesma classe realmente compartilhem as mesmas propriedades essenciais. Temos que olhar e ver. Essencialismo não envolve ignorar a diferença entre fenômenos naturais e culturais. Fenômenos culturais podem ter certas propriedades sem as quais seriam outra coisa. Se canções não têm som,

[28]"Species being", no original. (*N. da T.*)

[29]Ver John O'Neill, *The Market: Ethics, Knowledge and Politics*, Londres, 1998, cap. I. Ver também Terry Eagleton, *The Illusions of Postmodernism*, Oxford, 1996, p. 97-104.

não são canções. O antiessencialismo é, em grande medida, produto de amadorismo filosófico e ignorância.

Falas sobre a natureza humana são, sem dúvida, embaraçosamente gerais. (Embora Aristóteles, que subscrevia a idéia ele mesmo, não acreditasse que a ética fosse uma questão de princípios universais.) "Humano" pode expressar aprovação ("Apesar de ser a maior autoridade mundial em ectoplasma, ele parecia surpreendentemente humano") ou um julgamento pejorativo (como em "humano demais"). Mesmo que avancemos um pouquinho e falemos da vida boa como aquela em que você pode satisfazer sua natureza tão livre e completamente quanto possível, ainda não fica claro o que isso significa em termos concretos. Em qualquer período histórico determinado, os seres humanos têm muitos poderes e capacidades diferentes, e não é óbvio quais desses eles deveriam esforçar-se para desenvolver, ou de que maneiras. Deveremos satisfazer nossa capacidade de estrangular os outros simplesmente porque somos fisicamente capazes de fazê-lo? Se somos capazes de torturar outros, então, nesse sentido, a tortura é própria de nossa natureza. "Natureza humana" pode descrever o tipo de criaturas que somos ou pode significar como *deveríamos* nos comportar; e não é fácil distinguir como saltar do sentido descritivo para o normativo.

Aristóteles pensava haver uma maneira particular de viver que nos permitia, por assim dizer, alcançar o nível de excelência próprio do tipo de criaturas que somos. Isso era a vida conduzida de acordo com as virtudes. A tradição judaico-cristã considera que é a vida de caridade ou amor. O que isso quer dizer, *grosso modo*, é que nos tornamos a ocasião para a auto-realização uns dos outros. É apenas sendo o meio para sua auto-realização que posso atingir a minha, e vice-versa. Há muito pouco dessa reciprocidade no próprio Aristóteles. A forma política de sua ética é conhecida como socialismo, para o qual, como comenta Marx, o livre desenvolvimento de cada um é a condição do livre desenvolvimento de todos. É como se fosse amor politizado ou reciprocidade generalizada.

O socialismo é uma resposta à questão do que acontece quando, diferentemente de Aristóteles, universalizamos a idéia de auto-realização, cruzando-a com o credo judaico-cristão ou democrático-iluminista de que todo mundo tem que estar engajado na ação. Sendo assim, e se os seres humanos naturalmente vivem numa sociedade política, podemos tentar arranjar a vida política de forma que todos realizem suas capacidades particulares sem atrapalhar uns aos outros, uma doutrina conhecida como liberalismo; ou podemos tentar organizar as instituições políticas de forma que sua auto-realização seja a mais recíproca possível, uma teoria conhecida como socialismo. Uma razão para julgar ser o socialismo superior ao liberalismo é a crença de que seres humanos são animais políticos não apenas porque, para se realizar, têm que levar em conta as necessidades de realização uns dos outro, mas também porque, de fato, somente atingem sua realização mais profunda quando em reciprocidade.

No entanto, nem todo mundo concorda quanto ao que seja o amor ou a auto-realização, ou quanto a quais virtudes são importantes, ou mesmo quanto ao próprio modelo de vida boa. As virtudes que Aristóteles recomenda não são necessariamente aquelas que nós, modernos, estaríamos ávidos para afirmar. Estão demasiadamente ligadas à sua história social, enquanto, ao contrário, sua visão da natureza humana como um todo é muito pouco histórica. No entanto,

Karl Marx, uma espécie de aristotélico enrustido, formulou uma poderosa crítica histórica a partir dessa ética, como fez também seu grande mentor Hegel. Parece que nós simplesmente temos que discutir uns com os outros o que significa auto-realização; e pode ser que o negócio todo seja complicado demais para chegarmos a uma solução satisfatória. A existência moderna, sendo fragmentária, especializada e diversificada, produziu soluções demais para a questão, fazendo com que de forma alguma seja simples decidir entre elas.

Há ainda uma outra razão para que o período moderno em particular tenha tornado as questões morais de difícil manejo. Não é só porque, numa sociedade complexa, haja um excesso de respostas, e não carência delas; é também por a história moderna haver tornado especialmente difícil para nós pensar em termos não-instrumentais. As sociedades capitalistas modernas estão tão preocupadas com pensar em termos de meios e fins, com quais métodos irão eficientemente atingir quais metas, que seu pensamento moral também fica infectado por esse modelo. O que significa viver bem torna-se, assim, uma questão de agir de maneira a atingir um certo objetivo. O único problema é que os moralistas continuam o bate-boca sobre que objetivos poderiam ser esses. Para os utilitaristas, deveríamos agir de modo a obter a maior felicidade para o maior número. Para os hedonistas, deveríamos agir de modo a maximizar o prazer, de preferência o nosso próprio. Houve aqueles que sustentaram que a meta da ação humana é glorificar o Estado. Há ainda outros que acreditam que deveríamos agir para realizar a justiça social ou algum outro fim louvável. Num clima moral onde o que importa parecem ser resultados, alguns poderiam muito bem pensar duas vezes antes de tentar ajudar um homem ferido se soubessem que o teto está prestes a desabar e acabar com ele. Entretanto muitas outras pessoas o ajudariam de qualquer maneira, e é interessante nos perguntarmos por quê.

Nem todo pensamento moral é dessa espécie instrumental. De fato, uma das mais influentes escolas modernas de pensamento moral — aquela derivada do filósofo Immanuel Kant — segue justamente a linha oposta. Para os kantianos, o que importa não são fins, mas a pureza de vontade com que agimos de um certo modo, independentemente de suas conseqüências e sem considerar sua contribuição para nossa felicidade. Moralidade é uma questão de dever, não de prazer, satisfação, utilidade ou justiça social. Poderíamos ver essa doutrina moral austera e não-mundana como sendo, entre outras coisas, uma reação exagerada ao pensamento finalista. É como se fins como felicidade, prazer e outros tivessem se tornado tão frágeis e banais na sociedade moderna que o valor moral autêntico deva agora ser rigorosamente separado deles. Kant tem razão ao dizer que agir moralmente deve ser um fim em si mesmo; não é só uma questão de tentar chegar a algum lugar. Mas, ao fazer essa formulação, ele põe, de um lado, a noção de fim-em-si-mesmo, deixando, de outro, felicidade e satisfação. E é precisamente a essa combinação (não encontrada em Kant) que um tipo de pensamento moral mais clássico está tentando chegar.

Para moralistas clássicos como Aristóteles, felicidade e bem-estar consistem não apenas num contentamento bovino ou num estado de perpétuo prazer orgástico, mas numa vida que se poderia descrever como próspera ou impetuosa. A palavra "impetuosa" pode nos sugerir coisas bastante viris, árduas, rostos afogueados, mas não precisa ser assim. Ela inclui, por exemplo, demonstrar clemência ou ouvir com empatia.

Temos que afastar a idéia de ímpeto da quadra de esportes. Vivemos bem quando satisfazemos nossa natureza e temos isso como um fim desfrutável em si mesmo. E como nossa natureza é algo que compartilhamos com outras criaturas da nossa espécie, a moralidade é uma questão inerentemente política. Como observa Philippa Foot, "para saber se um indivíduo é ou não como deveria ser, precisamos conhecer a forma de vida da espécie".[30]

A vida boa, então, permeia-se toda de um desfrutável bem-estar, mas essa não é sua meta imediata. Fazer da fruição a finalidade da vida, como Mick Jagger parece fazer com notável sucesso, pode significar ter que devotar grande quantidade de tempo a planejá-la, o que, por sua vez, pode resultar em tornar a vida menos desfrutável. Não parece ser essa a deficiência mais trágica na vida de Mick Jagger, mas mostra que, se você realmente busca a auto-realização, a melhor maneira é não pensar em si mesmo. Isso não é para recomendar o altruísmo dos oprimidos, que se esquecem das próprias necessidades de maneira a manter outros no luxo. É só para dizer que bem-estar não é algo que você almeja diretamente, já que não é um bem entre outros. Mais exatamente, é o resultado de muitas espécies diferentes de bens. Nesse sentido, Aristóteles é um pluralista quando se trata de saber o que compõe uma vida boa.

A satisfação vem do profundo senso de bem-estar que, para Aristóteles, nasce, por sua vez, de viver uma vida virtuosa. "Virtude" aqui significa algo como a técnica ou o *know-how* de ser humano. Ser humano é algo em que você precisa adquirir competência, como jogar bilhar ou evitar cobrado-

[30]Philippa Foot, *Natural Goodness,* Oxford, 2001, p. 91.

res. Os virtuosos são os que são bem-sucedidos em ser humanos, como um açougueiro ou um pianista de *jazz* são bem-sucedidos em seu trabalho. Alguns seres humanos são até mesmo virtuoses da virtude. Virtude, nesse sentido, é uma atividade bastante mundana; mas é não-mundano no sentido em que o sucesso é sua própria recompensa. Poucos diretores de empresas renunciariam a seus salários baseando-se no fato de o trabalho ser para eles um prazer em si mesmo. A vida boa é um negócio técnico, estafante; não é uma conseqüência natural de se atender aos apelos do coração. Como uma boa peça de teatro, requer boa quantidade de ensaio. O modo de satisfazer a própria natureza não é algo que flua naturalmente. Mas, enquanto o puritano bem que concordaria com isso, não concordaria tão facilmente com que a vida boa é uma questão de prazerosa auto-satisfação. No seu entender, se não for desagradável, não pode ser moral.

Isso não é para sugerir que as idéias instrumentais de moralidade devam simplesmente ser estancadas. Se somos animais históricos, estamos destinados a ser instrumentais também, preocupados com adaptar meios a fins. Se a vida boa é satisfazer nossas naturezas, e se isso é verdade para todos, então seria preciso uma mudança muito profunda de condições materiais para tornar tal satisfação possível para todos. E isso requereria o tipo de ação instrumental conhecida como política radical. Grande quantidade de atividades funcionais seria necessária para atingir uma situação na qual não teríamos que viver tão funcionalmente. Na era moderna, esse projeto ficou conhecido como socialismo.

Há aqui um conflito potencialmente trágico entre os meios e os fins. Se temos que agir instrumentalmente em função de criar uma forma de vida menos obcecada por meios e fins, então temos que viver de um modo que, segundo nós mesmos reconhecemos, seria menos que desejável. No pior dos casos, pode significar que alguns, tragicamente, sentiriam a necessidade de sacrificar a própria felicidade pelos outros. Chamar a isso trágico quer dizer que tal sacrifício não é a maneira mais desejável de se viver. A moralidade consiste em satisfazer o *self*, e não em renunciar a ele. Só que, para algumas pessoas, essa renúncia pode ser historicamente necessária para produzir aquela forma de vida desejável. Tragicamente, há situações em que o *self* só pode ser satisfeito se se renuncia a ele. Se a história não fosse tão terrível como tem sido, isso não seria necessário. Num mundo justo, nosso modo de ser não precisaria ser quebrado para ser refeito.

O que tem tudo isso a ver com objetividade? É que prosperidade não pode ser realmente uma questão subjetiva. Isso não implica que seja objetiva no sentido de nada ter a ver conosco, mas sim como é o Giant's Causeway,[31] que continua lá independentemente de lá estarmos para vê-lo. A ética tem a ver com os seres humanos — mas versa sobre aquilo que são, não sobre aquilo de que gostam. Alguns tipos de felicidade podem ser subjetivos, significando que as pessoas muitas vezes estão contentes porque pensam que estão. Às vezes, temos simplesmente que acreditar nelas. Você pode estar enganado ao pensar que é feliz em algum sentido mais profundo da palavra, mas é difícil ver como poderia estar enganado ao se sentir gratificado e à vontade, assim como também não poderia ter uma dor e nada saber dela.

[31]Imensas formações rochosas elevadas à beira do mar, na Irlanda do Norte. (*N. da T.*)

O tipo de felicidade que importa, todavia, é o tipo que não é tão fácil de determinar. Você não pode determinar se sua vida está prosperando apenas pela introspecção, pois se trata de como você está indo, não apenas de como se sente. A felicidade tem a ver com viver e agir bem, e não apenas sentir-se bem. Para Aristóteles, é uma prática ou atividade, mais do que um estado de espírito. Tem a ver com realizar suas capacidades, e não com ter uma visão particular da vida.

Mais que simplesmente avaliar como se sente, você tem que olhar para sua vida num contexto muito mais amplo. É esse contexto maior que Aristóteles conhece como política. Você também tem que olhar para si mesmo num contexto temporal — para ter alguma idéia de sua vida como narrativa, para julgar se está indo bem ou não. Não quer dizer que tudo, do aparecimento de seu primeiro dentinho até a perda de todos eles, tenha que formar um todo logicamente coerente. Poucas narrativas com algum grau de sutileza têm essa espécie de unidade. Narrativas podem ser múltiplas, interrompidas, recursivas e difusas e, ainda assim, narrativas. Finalmente, você tem que ter alguma idéia do que conta como um tipo especificamente humano de prosperidade. Não é apenas um assunto individual. Não está em seu poder decidir o que conta como tal, mais do que decidir o que conta como estabilidade mental num alce. Não se pode dizer "*para mim*, torturar tiroleses é como prosperar" — não apenas por não ser verdade, mas também porque não está em seu poder baixar a lei. Valores morais não são somente aquilo que por acaso você prefira, como sustentam os decisionistas ou existencialistas. Alguns pensadores morais crêem que esses valores são aquilo que todos nós acaso preferimos — que são intersubjetivos, mais que subjetivos. Mas esse jeito de encarar a moralidade não funciona. Mesmo se todos concordássemos em que torturar tiroleses seria uma idéia excelente, ainda assim não contaria como uma instância de desenvolvimento humano. Alguns considerariam isso uma posição impossivelmente objetivista, embora, provavelmente, não os tiroleses.

Mas também não basta olhar para dentro de nós para saber se estamos prosperando, pois essa é uma idéia complexa, envolvendo um amplo espectro de fatores. Você pode estar indo bem de algumas maneiras, mas não de outras. É preciso perguntar-se se está com saúde, feliz, confortável consigo mesmo e com os outros, gozando a vida, trabalhando com criatividade, carinhoso e sensível emocionalmente, flexível, capaz de amizades gratificantes, responsável, autoconfiante e tudo o mais. Muitas dessas coisas não estão totalmente dentro de seu controle. Não se pode ser feliz e estar confortável consigo mesmo só por um ato de vontade. Requer, entre outras coisas, certas condições sociais e materiais.

Poder viver uma vida moral, o que significa dizer uma vida satisfatória, de um tipo adequado para seres humanos, depende, em última instância, da política. Essa é uma das razões de Aristóteles não fazer distinção rigorosa entre ética e política. Ele nos diz, logo no começo da sua *Ética a Nicômaco*, que há uma "ciência que estuda o bem supremo para o homem", acrescentando, um tanto inesperadamente, que é conhecida como política. A ética para ele é uma espécie de ramificação da política. Ninguém pode crescer quando está faminto, miserável ou oprimido, fato que não impediu o próprio Aristóteles de endossar a escravidão e a subordinação das mulheres. Claro que pode haver santos em condições sociais atrozes, mas parte do que admiramos em tais pessoas é sua raridade. Basear uma ética nisso seria como limitar todo mundo a três cenouras por dia simplesmente porque uns poucos, bastante estranhos, podem sobreviver felizes com essa dieta.

A ética, na visão de Aristóteles, é a ciência do desejo humano, pois o desejo é o motivo subjacente a todas as nossas ações. A tarefa de uma educação ética é reeducar nossos desejos, de forma que colhamos prazer ao fazer boas ações e dor ao fazer as más. Não é só uma questão de ranger os dentes e capitular a uma imperiosa lei moral: precisamos aprender a gostar de ser justos, compassivos, independentes e tudo o mais. Se não achamos nisso nada que nos sirva, não é moralidade verdadeira. E como todos os nossos desejos são sociais, devem ser situados num contexto maior, que é a política. A política radical é a reeducação de nossos desejos. Aristóteles, é claro, não era um radical, mas sustentava que tomar parte ativa na vida política era, em si, uma atividade virtuosa. O republicanismo é uma forma ética de política. Ser politicamente ativo nos ajuda a criar as condições sociais para a virtude, mas é também uma forma de virtude em si mesma. É tanto um meio quanto um fim.

Você pode, então, estar enganado a respeito de estar prosperando, e algum outro pode ser mais sabiamente perceptivo nisso do que você mesmo. Esse é um dos sentidos importantes em que a moralidade é objetiva. Sentir-se feliz pode ser sinal de que você está evoluindo como um ser humano deveria, seja lá o que isso signifique; mas não é uma evidência excepcionalmente forte. Você pode estar feliz porque os pais do garoto que seqüestrou acabam de entregar o dinheiro do resgate. Ou pode ser um raro episódio de felicidade numa desalentada existência. O ponto, de qualquer forma, é que, quando os colonizadores nos dizem que os nativos estão florescendo, prosperando, faríamos bem em ser cautelosos.

Os problemas aparecem quando os próprios nativos nos dizem que estão prosperando. O que dizer então? O liberal ou pós-modernista que reluta em dizer que os colonizadores estão certos pode também hesitar em dizer que o povo que eles dominam esteja errado. Não teríamos nós paternalizado os colonizados o bastante, sem informá-los de que são cabeças-duras demais para se darem conta de que são miseráveis? De fato, é altamente improvável que homens e mulheres tratados como seres humanos de segunda classe fossem tão obtusos a ponto de acreditar que estivessem prosperando. Em primeiro lugar, se lhes faltasse essa espécie de inteligência, provavelmente não haveria como explorá-los vantajosamente. Poderiam sentir-se gratificados de vez em quando, ou acreditariam não merecer nada melhor, ou olhariam estoicamente sua situação, mas isso é diferente. Enfim, se não posso lhe dizer alguma coisa sem exercer uma odiosa patronagem, você também não me pode dizer. Mesmo que eu tenha estado soterrado sob uma tonelada de amianto podre nos últimos dez anos, com só três dedos livres para encher o papo com uma garfada ocasional de capim seco, não vou tolerar ouvir de elitistas condescendentes como você que talvez haja uma maneira melhor de viver. Minhas decisões podem ser tremendamente equivocadas, mas, pelo menos, são minhas.

Existem, portanto, certos critérios públicos para determinar se nós, ou outros, estamos ou não prosperando. Não posso enxergar que estou indo bem apenas olhando o que me vai na alma. Como Ludwig Wittgenstein observou, a melhor imagem da alma é o corpo humano. A melhor imagem do que sou é como estou me comportando. Ambos estão tão ligados um ao outro como se fossem uma palavra e seu significado. Esses critérios públicos nos fornecem um argumento contra aqueles para quem a felicidade ou o bem-estar não são uma condição prática, mas um estado de espírito individual. Mas a felicidade não é apenas um estado de espírito, não mais do que jogar xadrez é apenas um estado de espírito. As pessoas podem sentir-se contentes com sua situação; mas, se não são livres, por exemplo, para exercer um papel ativo na determinação de suas próprias vidas, então, aos olhos de Aristóteles, não podem estar genuinamente satisfeitas. Para ele, a virtude é uma espécie de excelência; e embora escravos possam sentir-se em boa forma de vez em quando, não são exatamente modelos exemplares de como alcançar excelência em estar sendo humano. Se fossem, não nos preocuparíamos em libertá-los. Objetividade é, entre outras coisas, uma questão política: trata-se de haver maneiras de refutar os que insistem em que tudo está bem, desde que nos sintamos bem. É uma crítica à mentalidade de colônia de férias. Ou, como Bertolt Brecht propôs bem menos polidamente, "à escória que quer manter aquecido o fundo de seus corações". Sentir-se bem consigo mesmo quando não existem bases materiais para isso é fazer uma injustiça a si mesmo.

Todavia há uma relação ainda mais profunda entre objetividade e ética. Objetividade pode significar uma abertura solidária para as necessidades de outros, algo que está muito perto do amor. É o oposto de egoísmo, não de interesses e convicções pessoais. Tentar ver a situação do outro como realmente é constitui uma condição essencial para poder interessar-se por ele. Isso não significa dizer que existe sempre apenas uma maneira de dizer qual é uma situação. Dizer que "escrevendo um livro" é uma descrição precisa do que estou fazendo agora não é dizer que essa é a única maneira de descrever o que se passa. O ponto, enfim, é que ter interesse genuíno por alguém não é algo que perturbe a visão de como ele está de fato, mas, sim, o que torna possível fazê-lo. Contrariamente ao adágio de que o amor é cego, é por envolver uma aceitação radical que o amor nos permite ver os outros tal como são.

Importar-se com o outro é estar presente para ele na forma de uma ausência; é como dar atenção esquecendo-se de si mesmo. Se, em retorno, recebe-se amor ou confiança, é isso, em grande parte, que nos possibilita esquecer de nós, coisa que, em outras situações, seria perigosa. Numa certa medida, precisamos pensar em nós mesmos por causa do medo, medo que a segurança derivada da confiança recebida nos permite superar. Para alcançar essa objetividade de alguma maneira absoluta, precisaríamos nos remover por completo da situação, o que dificilmente seria o modo mais conveniente de intervir nela. Mas o fato de que, em última análise, isso seja impossível não deveria nos impedir de tentar alcançá-lo.

Tentar ser objetivo é um trabalho árduo e fatigante que, afinal, só os virtuosos podem realizar. Apenas aqueles com paciência, honestidade, coragem e persistência podem penetrar as densas camadas de auto-engano que nos impedem ver a situação como realmente é. Isso é especialmente difícil para os que manejam poder — pois o poder tende a gerar fantasia, reduzindo o *self* a um estado de narcisismo sempre insatisfeito. Apesar de seu obstinado pragmatismo, está crivado de equívocos, presumindo que o mundo inteiro vive em função dele, subservientemente. Dissolve a relatividade no espelho de seus próprios desejos. Aqueles cuja existência material é bastante sólida são os que tendem a supor que o mundo não o é. O poder é, naturalmente, solipsista, incapaz de sair da própria pele. Como a sexualidade, é onde somos mais infantis. Os desprovidos de poder são os que mais se inclinam a reconhecer que o mundo não existe para gratificar nossas necessidades, e que continua girando calmamente sem sequer uma olhadela para nosso lado.

Assim, conhecimento e moralidade não são, ao final, separáveis, como a idade moderna tendeu a acreditar. Pode-se ver isso particularmente no caso de nosso conhecimento uns dos outros, que envolve capacidades morais como imaginação, sensibilidade, inteligência emocional e tudo o mais. Conhecer uma outra pessoa não é como conhecer os bares da moda no Rio; é meio como um conhecimento atado ao valor moral. A era moderna introduz uma separação entre conhecimento e moralidade, entre fato e valor; mas como estabelecer os fatos é, em geral, um processo estafante, dada a complexidade do mundo, a ilusoriedade de algumas de suas aparências e nossa tendência crônica ao auto-engano, isso está fadado a envolver alguma espécie de valor. O conhecimento precisa ser disciplinado, judicioso, meticuloso, autocrítico, discriminador, e coisas assim, de forma que ninguém sem algum tipo de virtude possa escrever uma grande história da praga do algodão ou aparecer com uma fantástica descoberta científica. Talvez seja o que Ludwig Wittgenstein tinha em mente quando se perguntou como poderia ser um bom lógico sem ser um ser humano decente. Ninguém que não estivesse aberto ao diálogo com outros, disposto a ouvir, discutir honestamente e admitir estar errado poderia realmente avançar na investigação do mundo.

Ver a situação do outro, vê-la como realmente é, é o oposto do sentimentalismo. O sentimentalismo vê o mundo benignamente colorido por ele mesmo, enquanto o egoísmo malignamente o colore de si mesmo. O oposto dessa autocentralidade para a qual o mundo é só uma duplicação imaginária do próprio ego é o que a teoria moderna chama de "descentramento" ou o que tem sido conhecido mais tradicionalmente como o estado de desinteresse. Desinteresse, uma noção hoje quase que universalmente sujeita ao escárnio da esquerda cultural, que aponta sua falsa imparcialidade, cresceu no século XVIII não como o oposto de interesses, mas sim do auto-interesse. Era como uma arma a ser manejada contra hobbesianos e individualistas possessivos. Desinteresse não significa olhar o mundo de alguma sublime altura olímpica, mas uma espécie de compaixão ou sentimento de companheirismo. Significa tentar situar-se, imaginariamente, na experiência do outro, dividindo seu deleite ou dor sem pensar em si mesmo.[32] George Eliot é uma grande herdeira dessa linhagem ética do século XIX.[33] Nessa medida, o moral e o estético são aliados próximos. Não que não tenhamos interesses: é só que nossos interesses estão no outro, mais do que em nós mesmos. Essa espécie de simpatia imaginativa, como a virtude para Aristóteles, é sua própria recompensa; não busca o lucro, mas se compraz com o bem-estar de outros com um gosto quase sensual. O desinteresse — que, para a teoria pós-moderna, é a última palavra em matéria de ilusão — é um

[32]Esta, por exemplo, é a noção de desinteresse do grande filósofo irlandês do século XVIII, Francis Hutcheson. Ver R. S. Downie (org.), *Francis Hutcheson: Philosophical Writings*, Londres, 1994.

[33]George Eliot (1819-80): romancista inglesa de quem D. H. Lawrence escreveu: "Foi ela, realmente, quem começou tudo... quem começou a levar a ação para o espaço interior." Uma biografia sua está em http://www.kirjasto.sci.fi/gelliot.htm

tapa no individualismo egoísta da sociedade de classe média dos primeiros tempos. Em sua origem, é um conceito político radical.

A busca do julgamento desapaixonado é uma lida emocionalmente estafante. De forma alguma ele vem naturalmente. A objetividade requer um alto grau de paixão — em particular, a paixão de fazer a espécie de justiça que poderia expor à revisão seus preconceitos mais profundos. Desinteresse não significa ser magicamente absolvido de interesses, mas reconhecer que alguns dos seus não lhe estão fazendo bem algum, ou que, para o bem da eficiência, seria interessante deixar alguns deles de fora por enquanto. Isso requer imaginação, simpatia e autodisciplina. Não é preciso elevar-se majestosamente acima da discussão para decidir que, numa situação específica, os interesses do outro deveriam ter prioridade sobre os seus. Ao contrário, julgar isso acuradamente envolve estar bem no meio da confusão, avaliando a situação de dentro, e não flanando numa terra de ninguém onde se seria incapaz de saber qualquer coisa. Você não precisa estar num espaço exterior metafísico para reconhecer que mandar seu criado numa caminhada de vinte quilômetros através de florestas infestadas de bandidos, no auge do inverno, para comprar uma barra de chocolate não deveria ter precedência sobre deixá-lo ficar ao lado do pai moribundo. Alguém que insistisse em despachar o criado não estaria sendo razoável — questão que merece ser ponderada por aqueles para quem fria e distante é a razão, não o irracional.

Claro que você poderia livrar o criado da caminhada de vinte quilômetros por razões interesseiras. Talvez você queira sobrecarregá-lo com generosidades para poder cortar parte de seu salário, ou tema que ele deliberadamente queime sua roupa de baixo num ato de retaliação da próxima vez que for passá-la. O que conta, todavia, é o que você faz. Não que suas intenções não tenham nenhuma importância; apenas, não importam tanto. Uma obsessão com intenções tem sido o bicho-papão de parte do pensamento moral. Assim, o fato de, para a ética clássica que estivemos examinando, o valor moral estar no mundo, e não em sua mente, é um ponto a favor dela. Nesse sentido, assemelha-se ao significado, que está, em primeiro lugar, na história, em vez de em nossas cabeças.

Para Aristóteles, a virtude não é um estado mental, mas uma disposição — o que significa estar permanentemente preparado para agir de um certo modo, mesmo quando não estiver agindo de maneira alguma. É uma questão de como você costumeiramente se comportaria numa dada situação. Bondade é uma questão de hábito. É como tocar flauta, vai ficando melhor à medida que se pratica. Não é que comecemos com sentimentos morais interiores que, então, resultam em ações — como nós, pós-românticos, tendemos a supor. Isso seria como imaginar que alguém pudesse levar três anos aprendendo interiormente como tocar flauta, e depois pegar o instrumento e persuadi-lo imediatamente a produzir sons melodiosos. É o contrário: são nossas ações que criam os estados mentais adequados. Tornamo-nos corajosos ou generosos fazendo habitualmente coisas corajosas e generosas. Isso, mais uma vez, é muito semelhante à questão do significado. Não é que tenhamos o conceito de exasperação e então o coloquemos em palavras; ter o conceito de exasperação é uma questão de estar familiarizado com o costume social de como a palavra é usada.

Objetividade não significa julgar a partir de lugar nenhum. Ao contrário, você só pode saber como é a situação se estiver numa *posição* de saber. Apenas se estiver num certo ângulo com relação à realidade ela pode ser compreensível para você. Os miseráveis da terra, por exemplo, inclinam-se a avaliar melhor a verdade da história humana do que seus senhores — não por terem maior percepção inata, mas porque podem descobrir, a partir da própria experiência cotidiana, que a história, para a vasta maioria de homens e mulheres, tem sido, em grande medida, uma questão de poder despótico e labuta estéril. Como Michael Hardt e Antonio Negri apresentam a questão em seu estudo Império: "Só o pobre vive radicalmente o ser efetivo e presente, na indigência e no sofrimento, e por isso, só ele tem a habilidade de renovar o ser."[34] Apenas os que sabem quão calamitosas as coisas realmente são podem estar suficientemente livres de ilusão ou interesses privilegiados para mudá-las. Você não pode mudar a situação efetivamente a não ser que avalie a profundidade do problema; e, para realizar isso plenamente, tem que estar no lado mais fraco dela, ou, pelo menos, ter ouvido notícias vindas de lá.

No nível do conhecimento tácito ou informal, portanto, os pobres sabem melhor que seus governantes o que se passa com a história. Objetividade e partidarismo são aliados, não rivais. O que não conduz à objetividade nessa disputa é a judiciosa equanimidade dos liberais. É o liberal que se deixa cair no mito de que só se pode ver as coisas corretamente se não se toma partido. É o ponto de vista dos capitães de indústria. O liberal tem dificuldade com situações em que um dos lados tem uma parte maior da verdade do que o outro — ou seja, em todas as situações políticas chave. Pois isso é equi-

[34]Michael Hardt e Antonio Negri, Império, Record, Rio de janeiro, 2001; Cambridge, Mass., 2000, p. 157.

parar a verdade à parcialidade, mais que à simetria, o que não é como os liberais tendem a ver a questão. Para eles, a verdade geralmente está mais ou menos no meio. Ou, como Raymond Williams uma vez comentou: quando em dúvida, os ingleses pensam num pêndulo. Confrontado com a visão da história que têm os pobres, como miséria e adversidade, o liberal procura instintivamente restaurar o equilíbrio: mas não houve também muito esplendor e valor? Sem dúvida que houve; mas alegar que os dois lados se equilibram é, certamente, falsificar. A equanimidade aqui não está a serviço da objetividade. O verdadeiro julgamento judicioso significa tomar partido.

Tendemos a pensar o subjetivo como pertencendo ao *self*, e o objetivo, ao mundo. O subjetivo é uma questão de valor, enquanto o mundo é uma questão de fato. E como esses dois se juntam é, muitas vezes, um tanto misterioso. Ainda assim, uma das maneiras como convergem é no ato da auto-reflexão. Ou, se prefere, nesse curioso salto mortal ou cambalhota para trás em que o *self* toma a si mesmo como objeto de conhecimento. A objetividade não é apenas uma condição fora do *self*. Na forma de autoconhecimento, é a precondição de todo viver bem-sucedido. Autoconhecimento, fato e valor são questões inseparáveis. Trata-se de conhecer a si mesmo, mas o próprio ato de conhecer reflete uma espécie de valor que está além do alcance de orquídeas e jacarés.

Se, com muita freqüência, conhecer o mundo significa atravessar complexas camadas de autodecepção, conhecer a si mesmo envolve mais ainda disso. Somente pessoas excepcionalmente seguras poderiam ter a coragem de se confrontar dessa maneira, sem racionalizar o que desenterram e nem se deixar consumir pela culpa estéril. Só alguém certo de estar recebendo amor e confiança pode alcançar essa espécie de segurança. Essa é outra conexão existente entre conhecimento e valor moral. Dado que o medo é uma das nossas condições naturais, homens e mulheres só podem dar-se a conhecer verdadeiramente àqueles a quem amam e em quem confiam. Como o Duque comenta com o cínico Lucio em *Medida por medida*, de Shakespeare: "O amor fala com melhor conhecimento, e o conhecimento com amor mais caro." No ato de confiante auto-revelação, conhecimento e valor estão de mãos dadas. De forma semelhante, só quando sabemos que ainda seremos aceitos é que podemos ousar encarar a verdade de nós mesmos. Também nesses sentidos, valor e objetividade não são os opostos que tantos parecem pensar.

Um dos opostos da objetividade é o narcisismo. Acreditar que o mundo é um objeto independente de minha vida é aceitar que ele continuará a girar com suprema indiferença depois da minha morte.[35] Isso é, de imediato, pura especulação da minha parte e, por assim dizer, uma certeza morta, já que não vou estar presente para confirmá-lo. O mundo é impecavelmente democrático e equânime: não tem consideração por nenhum de nós. Para sobreviver, não depende de nossas opiniões favoráveis a seu respeito, como um escravo depende de seu patrão. Somente os que fantasiam que a realidade é o tipo de coisa que *poderia* ter alguma consideração por eles, ou que teve alguma vez, é que se comportam como amantes rejeitados. Os que imaginam que o mundo se tomou de amores por eles, que sua existência depende, de algum modo, da de-

[35]Independência e objetividade, com certeza, não são bem a mesma coisa. Mas é porque reconhecemos algo como independente de nós que surge a questão de tentar vê-lo como realmente é. Não nos empenharíamos em ver nossas alucinações como são de fato.

les, jamais serão capazes de crescer. É verdade, se devemos acreditar em Freud, que, de qualquer maneira, nunca crescemos e que a maturidade é uma fantasia cultivada apenas pelos jovens. Mas existem graus de infantilismo. Supermodelos e filósofos idealistas ocupam os lugares mais altos nessa escala.

Essas pessoas também tendem a ter problemas em reconhecer a autonomia de outros. Uma maneira de reconhecer que o mundo é objetivo é reconhecer a presença de outros cujo comportamento manifesta o fato de que, num nível muito básico, a realidade é para eles bastante parecida com o que é para nós. Ou, se parece não ser, então pelo menos há alguém lá com quem podemos discutir a jogada. De fato, os outros é que são o caso paradigmático de objetividade. Não somente são peças do mundo independentes de nós, mas também os únicos fragmentos da mobília do mundo que realmente podem imprimir em nós a marca dessa verdade. As outras pessoas são a objetividade em ação. Exatamente por serem nossos companheiros, podem nos revelar sua alteridade e, nesse ato, revelar para nós a nossa. Para os conservadores, há no mundo aquilo com que não se pode brincar, conhecido como propriedade. Também para os radicais há aquilo que está além da nossa ingerência, conhecido como a autonomia dos outros. É isso o que fundamenta nossas noções de objetividade. Os liberais, caracteristicamente, apostam nos dois cavalos, acreditando tanto em propriedade quanto em autonomia.

CAPÍTULO 6 Moralidade

Os teóricos dos Estdos Culturais evitaram a questão da moralidade durante muito tempo, como se fosse algo um tanto embaraçoso. Parecia uma pregação maçante, não-histórica, pudica e pesada. Para o tipo de teórico mais pragmático, era também sentimental e não-científica. Não passava, com muita freqüência, de um nome de fantasia para oprimir outras pessoas. Moralidade tem a ver com aquilo em que nossos pais acreditam, não com o que pensamos. A maior parte dela parece ser sobre sexo, ou, mais precisamente, sobre por que não se deve praticá-lo. Considerando que, na década de 1960, fazer sexo era uma espécie de obrigação sagrada, assim como usar rímel ou cultuar os antepassados, a moralidade rapidamente cedeu lugar ao estilo. Ou, na verdade, à política. O ético era para a sólida classe média, enquanto o político era o quente.

Ética era para os que problematizavam ir para a cama uns com os outros, não para os tipos políticos. Não que esses não fossem para a cama uns com os outros, apenas não faziam nenhum estardalhaço disso. As chamadas questões morais, tais como roubar ou não um caro volume de Nietzsche da livraria local, poderiam ser resolvidas perguntando-se até que ponto esse ato poderia promover ou retardar a emancipação da classe trabalhadora. Sendo improvável que a retardasse de qualquer forma muito dramática, provavelmente não haveria problema em ir em frente e roubá-lo. Como resultado, estantes inteiras de Nietzsche e Marcuse desapareceram das bibliotecas e livrarias, deixando para trás Walter Scott e a correspondência de Winston Churchill.

Já sugerimos que essa visão da moralidade é equivocada. A moralidade é toda sobre fruição e abundância de vida, e, para o pensamento clássico, ética e política são quase indistinguíveis. Apesar disso, os teóricos culturais não se sentiam à vontade com questões morais porque pareciam saltar do político para o pessoal. Pois não tratava a moralidade de questões como cumprir suas promessas e não transar, em vez de acordos salariais ou concessões de TV? É verdade que a moralidade muitas vezes tem sido uma maneira de abafar questões políticas concretas, reduzindo-as ao pessoal. Na chamada guerra contra o terrorismo, por exemplo, a palavra "mal" realmente significa: "Não procure uma explicação política." É um maravilhoso dispositivo para economizar tempo. Se os terroristas são simplesmente satânicos, então você não precisa investigar o que está por trás de seus brutais atos de violência. Pode ignorar a luta do povo palestino ou a dos árabes que têm sofrido sob sórdidas autocracias de direita apoiadas pelo Ocidente em busca de seus propósitos egoístas, sedentos de petróleo.

A palavra "mal" transfere a questão desse reino mundano para outro sinistramente metafísico. Você pode não reconhecer que os crimes terríveis cometidos por terroristas tenham um propósito subjacente, já que atribuir propósitos a tais pessoas seria reconhecê-las como criaturas racionais, mesmo que desesperadamente equivocadas. É mais fácil caricaturar o inimigo como um bando de bestas sanguinárias enlouquecidas — mas isso é manobra profundamente perigosa, pois, para derrotar um oponente, é preciso primeiro compreendê-lo. Os tablóides britânicos podem ter visto no IRA mais gorilas que guerrilhas, selvagens sem nenhuma justificativa para suas ações, mas o serviço de inteligência inglês sabia mais das coisas. Compreendeu que não faltava um propósito aos assassinatos e massacres republicanos. Na verdade, rotular de louco seu inimigo é, moralmente falando, retirar a acusação e absolvê-lo da responsabilidade por seus crimes.

Definir a moralidade em termos puramente individuais é acreditar, por exemplo, que uma história de abuso e privação emocional não tenha absolutamente nada a ver com um adolescente tornar-se um pequeno criminoso. Os que sustentam esse ponto de vista às vezes argumentam que nem todas as crianças molestadas tornam-se criminosas; mas então nem todos os fumantes desenvolvem câncer de pulmão. Isso não refuta a relação entre as duas coisas. Os valores morais devem ser tão independentes das forças sociais quanto os valores artísticos. Espreitando por trás dessa visão existe o medo de que explicar é desculpar — de que se vai cair numa teoria sentimental e assistencialista da moralidade, desacreditando a realidade da maldade humana.

Todavia quase ninguém acredita que explicar os fatores complexos envolvidos na ascensão de Hitler seja perdoar-lhe os crimes. Hoje, pelo menos, quase ninguém dá crédito a isso, mesmo que pudesse ter sido visto, na época, como crime de pensamento. É, em parte, porque o terrorismo acontece aqui e agora que as explicações políticas são consideradas confortadoras, embora sejam elas que irão, de fato, ajudar a derrotá-lo. Numa versão mais moderada desse ponto de vista, existem certos atos morais que podemos explicar em termos sociais, e uma classe especial de atos conhecidos como maus que não podemos. Estaremos discordando dessa opinião mais adiante.

Apelos à moralidade, como apelos à psicologia, têm sido, com muita freqüência, uma maneira de evitar a discussão política. Os que protestam não têm uma causa, apenas tiveram pais excessivamente indulgentes. Mulheres que contestam os mísseis nucleares estão simplesmente consumidas pela inveja do pênis. Anarquistas são resultado de um treinamento malfeito na fase anal. À luz do pensamento moral clássico, tudo isso é profundamente irônico. Para Aristóteles, como vimos, ética e política estão intimamente relacionados. A ética trata de como alcançar a excelência em ser um humano, algo que ninguém pode fazer isoladamente. Além do mais, ninguém poderá fazê-lo a menos que estejam disponíveis as instituições políticas que tornem isso possível. Foi esse o tipo de pensamento moral herdado por Karl Marx, que muito deve a Aristóteles até em seu pensamento econômico. As questões de Bem e Mal foram falsamente abstraídas de seus contextos sociais, e tiveram que ser reinstauradas neles. Nesse aspecto, Marx era um moralista no sentido clássico da palavra. Acreditava que a investigação moral deveria examinar todos os fatores constituintes de uma ação ou modo de vida específicos, não apenas os fatores pessoais.

Infelizmente, Marx foi um moralista clássico que parecia não ter consciência disso, assim como Dante não tinha consciência de estar vivendo na Idade Média. Como grande número de radicais desde aquela época, Marx pensava, de maneira geral, que a moralidade era apenas ideologia.[36] Por isso cometeu o erro caracteristicamente burguês de confundir moralidade com moralismo. O moralismo acredita que existe um conjunto de questões conhecidas como questões morais, bastante distintas das questões sociais ou políticas. Não vê que "moral" significa explorar a textura e qualidade do comportamento humano tão rica e sensivelmente quanto se possa, e que não se pode fazer isso abstraindo homens e mulheres dos seus contextos sociais. Isso é moralidade como, digamos, o romancista Henry James a compreendia, ao contrário dos que acreditam que ela possa ser reduzida a regras, proibições e obrigações.

Marx, todavia, cometeu o erro de definir a moralidade como moralismo, e por isso, bastante compreensivelmente, a rejeitou. Parece não ter percebido que era o Aristóteles da era moderna. Em nossos dias, o paradigma da moralidade clássica tem sido o feminismo, que insiste, de sua própria maneira, no entrelaçamento do moral e do político, do poder e do pessoal. É nessa tradição, acima de tudo, que o precioso legado de Aristóteles e Marx tem sido aprofundado e renovado. Isso não significa imaginar que o pessoal e o político sejam a mesma coisa. Pode-se superpolitizar, assim como superpersonalizar. A feminista inglesa que, num momento de irritação, certa vez decidiu usar um botão de lapela dizendo "O pessoal

[36]Típicas desse ponto de vista são essas palavras de Fredric Jameson, numa de várias formulações semelhantes encontradas em seu trabalho: "...a ética, onde quer que faça seu reaparecimento, pode ser tomada como sinal de uma intenção de enganar e, em particular, de deixar de lado os julgamentos complexos e ambivalentes próprios de uma perspectiva mais propriamente política e dialética e substituí-los pelas simplificações confortáveis de um mito binário." (*Fables of Agression*, Bekerley e Los Angeles, 1979, p. 56).

é pessoal também, então vá às favas" estava demonstrando precisamente isso. Acontece que a distinção entre o pessoal e o político não é a mesma que entre o moral e o político. E, em nossa época, é o feminismo, acima de tudo, que tem assumido a custódia dessa preciosa compreensão.

Apreender a moralidade como grandes romancistas a entendem é vê-la como uma intrincada textura de nuances, qualidades e finas gradações. Os romances veiculam verdades morais, embora não em qualquer sentido que Oral Roberts[37] ou Ian Paisley[38] pudessem reconhecer. Um romance com uma moral tenderia a ser moralmente desinteressante. "Cachinhos de Ouro" não é a mais profunda das fábulas. Mas isso, como vimos, não é dispensar, de uma vez por todas, regras, obrigações e princípios — que, na verdade, aparecem com freqüência em Henry James. É mais como lhes dar um contexto diverso. Alguns modos de se comportar são tão vitais para o florescimento da vida humana em toda parte, ou, ao contrário, tão danosos, que os cercamos de leis, princípios e obrigações. São parte das fundações[39] que sustentam a vida boa, não fins em si mesmos. Não é que princípios sejam inflexíveis, enquanto o resto de nossa conduta é uma questão empírico-intuitiva. Princípios podem ser flexíveis e, ainda assim, ser princípios. Não é sua inflexibilidade que os distingue do

[37]Oral Roberts (1918-): pregador pentecostal de Oklahoma, fundador de uma igreja, de uma universidade e conhecido como profeta, curador, charlatão e especialista em enriquecimento rápido.

[38]Ian Paisley (1926-): proprietário de uma igreja presbiteriana fundamentalista na Irlanda do Norte, membro do Parlamento europeu e ativo instigador da militância anticatólica. (*N. da T.*)

[39]O inglês usa uma mesma palavra — *foundations* — para indicar tanto fundamentos/princípios quanto fundações/alicerces. A tradução usará as duas formas, mas ambas remetem a *foundations*. (*N. da T.*)

resto de nossa vida, mas a natureza vital do que eles resguardam ou promovem — vital do ponto de vista de fomentar uma abundância de vida. E não se pode fazer isso a menos que se tenha, por exemplo, uma lei proibindo matar injustamente. Toda forma de vida que desabroche terá suas obrigações e proibições. O único problema é que, então, você pode vir a identificar moralidade com as obrigações e proibições, em vez de com o desabrochar.

Essa é, em termos gerais, a posição de São Paulo a respeito da lei mosaica. Ele critica a lei, não porque cometa o erro de presumir que a lei judaica trata apenas de observâncias rituais e proibições legalistas, enquanto os evangelhos cristãos tratam do amor. Sendo ele mesmo um judeu devoto, São Paulo compreende perfeitamente bem que a lei mosaica é a lei do amor e da justiça. Não é só uma comoção neurótica em torno de abluções e dietas. Não era contrário à lei judaica deixar a lei de lado em nome da compaixão humana. A lei contra fazer imagens talhadas de Deus, por exemplo, realmente é uma proibição ao fetichismo. Esculpir um totem de Deus é fazer dele um ídolo ideológico, que você então pode manipular como um dispositivo mágico para forçá-lo a concordar com seus desejos. Para as escrituras judaicas, não se pode fazer imagens de Deus ou mesmo dar-lhe um nome, pois a única imagem de Deus é a humanidade. E a humanidade é igualmente resistente a definição. Um outro fetiche ideológico semelhante é o trabalho, razão para a lei insistir em que homens e mulheres tenham direito a um descanso periódico no sabá. Nada a ver com freqüentar a igreja. Não havia igrejas. Tem a ver com o lazer.

Da mesma forma, a proibição de roubar certamente tem muito pouca relação com a propriedade privada. A maioria dos estudiosos do Velho Testamento hoje concordaria que se tratava, provavelmente, do roubo de pessoas: seqüestro. Muito disso acontecia na época, em boa medida como uma forma de se apossar da força de trabalho constituída por jovens de outras tribos. Os judeus do Velho Testamento não tinham tanta abundância de propriedade privada a ponto de precisarem de um édito especial do Monte Sinai sobre o assunto — ao contrário, por exemplo, do adultério, que estava bem mais em evidência. Honrar seu pai e sua mãe era, quase certamente, sobre como tratar os velhos e os economicamente inúteis da tribo, não sobre a família nuclear. Não existia família nuclear.

A idéia de que os judeus do Velho Testamento eram um bando de legalistas burocráticos é um exemplo de anti-semitismo cristão. Já está presente no episodicamente anti-semita Novo Testamento, que caricatura os fariseus dessa maneira. Os fariseus certamente eram puristas, mas também eram nacionalistas judeus antiimperialistas, simpatizantes dos revolucionários zelotes clandestinos. Grande parte do que Jesus tem a dizer soa como material farisaico padrão — embora ele também praguejasse contra os fariseus com bastante ferocidade, em parte para lançar alguma luz (do dia) entre ele próprio e eles.

Igualmente, não pode haver amor sem lei. Para a tradição judaico-cristã, amor significa agir de certas maneiras concretas, não sentir um suave calor irradiando de seu coração. Significa, digamos, cuidar dos doentes e encarcerados, e não ter um sentimento romântico a respeito deles. Ocasionalmente, tudo isso precisa ser codificado, em parte porque os pobres precisam da lei para sua proteção. Seriam tolos em confiar nos grandes corações de seus caprichosos superiores. O amor é um negócio notoriamente obscuro e complicado, e a linguagem moral é uma tentativa de melhorar o foco sobre o que realmente constitui o amor. A necessidade de amar o próximo não é invenção cristã, mas do Levítico, livro do Velho Testamento. As pessoas não tiveram que esperar pela chegada de um obscuro profeta do século I, provavelmente menos aliciador de multidões que seu mentor João Batista, para começar a ser boas umas com as outras.

As leis têm que ser precisas porque o resultado de imprecisões pode ser a injustiça. Um estuprador pode safar-se caso um legislador tenha sido demasiado vago. Os que negociam com empregadores difíceis fariam bem em conseguir um contrato redigido nos termos os mais exatos possíveis. O espírito das leis nem sempre é preferível à sua letra. Se o Shylock de Shakespeare insiste "desumanamente" na letra de seu contrato é porque, assim fazendo, busca expor a hipocrisia de uma classe dominante cristã que recorreria a qualquer estratagema esfarrapado ou enrolação verbal incongruente para eximir de culpa algum dos seus. O legalismo de Shylock pode denunciar o deles próprios, numa monstruosa paródia. E isso, para um judeu desprezível, não seria pouca coisa.

A exatidão da lei, então, não deve ser lamentada com algum rompante de coração-mole sentimental. Jesus esbraveja contra o legalismo, mas, em sua maior parte, sustenta a lei judaica. É possível que uma das razões para a classe dominante judaica entregá-lo ao poder colonial romano tenha sido não poder aceitar que ele tivesse violado a lei mosaica. A lei precisa ser impiedosamente impessoal, de forma a tratar com equanimidade todos que busquem proteção sob ela. "Privilégio" quer dizer "lei privativa". Tratar as pessoas de uma maneira igual não significa tratá-las como se fossem todas a mesma coisa; significa atender com equanimidade a cada situação individual única. Igualdade significa dar tanto peso à particularidade de um indivíduo quanto à de outro. Veremos, mais adiante, que também no amor existe um tipo semelhante de anonimato inumano.

Acontece que, para São Paulo, a lei realmente é para crianças e noviços. É para os que não são ainda moralmente independentes e que, portanto, precisam ser apoiados por escoras de códigos e censuras. Não desenvolveram ainda o hábito espontâneo da virtude, e ainda vêem a moralidade de forma supersticiosa, como uma questão de ofender ou aplacar alguma autoridade superior. Têm a teoria ética das criancinhas. A lei pode ajudá-los a desenvolver uma autonomia moral desfrutável, mas só terão alcançado isso quando forem capazes de dispensar suas muletas e tomar conta de si mesmos. De forma parecida, sabemos que alguém é fluente em albanês quando é capaz de dispensar o dicionário. Ou podemos ver que a carreira artística de uma pessoa realmente deslanchou quando ela começa a se expandir e improvisar a partir das regras de pintura ou de prosódia que lhe foram ensinadas. Aprender as regras ajuda a intuir quando descartá-las.

Não levou muito tempo até que os teóricos culturais se dessem conta de que não se pode viver totalmente sem um discurso moral. Os que estão no poder político podem ser capazes dessa façanha porque sempre puderam definir seu poder em termos puramente administrativos. A política era assunto técnico da administração pública, enquanto a moralidade era um assunto privado. A política pertencia à sala de reuniões, a moralidade ao quarto de dormir. Isso levou a uma série de salas de reunião imorais e quartos de dormir politicamente opressivos. Por ter sido redefinida como puramente calculista e pragmática, a política tornou-se agora quase que o oposto do ético. Mas, como não chegava a ser descarada o bastante para sacudir fora toda a ética, a política teve que ser conduzida em nome de certos valores morais que, ao mesmo tempo, ela não tinha como não violar. O poder precisava desses valores para emprestar-se legitimidade, mas eles também eram séria ameaça a seus passos. É por isso que talvez estejamos testemunhando a aurora de uma nova época, pós-ética, na qual os poderes mundiais não mais se preocupam em cobrir seus óbvios interesses próprios com uma linguagem enganosamente altruísta, mas, ao invés disso, são insolentemente francos a respeito.

A esquerda política, todavia, não pode definir o político desse modo puramente técnico, já que seu tipo de política emancipadora inevitavelmente envolve questões de valor. Para parte do pensamento de esquerda tradicional, o problema era que, quanto mais você tentasse fortalecer sua agenda política, fazendo dela uma questão científica, materialista, e não um sonho utópico, mais você ameaçava desacreditar os mesmos valores que ela visava realizar. Parecia impossível estabelecer, digamos, a idéia de justiça sobre uma base científica; então, em nome de quê, exatamente, você denunciava o capitalismo, a escravidão e o machismo? Não se pode descrever alguém como oprimido a não ser que se tenha alguma vaga noção de como se pareceria alguém não oprimido, e de por que razão, em primeiro lugar, ser oprimido não é uma boa idéia. E isso envolve juízos normativos, o que faz com que a política fique desconfortavelmente parecida com a ética.

Na maior parte dos casos, a teoria cultural provou-se bastante malsucedida nesse negócio. Tem sido incapaz de argumentar convincentemente contra as pessoas que não acham nada de errado em algemar e maltratar outras. A única razão para ter escapado do problema até agora é que existem poucos desses tipos por aí. Quase todo mundo concorda em que explorar as pessoas é errado. Só que não podem concordar quanto ao que as leva a concordar a respeito disso. Nem podem concordar sobre o que conta como exploração, e isso explica, por exemplo, por que a crítica ao capitalismo ou a crítica feminista ao patriarcado estão longe de ser auto-evidentes. Ver uma situação como abusiva ou exploradora é, inevitavelmente, oferecer uma interpretação para ela. Só a enxergaremos como tal dentro de um determinado contexto de suposições. A opressão não está diante de nossos olhos com a mesma clareza como está uma mancha púrpura.

Quer isso dizer que a opressão é só uma questão de opinião? De modo algum. Discutir se uma situação é ou não anti-semita é discordar quanto a nossas interpretações do que está acontecendo, e não quanto a nossas respostas subjetivas à situação. Não é o caso de vermos juntos o mesmo conjunto de atos físicos moralmente neutros, aos quais você então acrescenta o juízo de valor subjetivo “bom” e eu acrescento o juízo de valor subjetivo “mau”. A linguagem moral não é apenas um grupo de noções que usamos para registrar nossa aprovação ou desaprovação de ações; ela entra na descrição das próprias ações. Se descrevo um ataque anti-semita em termos puramente fisiológicos, não estou enxergando o que realmente aconteceu. Não podemos descrever o que há aí de concreto sem recorrer às crenças e motivações que isso envolve. Da mesma forma, não poderíamos descrever para um observador que nada saiba sobre crianças o que estava acontecendo quando uma criancinha tomou um brinquedo da outra, a menos que recorrêssemos a conceitos como inveja, rivalidade e ressentimento. E esse é um dos sentidos em que a linguagem moral não é apenas subjetiva.

O radical tem duas maneiras de responder a por que a exploração é errada, nenhuma das quais parece assim tão fascinante. Você pode virar universal, e falar sobre o que pertence à dignidade humana como espécie; ou pode virar local, e ver idéias de liberdade e justiça como brotando de tradições que, apesar de puramente culturais e históricas, ainda assim exercem uma força coercitiva sobre nós. O problema com a primeira abordagem é que parece jogar fora a História, e, com a segunda, é que parece investir demasiadamente pouco nela. A primeira parece geral demais para ser de alguma utilidade, enquanto a segunda incorre nos problemas usuais do relativismo moral. E se a sua tribo ou tradição, como a de Aristóteles, não acha nada de errado com a escravidão? Isso a torna aceitável? É correto para você sustentar que a vingança é imoral, mas aceitável que seus súditos coloniais não pensem assim? Será que eles simplesmente não são capazes de ideais tão elevados? Tratar-se-ia de compreender os canibais, ao invés de mudá-los? Se assim é, por que não se aplica o mesmo aos traficantes de drogas?

De modo geral, a teoria cultural tem sido categoricamente evasiva a respeito dessas questões, nas raras ocasiões em que conseguiu formulá-las. Mas o período em que isso foi mais ou menos aceitável pode estar chegando ao fim. Nesse momento, tipos pragmáticos de justificação moral são populares no Ocidente. Acreditamos, por exemplo, na liberdade de expressão ou na inevitabilidade de um certo grau de desemprego por ser isso parte de nossa herança cultural. É uma herança inteiramente contingente, sem nenhum suporte metafísico; mas assim também é, pela mesma lógica, o jeito alternativo de você fazer as coisas. Se não podemos dar força absoluta a nossos valores, você não pode oferecer nenhum argumento arrasador contra eles. Num certo sentido, fazemos o que fazemos porque fazemos o que fazemos. Depois de um período suficientemente longo, a História torna-se sua própria justificativa, como Edmund Burke insistiu ao defender o Império Britânico e a Câmara dos Lordes. Costume e prática são os melhores argumentos que existem.

Esse tipo de caso, associado não só a conservadores românticos como Burke, mas também a filósofos pós-modernos como Richard Rorty, tem servido toleravelmente bem à civilização ocidental nesses tempos pós-metafísicos. Mas sua hora, apesar de tudo, pode estar prestes a soar. Pois, primeiro, torna-se cada vez mais difícil justificar sua forma de vida em termos tão cômodos e extemporâneos quando ela já desembocou numa nova fase extremista e globalmente agressiva. O governo dos Estados Unidos está, neste momento, nas mãos de extremistas e fundamentalistas semifanáticos, e isso não se deve, de forma alguma, a ter sido tomado de assalto pela Al-Qaeda. E, mais ainda, torna-se crescentemente difícil para os intelectuais justificar uma forma de vida cada vez mais relaxada e menos preocupada com justificar-se a si mesma. Não faz muito tempo, a civilização ocidental recorria a várias doutrinas solenes e altissonantes para legitimar algumas de suas atividades mais sombrias: a Vontade de Deus, o Destino do

Ocidente, o Fardo do Homem Branco.[40] O embaraçoso para esses ideais era que entravam grotescamente em conflito com aquilo em que as pessoas estavam realmente engajadas. Abriu-se um fosso de credibilidade entre fato e valor, difícil de ser disfarçado. Na prática, o capitalismo fica inquieto com todas as restrições; no entanto, tradicionalmente, tem ocultado aquele impulso anárquico sob códigos morais restritivos.

À medida que o capitalismo ocidental embarca em sua fase pós-metafísica, esses códigos começam a perder credibilidade. O mesmo clima secular, pragmático, que o próprio capitalismo criou empresta a tais códigos o tom vazio e clerical de um sermão sobre por que Deus permite o genocídio. A hipocrisia altissonante começa a dar lugar ao auto-interesse arrogantemente explícito. Códigos morais estritos começam a relaxar à medida que a sólida reputação da classe média vai se tornando coisa do passado e moralidades e maneiras começam a refletir um mundo bidimensional de desvios, cinismo e autogratificação. Valores morais que determinam o que você deve fazer são impressionantemente idealistas, mas, numa medida excessiva, estão ostensivamente em conflito com seu comportamento; valores morais que reflitam o que você realmente faz são muito mais plausíveis, mas somente ao preço de não mais servir para legitimar sua atividade.

Em todo caso, enquanto o sistema ocidental em seu estágio pós-Guerra Fria achava-se cada vez menos constrangido

[40]Alusão a um poema de Rudyard Kipling puolicado em 1889, *The White Man's Burden: The United States and the Philippine Islands*, e assim comentado por Roosevelt (quando ainda senador) ao enviá-lo para seu colega Henry Cabot Lodge: "bem ruim como poesia, mas faz bastante sentido do ponto de vista da expansão." Na íntegra em http://www.fordham.edu/halsall/mod/Kipling.html (*N. da T.*)

por um adversário político, foi sendo capaz de expandir e intensificar suas atividades de forma que as tornaram mais difíceis de ocultar sob um manto de humanitarismo ou altruísmo global. Havia também menos críticos perante os quais ele precisasse se justificar. Ao mesmo tempo, entretanto, o surgimento de um adversário metafísico do Ocidente, na forma do Islã fundamentalista, significa que o Ocidente, afinal, vai ter que fazer mais do que alegar que uma certa aversão pelo autoritarismo ou o "ajeitar" a contabilidade de corporações gigantescas simplesmente são o tipo de coisas pelas quais se interessa. Quanto mais predatório e corrupto se torna o capitalismo, menos facilmente pode montar defesas convincentes de seu estilo de vida; ainda assim, tendo em vista o aumento da hostilidade política motivado por suas crescentes ambições, mais urgente ainda se torna fazê-lo. No entanto tais apelos a valores fundamentais podem ficar difíceis de distinguir do tipo de fundamentalismo que o Ocidente está em campo para combater. Assim, uma das maneiras como seus inimigos podem mostrar-se vitoriosos é transformando o capitalismo ocidental, inexoravelmente, numa imagem especular deles mesmos — usando para isso, ironicamente, o próprio ato de o Ocidente lutar para se opor a eles.

Quando a teoria cultural finalmente conseguiu abordar questões éticas, isso aconteceu, surpreendentemente, de um jeito um tanto kantiano. Isso é surpreendente, pois o pensamento moral de Kant é absolutista de uma forma que conflita com a tendência de grande parte da teoria contemporânea. O clima austero da ética kantiana dificilmente vai bem com o tom jocoso e hedonista do pensamento pós-moderno. (É verdade, no entanto, que parte dessa teoria conseguiu até mesmo converter o lúdico numa coisa solene, cerebral e ligeiramente intimidante.) O tipo de teoria cultural que começou finalmente a emergir em trabalhos de críticos e filósofos como Paul de Man, Emmanuel Levinas, Jacques Derrida, Jean-François Lyotard e J. Hillis Miller foi uma misteriosa, incognoscível lei moral, incorporada para nós em algum Outro que nos confronta com uma demanda absoluta e incondicional e produz em nós um sentido igualmente infinito de responsabilidade.[41]

Nesse modo de ver, os juízos morais existem, mas carecem de qualquer tipo de critério ou base racional. Não há mais relação alguma, como havia para Marx ou Aristóteles, entre como é o mundo e como deveríamos agir nele, ou entre como somos e o que deveríamos fazer. Dado que, para esses pensadores, os modos como nós e o mundo somos são nenhum modo em particular, não podem servir como base para um julgamento moral. Coerentemente, tais julgamentos são deixados suspensos no ar, demandados de nós de uma maneira aparentemente gratuita por alguma Lei sublimemente enigmática ou por algum Outro. Para Jacques Derrida, a ética é uma questão de decisões absolutas — decisões que são vitais e necessárias, mas também radicalmente "impossíveis", e que ficam fora de tudo que se tem como normas dadas, formas de conhecimento e modos de conceituação.[42] Pode-se apenas desejar que ele não esteja no júri quando nosso caso for a julgamento.

[41]Para uma descrição dessa versão da ética, ver Terry Eagleton, "Deconstruction and Human Rights", em Bárbara Johnson (org.), *Freedom and Interpretation*, Nova York, 1993.

[42]Ver Jacques Derrida, "Donner la mort", em Jean-Michel Rabaté e Michael Wetzel (orgs.), *L'Etique du don, Jacques Derrida et la pensée du don*, Paris, 1992.

Podemos notar, de começo, como é *impositiva* essa concepção de moralidade, em todos os sentidos da palavra. Ela reelabora, numa linguagem nova, a idéia bastante antiquada, e hoje em dia muito atacada, de que a moralidade trata principalmente de imposição ou obrigação. Mas é também impositiva no sentido de ser sublime, edificante, elevada. Ela esquece, em outras palavras, a pura banalidade do ético. Como se se tratasse de algum pensamento religioso, vê a ética mais em relação ao eterno do que à vida diária. O ético é um reino privilegiado onde o Outro volta sua face luminosa para nós e nos apresenta alguma inescrutável, mas inelutável, exigência. É uma ética banhada numa aura de religiosidade — numa retórica religiosa que, apesar disso, tem esvaziado a linguagem da religião de quase todo significado determinado. Ela se apossa do halo desse pensamento enquanto descarta, simultaneamente, o conteúdo desprestigiável, como Matthew Arnold e F. R. Leavis[43] também fizeram em seus dias.

A visão da ética no Novo Testamento, ao contrário, é distintamente irreligiosa. O evangelho de Mateus fala da segunda vinda de Jesus, começando com a familiar, comum e corrente imagética do Antigo Testamento, com seus anjos, tronos e nuvens de glória. O efeito, entretanto, é o de um anticlímax cuidadosamente forjado. A salvação acaba se resumindo a um enfadonho negócio material de alimentar os famintos, vestir os nus e visitar os doentes. Em típico estilo judaico, a salvação é um assunto ético, e não cultual. Ela levanta a questão de se você procurou proteger os pobres contra a violência

[43]Matthew Arnold (1822-1888): poeta e principal crítico literário de sua geração. Frank Raymond Leavis (1895-1978): controvertido crítico literário. Um perfil de sua produção intelectual está em http://www.newcriterion.com/archive/14/jan96/dean.htm (*N. da T.*)

dos ricos, e não a de quão escrupuloso tem sido na observação dos rituais. É, basicamente, um assunto biológico. Até mesmo o céu é algo meio desapontador. O Novo Testamento também adota uma atitude bastante relaxada sobre sexo, e tem uma imagem notavelmente imprecisa da família.

Dizer que a moralidade é basicamente um assunto biológico é dizer que, em última análise, e como tudo o mais a nosso respeito, ela está enraizada no corpo.[44] Como observa Alasdair MacIntyre: "A identidade humana é, primariamente, se não exclusivamente, corporal, e, portanto, é identidade animal."[45] É o corpo mortal, frágil, sofredor, extático, necessitado, dependente, desejoso e compassivo que fornece a base para todo pensamento moral. O pensamento moral reintroduz o corpo em nosso discurso. Friedrich Nietzsche sustentava que eram essencialmente animais as raízes da justiça, prudência, bravura e moderação, como, de fato, era todo o fenômeno da moralidade. Nesse sentido, a ética assemelha-se à estética, que começou a vida em meados do século XVIII não como uma linguagem sobre a arte, mas como um modo de investigar a experiência corporal. O século XVIII, com seus cultos do sentimento e da sensibilidade, compreendeu, de sua maneira extravagante, que o falar moral era basicamente falar do corpo. O culto da sensibilidade desenvolveu uma linguagem que podia lidar, no mesmo alento, com o moral e o material, simpatia e o sistema nervoso. Falar de derreter,

[44]O repúdio ao biológico como o domínio próprio da ética, tal como feito por Alain Badiou, é um dos aspectos mais questionáveis do seu — de outras formas, sugestivo — *Ethics: An Essay on the Understanding of Evil*, Londres e Nova York, 2001.

[45]Alasdair MacIntyre, *Dependent Rational Animals*, Londres, 1998, p. 8.

suavizar, desmaiar, palpitar, excitação e estimulação pairava ambiguamente entre o físico e o espiritual. O século XIX, ao contrário, foi muito mais "elevado" a respeito de todo o assunto.

É por causa do corpo, e não, em primeiro lugar, por causa de uma abstração iluminista que podemos falar da moralidade como sendo universal. O corpo material é o que compartilhamos de forma mais significativa com todo o resto da nossa espécie, estendida tanto no tempo como no espaço. Por certo, é verdade que nossas necessidades, desejos e sofrimentos são sempre culturalmente específicos. Mas nossos corpos materiais são tais que, em princípio, são capazes de sentir compaixão por quaisquer outros pertencentes à mesma espécie — e, na verdade, têm de ser assim. É nessa capacidade de ter sentimento para com o semelhante que os valores morais se fundam; e isso se baseia, por sua vez, na nossa dependência material uns dos outros. Os anjos, se existissem, não seriam seres morais em nenhum sentido que se parecesse com o nosso.

Aquilo que pode nos persuadir de que certos corpos humanos carecem de todo apelo à nossa compaixão é a cultura. Considerar alguns de nossos semelhantes humanos como inumanos requer um razoável grau de sofisticação cultural. Significa ter que literalmente desconsiderar o testemunho de nossos sentidos. Isso, de qualquer forma, deveria fazer hesitar aqueles para quem "cultura" é, instintivamente, um termo afirmativo. Há um outro sentido no qual a cultura pode interpor-se entre corpos humanos, conhecido como tecnologia. A tecnologia é uma extensão dos nossos corpos que pode embotar nossa capacidade de sentir uns pelos outros. É simples destruir outros de uma grande distância, mas não quando você tem que ouvir os gritos. A tecnologia militar cria a morte, mas destrói a experiência dela. É mais fácil disparar um ataque de mísseis que varrerá milhares de vidas do que atravessar as vísceras de uma única sentinela. A morte sem dor que as vítimas sempre almejaram agora é também exaltada pelos perpetradores. A tecnologia faz nossos corpos mais flexíveis e capazes, mas, de algumas maneiras, menos prontos a responder. Reorganiza nossos sentidos para maior agilidade e multiplicidade, mais do que para profundidade, persistência ou intensidade. Marx considerava que, ao transformar até mesmo nossos sentidos em mercadorias, o capitalismo nos havia espoliado de nossos corpos. Em sua opinião, precisaríamos de uma considerável transformação política para voltar aos nossos sentidos.

Traçar paralelos entre humanos e outros animais costumava ser desagradável para humanistas, que insistiam no abismo intransponível entre os dois. Hoje em dia isso é inaceitável para os culturalistas. Os culturalistas diferem dos humanistas na rejeição à idéia de uma natureza humana, ou essência; mas estão lado a lado quando sustentam uma distinção marcante entre linguagem e cultura, de um lado, e a natureza bruta, estúpida, de outro. Alternativamente, permitem à cultura colonizar a natureza de ponta a ponta para que a materialidade se dissolva em significado. No canto oposto tanto a humanistas quanto a culturalistas estão os chamados naturalistas, que sublinham os aspectos naturais da humanidade e vêem uma continuidade entre os humanos e outros animais.

De fato, o elo entre o natural e o humano, o material e o significativo, é a moralidade. O corpo moral, por assim dizer, é o ponto de convergência de nossa natureza material, do significado e do valor. Culturalistas e naturalistas, cada qual num extremo, deixam de perceber essa convergência, seja menosprezando ou superestimando a continuidade entre os humanos e as criaturas suas semelhantes. Numa coisa os culturalistas têm razão: a aquisição da linguagem envolve um salto quântico que transfigura todo o nosso mundo, incluindo o mundo de nossos sentidos. Não se trata apenas de ser um animal com uma vantagem lingüística. E, sem dúvida, Alasdair MacIntyre também está certo ao insistir que, mesmo como seres culturais, "permanecemos individualidades animais com identidades animais".[46] Entre o não-lingüístico e o lingüístico há o que se poderia chamar continuidade transformativa, parecida com a que houve entre a corte de Carlos I e a de Guilherme III, ou entre Baudelaire e T. S. Eliot.

Somos animais universais, então, por causa do tipo de corpos com que nascemos. As doninhas são bem mais provincianas. Por seus corpos não estarem equipados para uma produção e comunicação complexas, estão mais limitadas por sua existência sensorial do que nós. Como os bobos da aldeia ou os policiais do bairro, são seres essencialmente locais. Isso não é, de forma alguma, uma razão para tratá-las de forma condescendente. As doninhas parecem se dar muito bem em sua maneira provinciana, e são, sem dúvida, esplêndidas criaturas em todos os aspectos. Por estarem mais ou menos confinadas à vida imediata de seus sentidos, não são dadas a empreendimentos abstratos tais como construir mísseis Cruise e atirá-los com perícia umas contra as outras, a não ser que estejam sendo notavelmente dissimuladas. É verdade que os animais "superiores", mais inteligentes, podem ficar mais li-

[46]Ibid. p. 49.

vres de seus sentidos e estender seu alcance para além dos próprios corpos; mas podem fazer isso numa medida ainda muito limitada quando comparadas com o que fazem bestas que manejam signos, como nós. A vida das doninhas é muito mais tediosa que a nossa, mas, por isso mesmo, menos precária. Por nossos corpos serem como são, podemos, em princípio, entrar em comunicação com virtualmente qualquer membro da nossa espécie, e de formas muito mais ricas e profundas do que o mero contato físico.

"Em princípio" é, com certeza, uma ressalva vital aí. *Grosso modo*, são a cultura e a política que tornam difícil — e, algumas vezes, impossível — essa comunicação. A cultura é nossa fonte primária de divisão, como Robert Musil sardonicamente assinala em seu romance *O homem sem qualidades*: "É verdade que eles se batiam nas cabeças e cuspiam um no outro, mas assim faziam apenas devido a considerações culturais superiores..." Hoje em dia, aqueles para quem cultura é uma dessas palavras vazias na moda, ou que inequivocamente celebram a diferença cultural, deveriam se lembrar de quão mais pacífica a história humana quase certamente poderia ter sido caso as diferenças culturais não tivessem surgido em cena e se o mundo tivesse sido povoado quase que exclusivamente por chineses *gays*.

Afirmar, como faz Marx, que indivíduos humanos dividem uma natureza ou espécie em comum é afirmar, por exemplo, que eles podem brigar e conspirar, matar uns aos outros por razões culturais e políticas e discordar violentamente. Isso, então, é o que significa quão aconchegante é partilhar uma natureza com outros. Não temos rixa com as doninhas. Nossas necessidades podem, às vezes, entrar em conflito com as delas, como quando destruímos seus hábitats naturais mandando tratores para abrir uma pista de alta velocidade através deles; mas, como não podemos conversar sobre isso com elas, não se pode dizer que discordemos. As doninhas não podem afirmar sua diferença com relação a nós. Não têm o conceito de diferença. Somente alguém com quem você pode se comunicar pode afirmar suas diferenças com relação a você. O conflito só é possível dentro de algum marco de referência comum. Socialistas e capitalistas, ou feministas e patriarcalistas não entram em séria discordância se estão simplesmente falando sobre coisas diferentes. A diferença pressupõe afinidade.

No entanto, a natureza humana compartilhada que possibilita conflitos assassinos também possibilita a solidariedade. Não se pode celebrar solidariedade com uma doninha. Seu corpo é simplesmente demasiado diferente do nosso e, portanto, assim também são as coisas com que ela se ocupa. Você pode sentir simpatia pelas doninhas, especialmente se algum semelhante humano está determinado a acabar com elas; mas não pode começar um relacionamento profundamente gratificante e mutuamente satisfatório, pelo menos se quiser poupar-se de uma porção de visitas enervantes a psiquiatras.

Corpos humanos são do tipo que só pode sobreviver e florescer através da cultura. A cultura é o que nos é natural. Sem ela, morreríamos rapidamente. Por nossos corpos serem materialmente equipados para a cultura — visto que significado, simbolismo, interpretação e similares são essenciais para o que somos —, podemos entrar em acordo com os de outras culturas de um modo que não nos é possível conseguir com as doninhas. Por não podermos falar com as doninhas, suas vidas estão eternamente isoladas das nossas. Podemos observar o que fazem, mas não sabemos como elas mesmas fazem sentido disso. E pelo menos um filósofo sustentou que, mesmo que esses animais falassem, não seríamos capazes de entender o que disseram[47], justamente porque seus corpos e, conseqüentemente, suas práticas materiais diferem tão radicalmente das nossas. Uma doninha não tem nosso tipo de "alma". Como sabemos disso? Observando o que ela faz. Por exemplo, não se poderia dizer que tenha uma "alma" humana um corpo que não é constituído de modo a poder engajar-se em complexa produção material. As doninhas simplesmente não têm patas apropriadas para isso.

Essa talvez não seja a maior das tragédias a confrontar a humanidade moderna. Existem questões mais prementes com que nos preocuparmos do que o eterno silêncio das doninhas. O ponto, todavia, é que humanos de culturas muito diferentes da nossa são, em princípio, mais acessíveis do que o nosso adorável e fiel cachorro. Isso é assim, em parte, por compartilharmos com eles apenas o fato de também serem criaturas culturais como nós. Ser uma criatura cultural pressupõe toda uma série de práticas compartilhadas. Mas é também porque o tipo de comunicação que podemos estabelecer com os de culturas diferentes, quaisquer que sejam os obstáculos entre nós, é incomparavelmente mais rico do que nossas transações com criaturas não-lingüísticas. A própria palavra "compreensão" transforma-se quando deixamos de falar dos cachorros e passamos, em vez disso, a falar de sicilianos.

Compare, então, essa idéia materialista de universalidade, baseada em nossos corpos, com o familiar bicho-papão

[47]Refere-se a Ludwig Wittgenstein, em *Investigações filosóficas*: "Se um leão pudesse falar, nós não o poderíamos compreender." (*N. da T.*)

daquela universalidade mascateada pelos pós-modernistas. Segundo eles, universalidade é uma conspiração ocidental que especiosamente projeta nossos valores locais sobre o globo inteiro. Muito disso acontece de fato. Na verdade, no momento em que escrevo, essa imitação barata de universalismo é conhecida como George Bush. O preço que o Ocidente agora exige de culturas mais pobres e fracas, que simplesmente querem sobreviver, é que elas apaguem suas diferenças. Para florescer, você precisa, de modo geral, deixar de ser quem é. Mas é significativo que, quando pós-modernistas voltam o pensamento para a universalidade, eles a enxerguem, antes de tudo, em termos de valores e idéias. O que acontece de ser justamente a maneira como George Bush também a vê. Essa é uma concepção idealista, e não materialista, da universalidade.

Num certo sentido, a universalidade é hoje um fato material. O propósito do socialismo foi traduzir esse fato em um valor. A circunstância de nos termos tornado uma espécie universalmente comunicativa — um dado que, de modo geral, temos que agradecer ao capitalismo — deveria lançar as bases de uma ordem global na qual as necessidades de cada indivíduo pudessem ser satisfeitas. A aldeia global deve tornar-se a comunidade cooperativa. Mas isso não é apenas uma prescrição moral. "Deve" implica "pode": os mesmos recursos que viabilizaram uma existência global também tornaram possível, em princípio, uma nova forma de existência política. Tal vida, como os marxistas tradicionalmente insistiram, não é mais um sonho inconseqüente, como teria sido em 1500. Justamente por causa das tecnologias desenvolvidas pelo capitalismo, agora temos a base material sobre a qual poderia ser realizado. De fato, se não o realizarmos, poderemos terminar sem base material nenhuma. Uma vez que qualquer um possa se engajar na ação política, munido de suficientes bens espirituais e materiais, podemos esperar que prosperem o conflito, a discussão, a diferença e o dissenso. Pois haveria, entre outras coisas, muito mais pessoas capazes de articular seus pontos de vista e obter uma audiência pública. A situação seria exatamente o oposto de uma utopia analgésica.

Tipos espúrios de universalidade insistem em que somos todos iguais. Mas, do ponto de vista de quem? Eles erradicam as diferenças, mas apenas para reinstaurá-las como conflitos. Erradicar diferenças é um negócio violento, e aqueles cujas identidades são ameaçadas por isso tendem a responder na mesma moeda manchada de sangue. Tipos genuínos de universalidade, entretanto, compreendem que a diferença faz parte de nossa natureza. Não é o oposto dela. O corpo pode ser o modo fundamental como pertencemos uns aos outros, mas é também o modo como somos, cada um, peculiarmente individuados. Encontrar um outro corpo humano é, assim, encontrar, indissociavelmente, tanto a identidade quanto a diferença. O corpo do outro é, ao mesmo tempo, estranho e familiar. É justamente o fato de podermos nos relacionar com ele que sublinha sua alteridade. Outras coisas no mundo não nos são estranhas no mesmo sentido, de forma alguma.

A individuação é uma das atividades próprias de nossa espécie. É uma prática, não uma condição dada. É algo que fazemos, nos mesmos meios que compartilhamos, à medida que negociamos uma identidade única para nós mesmos. Ser um ser humano individual não é como ser um pêssego individual. É um projeto que temos que realizar. É uma autonomia que forjamos para nós a partir de nossa existência compartilhada, sendo, portanto, uma função da nossa dependência, mais do que uma alternativa a ela. Nossa vida como espécie é tal que nos torna capazes de estabelecer uma relação única com ela, conhecida como identidade pessoal. Matéria é sempre uma coisa particular: é sempre este pedacinho específico da coisa, não apenas uma coisa qualquer, velha. A palavra "específico" significa tanto peculiar quanto "da espécie".

Para a teoria cultural de hoje, toda essa conversa propriamente zoológica sobre seres humanos como uma espécie natural é profundamente suspeita. Desde que o humanismo — a crença no *status* peculiar dos seres humanos na Natureza — deixou de estar tão na moda, a tarefa de resguardar a supremacia humana passou para o culturalismo. O culturalismo é a forma de reducionismo que enxerga tudo em termos culturais, assim como o economicismo enxerga tudo em termos econômicos. Fica, então, desconfortável com a verdade de que somos, entre outras coisas, objetos materiais naturais ou animais, e insiste, em vez disso, em que nossa natureza material é culturalmente construída.

Converter o mundo todo em cultura é uma forma de desafiançar sua independência de nós e, assim, repudiar a possibilidade de nossa morte. Se o mundo depende, para sua realidade, de nosso discurso sobre ele, então isso parece conferir ao animal humano, qualquer que seja seu grau de "centramento", uma imponente centralidade. Faz nossa existência parecer menos contingente, mais ontologicamente sólida e, assim, menos sujeita à mortalidade. Somos os preciosos guardiões do significado, já que somos tudo o que se interpõe entre a realidade e o caos absoluto. Somos nós que damos voz às coisas mudas que nos cercam. O culturalismo, é claro, tem razão em que um evento natural como a morte pode ser significado em uma miríade de estilos culturais. Mas, como quer que seja, morremos. A morte representa a vitória final da Natureza sobre a Cultura. O fato de ser culturalmente significada não a impede de ser uma parte não-contingente de nossa natureza de criaturas. O necessário é nosso perecer, e não nosso atribuir significados. As coisas mudas que nos cercam estavam indo perfeitamente bem antes de acontecer nossa entrada em cena. De fato, àquela época, não tinham nada de mudas, já que somos nós apenas que as definimos como não falantes. A morte, todavia, que traça um intolerável limite à vontade onipotente, é um evento excessivamente indecente para ser muito comentado na sociedade (os Estados Unidos) da qual brota grande parte do pensamento culturalista, o que pode ser uma das razões de tal pensamento prosperar lá.

Os culturalistas temem que, a menos que continuemos nos relembrando de que somos animais culturais, vamos recair no insidioso hábito de "naturalizar" nossa existência, tratando-nos como seres inalteráveis. Daí seus protestos contra o essencialismo, que teria sido muito recomendado por decanos do pensamento burguês tais como John Locke e Jeremy Bentham. Na verdade, pode-se ser tão essencialista com relação à cultura quanto com relação à Natureza. De qualquer modo, esse caso às vezes pressupõe que toda permanência é objetável e toda mudança desejável, o que é absurdo. Existem muitos aspectos razoavelmente permanentes da existência humana pelos quais temos motivos para ser gratos, e muitos tipos de mudança que são destrutivos.

A mudança não é desejável em si mesma, o que quer que possam pensar os advogados pós-modernos da plasticidade perpétua. Tampouco é indesejável por si mesma. Pode-se ficar comovido pelo *pathos* lacônico do lamento de W. B.

Yeats: "O homem ama, e ama o que desvanece; que mais há a dizer?" Ainda assim, há muitas coisas, da peste ao patriarcado, que não podem desvanecer tão rápido quanto deveriam. Existem também muitos e muitos aspectos da nossa condição que, de fato, não podemos mudar, mas isso não é razão para termos que nos sentir especialmente abatidos. Que os seres humanos sejam sempre e em toda parte animais sociais é um fato imutável, mas não propriamente trágico. Há muita permanência que deve ser celebrada. A longa tradição de que acadêmicos acima dos cinqüenta anos não sejam automaticamente exonerados é causa de regozijo para alguns de nós, se não para outros. Em todo caso, se alguma ideologia faz com que o histórico pareça natural, isso de forma alguma ocorre com todas as outras. Algumas fazem justamente o oposto, triunfalmente fazendo a Natureza parecer mera argila em nossas mãos.

É extraordinário que cidadãos do mundo ocidental contemporâneo tenham imaginado que negligenciar a mutabilidade das coisas é um dos grandes riscos que corremos. Pelo contrário, há mudança em excesso à nossa volta, não de menos. Estilos de vida inteiros são varridos da noite para o dia. Homens e mulheres atropelam-se freneticamente para poder adquirir novas habilidades, sob pena de serem jogados no monte de refugos. Tecnologias ficam obsoletas ainda na infância, e corporações monstruosamente inchadas ameaçam implodir. Tudo que é sólido — bancos, planos de aposentadoria, tratados antiatômicos, obesos magnatas da imprensa — desmancha-se no ar. Identidades humanas são descartadas, reformadas, experimentadas para ver se servem, levantadas e olhadas de um ângulo divertido, e extravagantemente desfiladas nas passarelas da vida social. Em meio a essa perpétua agitação, como é, próprio da meia-idade, para ser um socialista é poder parar para tomar fôlego.

O corpo, esse inconveniente lembrete da mortalidade, é depilado, perfurado, gravado, socado, bombeado, encolhido e remodelado. A carne se converte em signo, barrando o momento em que irá sucumbir na pura insignificância pornográfica de um cadáver. Corpos mortos são indecentes e proclamam com embaraçoso candor o segredo de toda a matéria: ela não tem nenhuma relação óbvia com o significado. O momento da morte é o momento em que o significado escorre de nós. O que parece uma celebração do corpo, então, pode encobrir um virulento antimaterialismo — um desejo de recolher essa coisa crua e perecível e lhe dar formas menos corruptíveis de arte ou de discurso. A ressurreição do corpo retorna sob a forma de sala de tatuagem e consultório do cirurgião plástico. Reduzir esse turbulento material a mera argila em nossas mãos é uma fantasia de domar o indomável. É um repúdio à morte, uma recusa do limite que é nós mesmos.

O capitalismo também, com todo o seu crasso materialismo, é secretamente alérgico à matéria. Nenhum objeto específico pode satisfazer seu voraz apetite, enquanto procura sem descanso, passando de um para outro, reduzindo cada um a nada na busca ruinosa de seu desejo último. Apesar de seu caso de amor com a matéria, sob a forma de vilas toscanas e conhaques duplos, a sociedade capitalista abriga um ódio secreto de tudo que é material. É uma cultura injetada de fantasia, idealista até o cerne, potenciada por uma vontade desencarnada que sonha em fazer a Natureza em pedaços. Faz da matéria um ídolo, mas não consegue engolir a resistência que ela oferece aos seus esquemas grandiosos.

Com certeza, não é nenhum crime tatuar seus bíceps. Há muito o Ocidente acredita em moldar a Natureza aos seus próprios desejos; só que isso era conhecido como o espírito pioneiro, e hoje em dia se conhece como pós-modernismo. Domar o Mississípi e pôr um *piercing* no umbigo são apenas as versões antiga e recente da mesma ideologia. Tendo moldado a paisagem segundo nossa própria imagem e semelhança, começamos agora a nos refabricar. À engenharia civil juntou-se a cirurgia cosmética. Mas pode haver razões mais e menos louváveis para você perfurar o umbigo. A razão mais louvável é que é divertido; a razão menos digna de louvou é que isso pode envolver a crença de que, assim como sua conta bancária, seu corpo é seu para fazer o quiser com ele. Pode haver excelentes razões para exibir um abutre em seu peito ou um pino de aço atravessado no nariz, mas essa não é uma das louváveis.

"Personalizar" o corpo pode ser uma forma de negar sua impessoalidade essencial. Essa impessoalidade está no fato de ele pertencer à espécie, antes de a mim; e há alguns aspectos do corpo da espécie — morte, vulnerabilidade, doença e similares — que podemos preferir lançar ao esquecimento. Mesmo então, não há nenhum sentido muito coerente em que eu possa dizer que meu corpo pertence a mim. Não é uma posse, como no caso de um barrete escarlate ou um telefone celular. Quem seria o possuidor? Soa estranho chamar "posse" algo que nunca adquiri e nunca poderia alienar. Não sou o proprietário das minhas sensações. Ter uma pontada de dor não é como ter um boné de *tweed*. Eu poderia lhe dar meu boné, mas não minha dor. Posso chamar meu corpo "meu", mas isso é para marcar a diferença entre meu corpo e o seu, não para indicar que sou o dono dele. Não há empresariado privado quando se trata de carne e sangue.

O corpo é o signo mais palpável que temos da existência humana como nos sendo dada. Não é algo que consigamos escolher. Meu corpo não é uma coisa com a qual decidi andar por aí, como uma peruca. Não é, de modo algum, algo em que eu esteja "dentro". Ter um corpo não é como estar dentro de um tanque. Quem seria esse "eu" desencarnado dentro dele? É mais como ter uma linguagem. Ter uma linguagem, como vimos, não é como estar preso num tanque ou num calabouço; é uma maneira de ser em meio a um mundo. Estar do "lado de dentro" de uma linguagem é ter um mundo aberto para você e, assim, estar do "lado de fora" ao mesmo tempo. O mesmo é verdade para o corpo humano. Ter um corpo é uma maneira de relacionar-se com o mundo, não uma maneira de estar separado dele por um muro. Seria estranho reclamar que eu poderia abordar melhor as coisas se pelo menos pudesse sacudir fora minha carne. Seria como reclamar que eu poderia falar melhor com você se pelo menos essa coisa rude e ineficiente chamada fala não se atravessasse no caminho.

O fato de meu corpo não ser uma de minhas posses não dá a você carta branca para invadi-lo. Você também não o pode possuir. Mas isso não se deve ao fato de eu haver chegado lá antes, como se fosse um lucrativo pedaço de terra que eu tivesse reivindicado primeiro. Parte da questão dos corpos é sua anonimidade. Somos íntimos dos nossos corpos, mas não os podemos apreender como um todo. Há sempre uma espécie de "lado de fora" do meu corpo que só posso ver rapidamente, de esguelha. O corpo é meu modo de estar presente para outros de maneiras que tendem, em parte, a me escapar. Escorrega por entre meus dedos, assim como quando se obstina em sua tenaz lógica material diante de meus esquemas arrogantes. De todas essa maneiras, sua mortalidade é revelada — pois nada é, ao mesmo tempo, mais íntimo e mais estranho a nós que a morte. Minha morte é minha morte, já secretada em meus ossos, furtivamente agindo em meu corpo; ainda assim, salta sobre minha vida e a extingue, como se vinda de outra dimensão. É sempre prematura.

A impessoalidade do corpo está relacionada ao anonimato do amor. Amor aqui tem o sentido tradicional de *agape* ou caridade, não o sentido empobrecido que o restringe à variedade erótica ou romântica da coisa. Precisamos de um termo entre a intensidade de "amor" e o bem mais frio "amizade", e o fato de não o termos é provavelmente significativo. O amor não é um respeitador de pessoas. É impiedosamente abstrato, pronto a atender às necessidades de qualquer velho corpo. Nisso, é bastante indiferente à diferença cultural. Não é indiferente à diferença no sentido de ser cego às necessidades *específicas* de pessoas. Se o fosse, não estaria de todo atendendo a *elas*. Mas é bastante indiferente quanto a de quem são essas necessidades específicas às quais atende. Essa é uma maneira como difere da amizade, que é toda sobre particularidade. Amigos são insubstituíveis, mas aqueles a quem temos que amar, não. O amor é também indiferente, no sentido de ser unilateral e incondicional. Ao dar, não o faz apenas porque supõe que vai receber. É não-reativo também, no sentido de não retribuir injúria com injúria. Essa é uma razão para, às vezes, ser bem difícil distinguir amor de cinismo: por estar tão afastado daquilo que vê como apenas a farsa dos valores humanos, o cínico nem mesmo encontra muito sentido na retaliação.

Tudo isso é razão para o paradigma do amor não ser o do amor pelos amigos — o que poderia ser menos exigente? —, mas o do amor pelos estranhos. Se o amor não for só uma coisa imaginária, um mútuo espelhamento de egos, tem que atender àquilo que é profundamente estranho no outro, no sentido de temeroso e recalcitrante. É uma questão de amar no outro aquela coisa "inumana" que também se encontra em nosso cerne. Temos também que amar a nós mesmos, em toda a nossa sordidez e recalcitrância, se o amor próprio for mais do que auto-admiração. Essa é a razão por que amar os outros como a si mesmo não é algo é tão simples como parece. De fato, ambas as atividades talvez estejam além do que podemos. Elas são, todavia, o que seria necessário para redimir as devastações do desejo, que é igualmente impessoal e se instala como um monstro no coração do *self*. O desejo não é nada pessoal. Somente uma força igualmente impessoal seria capaz de desfazer o dano assustador que ele inflige.

O homem virtuoso de Aristóteles é notoriamente autocentrado. Desfruta da amizade como parte da vida boa, mas é a vida de contemplação que acha a mais preciosa. O que Aristóteles não avalia completamente é que a virtude é uma coisa recíproca. Percebe, com certeza, que ela só pode prosperar numa sociedade política; mas não reconhece realmente que a virtude é o que acontece entre pessoas — que é uma função dos relacionamentos. O seu chamado "homem de alma grande" é assustadoramente auto-suficiente. A amizade importa ao homem de virtude, mas é mais admiração mútua que amor genuíno. Como Alasdair MacIntyre apresenta a questão: "Para o amor da pessoa, como oposto à sua bondade, amabilidade ou utilidade, Aristóteles não pode ter nenhum lugar."[48]

O oposto da auto-suficiência é a dependência. Assim como ocorre com outros termos-chave, como veremos num momento, esse paira em algum lugar entre o material e o moral. É um fato material sermos dependentes de outros para nossa sobrevivência física, dado o estado de desamparo em que nascemos. Ainda assim, essa dependência material não pode realmente ser divorciada de capacidades morais como cuidado, altruísmo, atenção e proteção, visto que dependemos justamente dessas capacidades naqueles que cuidam de nós. Nem, segundo Freud, isso pode ser separado do surgimento de sentimentos morais naquele que é dependente, sob a forma de gratidão. Literalmente, não nos tornaremos pessoas — coisa diferente de sermos animais humanos — a menos que aqueles a quem confiamos compartilhem conosco algo de sua vida afetiva e comunicativa. Nessa medida, o moral e o material são lados da mesma moeda.

O Homem aristotélico, observa MacIntyre, é estranho ao amor. Ainda assim, o amor é o próprio modelo de uma sociedade justa, mesmo que a palavra se tenha tornado ligeiramente ridícula hoje em dia quando usada em qualquer outro contexto que não seja interpessoal. Amor significa criar para um outro o tipo de espaço em que ele possa florescer, enquanto faz o mesmo por você. É encontrar a própria felicidade sendo a razão da felicidade do outro. Não que ambos encontrem satisfação no mesmo objetivo, como entrar numa estrada desimpedida agarradinhos sobre uma motocicleta, mas, como já vimos, que cada um encontre sua satis-

[48]Alasdair MacIntyre, *A Short History of Ethics*, Londres, 1968, p. 80.

fação na satisfação do outro. Já há uma política implícita nessa noção, conforme observamos. O modelo liberal de sociedade quer que os indivíduos floresçam em seu próprio espaço, sem interferência mútua. Assim, o espaço político em questão é neutro: está realmente ali para manter as pessoas separadas, de forma que a auto-realização de uma não atrapalhe a da outra.[49]

Esse é um ideal admirável, nutrido pelo que, de várias formas, é uma tradição política digna de profundo respeito. As liberdades "negativas" que ela tanto estima têm lugar vital em qualquer sociedade justa. Mas o espaço que o amor envolve é bem mais positivo. É criado pelo ato do relacionamento em si, e não oferecido, *a priori*, como um lugar vago numa sala de espera. Ter assegurada essa espécie de liberdade é ser capaz de estar em sua melhor condição, sem temor indevido. É, portanto, a precondição vital do florescimento humano. Você é livre para realizar sua natureza, mas não no falso sentido naturalista de simplesmente expressar um impulso porque acontece ser o seu. Isso não excluiria a tortura e o assassinato. Mais exatamente, você realiza sua natureza de uma forma que libera o outro para também fazer o mesmo. E isso significa que você realiza o melhor que há em sua natureza — já que, se a auto-satisfação do outro é o meio pelo qual cada um prospera, você não está liberado para ser violento, dominador ou oportunista.

[49]Um exemplo contemporâneo disso seria o trabalho de Jurgen Habermas. Na esfera pública de Habermas, cada pessoa é livre para se expressar como deseja; mas pouco se reconhece a maneira como a própria interação social pode tornar-se o meio vital onde melhor se dê a auto-expressão individual. Ninguém aqui — para apresentar a questão num idioma teórico diferente — parece receber-se como um retorno do Outro, reconhecido como sujeito. O contrário disso seria ouvir com a devida sensibilidade o que o outro tem a dizer.

O equivalente político dessa situação, como temos visto, é conhecido como socialismo. Em Aristóteles, quando a ética do crescimento é situada num contexto mais interativo, produz-se algo como a ética política de Marx. A sociedade socialista é aquela em que cada um obtém sua liberdade e autonomia na auto-realização de outros, e através dela. Socialismo é apenas qualquer conjunto de instituições necessárias para que isso aconteça. Pode-se ver também por que a igualdade é um conceito-chave para o pensamento socialista. Pois esse processo de auto-realização recíproca não pode existir realmente exceto entre iguais. Estritamente falando, a igualdade não é necessária para o amor. Você pode amar suas crianças, por exemplo, ou amar seu *hamster*. Alguns até amam seus chinelos. Mas a igualdade é necessária para o que Aristóteles chama *philia*, ou amizade; e esse, não amor, talvez seja o termo político mais apropriado. Não pode haver amizade completa entre não-iguais. Podemos nos sentir demasiado constrangidos na presença de um superior e não conseguir nos expressar completa e livremente, enquanto ele pode ser bloqueado pela necessidade de preservar sua autoridade. Só uma relação de igualdade pode criar autonomia individual. Não é que haja dois indivíduos autônomos que então entram num relacionamento igualitário. Ao contrário, é a igualdade que permite serem autônomos. A amizade o libera para ser você mesmo.

Em seus primeiros *Manuscritos parisienses*, Marx procurava uma maneira de transitar do como é com o corpo humano para o como deveria ser. Ele queria uma ética e uma política baseadas na nossa humanidade, ou natureza material compartilhada. Mas esse é um empreendimento notoriamente perigoso. Em geral, os filósofos têm banido essas tentativas de derivar valores de fatos. Uma clara descrição de uma situação não vai lhe dizer o que você deveria fazer a respeito dela. A natureza humana pode ser descrita de uma rica diversidade de maneiras, e pode haver dela toda sorte de versões competitivas para apoiar diferentes teorias éticas. "Natureza" é um termo escorregadio, oscilando entre fato (o que está sendo) e valor (como deveria ser). E partilha essa ambigüidade com a palavra "cultura", que alguns vêem como o oposto de Natureza. Temos, efetivamente, todo um vocabulário que liga os estados corporais aos morais: gentil, suave, frio, tocado, suscetível, casca-grossa, insensível e similares. Essa linguagem parece implicar uma conexão entre o como é com o corpo e o como deveríamos ou não nos comportar. Mas é uma conexão infestada de problemas. Ser "gentil" [de *gens, gentis*], no sentido de ser da mesma espécie que o outro, é, com bastante freqüência, uma razão para matar ou ser morto, dominar ou ser subjugado. Se não fôssemos "gentis", poderíamos ter tratamento bem melhor. Ninguém está muito interessado em subjugar besouros.

Ou tome a idéia de sociabilidade humana. Também ela fica suspensa em algum lugar entre fato e valor. É um fato que somos animais naturalmente políticos; apenas em sociedade sentimo-nos em casa. A não ser que cooperemos uns com os outros, não podemos sobreviver. Mas a sociabilidade pode também significar uma forma ativa, positiva, de cooperação, algo desejável, e não apenas biologicamente inevitável. Marx às vezes parece imaginar que a sociabilidade é sempre positiva nesse sentido. Mas uma sociedade fascista também é cooperativa. Os campos de concentração foram um complexo projeto colaborativo. Há uma grande solidariedade entre os membros do Banco Mundial. Não há nenhuma virtude na cooperação humana em si mesma. Depende de quem está cooperando com quem e para qual propósito. Marx vê como alguns homens e mulheres podem se apropriar das capacidades sociais de outros para seus próprios propósitos egoístas. Para ele, na verdade, essa é uma descrição da sociedade de classes. Na sociedade de classes, até mesmo aqueles poderes e capacidades que pertencem a nós como espécie — trabalho, por exemplo, ou comunicação — são degradados, passando a ser meios para um fim. São operacionalizados para vantagem de outros. Pode-se dizer praticamente o mesmo da vida sexual. A sexualidade é um meio de solidariedade que, numa sociedade patriarcal, torna-se um meio para o poder, a dominação e a satisfação egoísta.

Mas, e se você não está cooperando com nada em particular? Você precisa, é claro, trabalhar junto para sobreviver economicamente. A sexualidade é necessária se a espécie deve se reproduzir. Em geral, a cooperação tem algum tipo de objetivo prático. Mas, e se for desfrutada, ao mesmo tempo, como um fim em si mesmo? E se o compartilhar a vida torna-se seu próprio propósito, assim como na atividade que conhecemos como arte? Você não precisa achar uma resposta para por que os seres humanos vivem juntos e desfrutam da companhia uns dos outros — parte do tempo, pelo menos. Está em sua natureza que sejam assim. É um fato sobre eles, como animais. Mas quando isso vem a ser "completamente" um fato — quando existe como uma atividade em si mesma, não simplesmente um meio para um fim além dela —, torna-se também uma fonte de valor. Uma sociedade socialista coopera em certos propósitos materiais, tanto quanto qualquer outra; mas também considera a solidariedade humana um fim respeitável em si mesmo. Sendo assim, está além da compreensão de uma grande parte da teoria cultural contemporânea, para a qual solidariedade significa um tépido consenso ou um funesto conformismo, mais do que uma fonte de valor e satisfação.

CAPÍTULO 7 Revolução, fundamentos e fundamentalistas

Temos visto que para alguns pensadores dos Estudos Culturais a ética deveria ser elevada do reino banal do biológico a algo totalmente enigmático e misterioso. Desse ponto de vista, não pode haver realmente uma ética materialista. Todavia, Derrida, Lyotard, Badiou e seus colegas também estão corretos num certo sentido. O ético refere-se, realmente, a encontros transformadores e significativos, assim como à vida cotidiana. Essa ética consiste em nuvens de glória *e* alimentar os pobres. Só que, como regra, esses pensadores optam mais pelo celestial do que pelo mundano. Mas os dois vão juntos, pois, modelar um mundo em que os famintos pudessem ser alimentados requereria uma dramática transformação. Como observa Theodor Adorno: "Há apenas ternura na demanda mais rude: que ninguém mais passe fome."[50]

Veja-se, por exemplo, um documento revolucionário como o Livro de Isaías. O poeta que escreveu esse livro abre com um ataque de fúria anti-religiosa típico de Jeová, o Deus judaico. Jeová diz a seu povo que está farto de suas solenes assembléias e oferendas sacrificiais ("tenho horror a incenso"), e os aconselha, em vez disso, a "buscar a justiça, corrigir a opressão, defender os órfãos, suplicar pelas viúvas".

[50]Theodor Adorno, *Mínima moralia*, Londres, 1974, p. 156.

Isso é matéria padrão do Velho Testamento. Jeová tem que estar sempre relembrando a seu povo patologicamente cultuador que a salvação é uma questão política, não religiosa. Ele próprio é um não-deus, um deus do "ainda não", um deus que significa uma justiça social que ainda não chegou e que nem mesmo pode ser nomeado por temor de vir a se tornar mais um fetiche para seus devotos compulsivamente idólatras. Ele não deve estar ligado às necessidades pragmáticas e aos interesses do *status quo*. Será conhecido pelo que é, informa a seu povo, quando virem o estrangeiro ser bem recebido, os famintos alimentados com coisas boas e os ricos sendo mandados embora de mãos vazias.

Palavras como essas se tornariam uma cantilena de grande efeito dramático entre alguns dos revolucionários clandestinos na Palestina politicamente turbulenta do século I, e Lucas as põe na boca de Maria quando ela ouve que está grávida de Jesus. De sua parte, o povo prefere o consolo da religião organizada à história de alimentar os famintos. E por isso é denunciado por profetas como Isaías. O papel do profeta não é predizer o futuro, mas lembrar ao povo que, se perseverar no que está fazendo, o futuro será extremamente sombrio.

Para o chamado Velho Testamento, o não-deus Jeová e o "não-ser" dos pobres estão estreitamente ligados. Na verdade, é o primeiro documento histórico a estabelecer tal relação. Numa reversão revolucionária, o verdadeiro poder resulta da falta de poder. Como São Paulo escreve em Coríntios: "Deus escolheu o que é mais frágil no mundo para envergonhar os fortes..., e usou até coisas que não são para reduzir a nada coisas que são." Todo o pensamento judaico-cristão é fundido nesse molde irônico, paradoxal e invertido. Os miseráveis da terra são conhecidos no Velho Testamento como os *anawim*, aqueles cujo desesperado clamor encarna o fracasso da ordem política. A única imagem válida do futuro é o fracasso do presente. Os *anawim*, que são os filhos prediletos de Jeová, não têm nenhum interesse na situação corrente, e são, assim, em sua total destituição, uma imagem do futuro. Os despossuídos são um indício vivo da verdade de que o único poder verdadeiro ancora-se num reconhecimento do fracasso. Qualquer poder que falhe em reconhecer esse fato será debilitado num sentido diferente, defendendo-se temerosamente das vítimas de sua própria arrogância. Aqui, como ocorre com freqüência, a paranóia tem muito que a recomende. O exercício do poder é brinquedo de criança, comparado com a confissão de fraqueza. O poder pode destruir cidades inteiras, mas não há nada de muito notável nisso. Destruir cidades inteiras é um negócio relativamente simples.

Os autores do Novo Testamento vêem Jesus como uma espécie de *anawim*. Ele é perigoso porque não investe nada na situação presente. Os que falam pela justiça serão eliminados pelo Estado. A sociedade descarregará sua terrível vingança sobre os vulneráveis. O único Deus bom é um deus morto — um criminoso político fracassado, num recanto obscuro da terra. Não pode haver sucesso que não se mantenha leal ao fracasso. É essa fé que, desde então, foi usada para justificar aventuras imperialistas, a repressão das mulheres, o evisceramento de incréus, o vilipêndio de judeus, o abuso de crianças e o assassinato de aborcionistas. Como forma de violência organizada, tornou-se o emblema dos ricos, poderosos e patrióticos. É o nauseante linguajar dos evangelistas americanos, os gritos de alegria dos militaristas orgulhosos da bomba e lavados no sangue do Cordeiro, e a respeitabilidade afluente de charlatães e espancadores de mulheres. É opaca, sem graça, um brilho falso, mero ruído. Não quer nada a ver com o fracasso, e enxota das ruas os *anawim*. É a logomarca do complexo industrial-militar, a cruz que sustenta a águia americana, a água benta aspergida sobre a exploração humana.

Ao mesmo tempo, muito do ateísmo de hoje é apenas religião pelo avesso. Os ateus tendem a apresentar um tipo de religião que ninguém em sã consciência subscreveria para então rejeitá-la, indignados. Aceitam toscos estereótipos dela, coisas que, sem dúvida, os horrorizariam em qualquer outro campo de investigação erudita. Assemelham-se àqueles para quem feminismo significa inveja do pênis, ou socialismo é o mesmo que campos de trabalho forçado. Um ateu de carteirinha como Richard Dawkins[51] é, nesse aspecto, uma mera imagem especular de Ian Paisley. Ambos vêem Jeová como (nas palavras de William Blake) Papai-Ninguém — que, no próprio Velho Testamento, é uma imagem satânica de Deus. É a imagem do Deus daqueles que querem um superego autoritário ou um Manufator Celestial para adorar ou contra quem se rebelar.

Esse Deus é também um empresário fantástico, tendo economizado seu material manufaturando um universo inteiramente feito de nada. Como um astro de *rock* temperamental, implica com questões menores de dieta e, como um ditador furioso, exige ser constantemente aplacado e bajulado. É o

[51]Proeminente cientista inglês contemporâneo, criador de conceitos como gene egoísta, meme, e evolubilidade. (*N. da T.*)

cruzamento de um chefão da Máfia com uma *prima-donna*, com nada que se possa dizer a seu favor a não ser que, no final das contas, ele é Deus. Acontece que o ateu rejeita essa imagem, enquanto o evangélico a aceita. Fora isso, estão bastante de acordo. O verdadeiro desafio é construir uma versão da religião que de fato *mereça* ser rejeitada. E isso deve começar com contrapor-se ao melhor argumento de seu oponente, não ao pior.

Isso é tão verdadeiro a respeito do Islã como do judaísmo e do cristianismo. O Islã surgiu primeiro como uma crítica radical à injustiça e desigualdade numa Meca agressivamente comercialista na qual os velhos valores tribais igualitários, de preocupação com os membros mais fracos da comunidade, estavam cedendo lugar à busca do lucro. A palavra *Alcorão*, que significa "recitação", indica o *status* iletrado da maioria dos primeiros seguidores de Maomé. O próprio título das escrituras muçulmanas sugere pobreza e privação. *Islã*, que significa "entrega", sugere uma total autodedicação ao Alá cujo evangelho é de misericórdia, igualdade, compaixão e luta pelos pobres. O próprio corpo dos muçulmanos teve que ser reeducado com posturas como a prostração devido à arrogância e auto-suficiência que rapidamente cresciam na sociedade de Meca. Os muçulmanos devem jejuar durante todo o Ramadã, como os cristãos durante a quaresma, para se lembrar das privações dos pobres. Não-violência, comunidade e justiça social estão no cerne da fé islâmica, que tem notável aversão à especulação teológica. Como no cristianismo, a distinção entre o sagrado e o profano, o sublime e o mundano é desmontada. Não se permite nenhuma classe clerical no sentido cristão, a fim de enfatizar a igualdade de todos os crentes. É esse credo admirável que se tornou, em nosso tempo, a doutrina de milionários do petróleo autocratas e de apedrejadores de mulheres, mulás fascistóides e assassinos fanáticos.

O Livro de Isaías é material pesado para esses tempos pós-revolucionários. Só é deixado em quartos de hotel porque ninguém se incomoda de lê-lo. Se os que o depositam lá tivessem alguma idéia do que contém, fariam bem em tratá-lo como pornografia e queimá-lo ali mesmo. No tocante a revoluções, a espécie humana divide-se entre aqueles que vêem o mundo como contendo bolsões de miséria num oceano de crescente bem-estar e os que o vêem como contendo bolsões de bem-estar num oceano de miséria crescente. Divide-se também entre os que concordam com Schopenhauer em que, ao longo da história, é provável que tivesse sido melhor para muita gente nunca ter nascido e aqueles que vêem nisso uma sinistra hipérbole esquerdista. Essa, no final, talvez seja a única divisão política que realmente conte. É muito mais fundamental do que a existente entre judeus e muçulmanos, cristãos e ateus, homens e mulheres ou liberais e socialistas. É o tipo de conflito no qual um grande esforço de imaginação é exigido de cada lado para que consiga entender como pode o outro acreditar no que acredita. Nem sempre acontece isso no caso de uma discordância. Você pode discordar de que brócolis seja uma delícia ou que Dorking seja a cidade mais vibrante da Europa, mas é capaz de imaginar, com bastante facilidade, como seria concordar com isso.

Não é por rejeitarem a realidade do progresso que os radicais rejeitam a teoria do oceano-de-bem-estar. Só os conservadores e os pós-modernistas o fazem. Em alguns círculos pós-modernos, a palavra "progresso" é saudada com o mesmo escárnio arrasador usualmente reservado aos que acreditam que a cara de Elvis Presley continua a aparecer misteriosamente em biscoitos de chocolate. No entanto, os céticos a respeito do progresso não torcem o nariz para os anestésicos dentais nem dão sinais de desespero quando jorra água limpa da torneira. Aqueles que poderíamos chamar de conservadores do tipo Big Bang tendem a acreditar que tudo vem se deteriorando desde uma idade de ouro, enquanto, para os conservadores do tipo Estado Estacionário, nem mesmo a idade de ouro foi tudo aquilo que dela se alardeia. Para eles, a serpente já estava, desde sempre, agourentamente enrolada no jardim. É logicamente duvidoso que se possa andar para trás o tempo todo, mas alguns conservadores parecem não ser detidos por essa dificuldade. Alguns parecem sustentar que todos os períodos históricos são igualmente corruptos, e que o passado foi superior ao presente. O *The Waste Land*, de T. S. Eliot, pode ser lido como mantendo ambas as crenças simultaneamente.

Os pós-modernistas rejeitam a idéia de progresso porque estão distraídos pelas "grandes narrativas". Supõem que uma crença no progresso tem necessariamente que implicar que a História como um todo foi a constante evolução desde o começo, visão que, naturalmente, descartam como um equívoco. Se fossem menos apegados a grandes narrativas, poderiam seguir as próprias luzes, assumir uma atitude mais pragmática em relação ao progresso e chegar à correta, porém tediosa, conclusão de que a história humana tem melhorado em alguns aspectos, enquanto deteriora em outros. O marxismo tenta fazer soar menos banal esse clichê esfarrapado, observando, com mais imaginação, que o progresso e a deterioração são aspectos estreitamente ligados de uma mesma narrativa. As condições que favorecem a emancipação também favorecem a dominação.

Isso é conhecido como pensamento dialético. A história moderna tem sido uma narrativa criteriosa sobre bem-estar material, valores liberais, direitos civis, política democrática e justiça social, e um pesadelo brutal. Essas duas narrativas de maneira alguma estão separadas. A condição dos pobres é intolerável, em parte, porque os recursos para aliviá-la existem em abundância. A fome é chocante, em parte, por ser desnecessária. A mudança social é necessária por causa do lamentável estado do planeta, mas também possível devido aos avanços materiais. Os pós-modernistas, entretanto, que se orgulham de seu pluralismo, preferem considerar a questão do progresso mais unilateralmente.

Num certo sentido, a necessidade de revolução é puro realismo. Nenhum observador esclarecido e moderadamente inteligente poderia examinar o estado do planeta e concluir que haveria como repará-lo sem uma transformação radical. Nessa medida, os pragmáticos obstinados é que são os sonhadores simplórios, e não os descabelados esquerdistas. Na verdade, são apenas sentimentais a respeito do *status quo*. Falar de transformação profunda e completa, entretanto, é não dizer nada sobre as formas que essa mudança poderia assumir. As revoluções caracterizam-se pela medida em que são bem-fundadas, não por quão ágeis, sangrentas ou repentinas possam ser. Alguns processos de reformas parciais envolveram mais violência do que algumas insurreições armadas. As revoluções que nos produziram levaram vários séculos para se completar. Foram feitas não em nome de um futuro utópico, mas por causa das deficiências do presente.

Como observou Walter Benjamin, o que leva homens e mulheres à revolta são memórias de antepassados escravizados, e não sonhos de netos liberados. Essa, em suma, é a versão radical da bem conhecida pergunta: o que foi que a posteridade alguma vez fez por nós? Ninguém em sã consciência sofreria as perturbações resultantes de uma mudança radical em nome de algum intrigante experimento teórico. Como ocorreu com a queda do *apartheid* ou o colapso do comunismo, tais mudanças são feitas apenas quando é preciso. Quando uma alternativa viável para o presente regime parece não ser mais tétrica do que o próprio regime, é nesse momento que as pessoas podem chegar a uma decisão eminentemente racional de não seguir adiante com o que vêm fazendo.

Como os que têm espinhas, os obesos ou os que sofrem de timidez paralisante, os radicais prefeririam não ser como são. Consideram-se portadores de opiniões embaraçosas e ligeiramente bizarras que lhes foram impostas pela atual condição da espécie, e almejam secretamente ser normais. Ou melhor, esperam por um futuro em que não mais sejam atormentados por essas crenças inconvenientes, já que teriam sido realizadas na prática. Então seriam livres para juntar-se ao resto da raça humana. Não é agradável sentir-se continuamente inadequado. É também paradoxal que aqueles que acreditam na sociabilidade da existência humana devessem ser forçados, justamente por isso, a viver na contramão. Para os entusiastas da Vida, isso parece inexplicavelmente ascético. Não vêem que o ascetismo, se se trata mesmo disso, é praticado em nome de uma maior abundância de vida para todos. Radicais são simplesmente os que reconhecem, nas palavras de Yeats, que "Nada pode ser uno ou inteiro / que não tenha sido partido". Não é falha deles que seja assim. Prefeririam que não fosse.

Voltemos os olhos, uma vez mais, para a idéia de uma moralidade materialista, ilustrada, desta vez, pelo *Rei Lear*, de Shakespeare. Lear começa a peça exemplificando a megalomania do soberano absoluto, que imagina ser onipotente devido, em parte, a não ter um corpo. Ao descartar tão cruelmente os frutos de seu corpo, sua filha Cordélia, ele revela a fantasia de descorporificação que está no cerne do mais grosseiro material dos poderes. Lear acredita, naquele momento, que ele é tudo; mas, como uma identidade que é tudo não tem nenhum ponto de referência a partir do qual se veja, é meramente um vazio. Assim como uma nação que se torna global em sua soberania bem cedo terá muito pouca idéia de quem é, se de fato teve alguma vez. Eliminou a alteridade essencial para o autoconhecimento.

No correr do drama, Lear vai aprender que é preferível ser um "algo" modestamente determinado do que um "todo" global esvaziado de tudo. Isso ocorre não porque os outros lhe dizem ser assim, pois, em sua maioria, são demasiado covardes ou astuciosos para responder à atormentada pergunta: "Quem é que pode me dizer quem sou?" Acontece assim porque foi empurrado contra a bruta recalcitrância da Natureza, que o relembra impiedosamente daquilo que todo poder absoluto tende a esquecer, ou seja, que tem um corpo. A Natureza o aterroriza e o leva a finalmente abraçar sua própria finitude. E isso inclui sua compaixão pelas outras criaturas. O que, portanto, o redime do auto-engano, se não da destruição.

A peça abre com uma celebrada troca de insignificâncias:

> LEAR:
> ...o que pode você dizer para levar
> uma terça parte mais opulenta que as de suas
> irmãs? Fale.
> CORDÉLIA:
> Nada, meu senhor.
> LEAR:
> Nada!
> CORDÉLIA:
> Nada.
> LEAR:
> Nada virá de nada. Fale novamente.
>
> (Ato I, cena I)

Apesar do irascível brandir de dedo de Lear, algo finalmente resulta de nada, ou de quase nada. Somente quando esse monarca paranóico aceitar que fede a mortalidade é que vai estar a caminho da redenção. É então que seus mentirosos cortesãos serão desacreditados:

> Responder "sim" e "não" a tudo que eu falava! "Sim" e "não" ao mesmo tempo não era boa teologia. Quando uma vez veio a chuva para me molhar e o vento para me fazer bater o queixo; quando o trovão não se apaziguava ao meu comando, ali as encontrei, ali as farejei. Vão, são homens que não têm palavra. Disseram-me que eu era tudo; é mentira — não sou à prova de febre.
>
> (Ato 4, cena 6)

A tempestade expôs a natureza de Lear, desinflando suas fantasias soberbas. Ele descobriu sua carne pela primeira vez e, com ela, sua fragilidade e finitude. Gloucester fará o mesmo quando for cegado, forçado a "farejar seu caminho para Dover". Tem que aprender, como diz, a "ver sensivelmente" — deixar que sua razão se mova dentro das limitações do corpo sensível e sofredor. Quando estamos fora de nosso corpo, estamos fora de nossa mente.

O materialismo sensual recém-descoberto por Lear toma a forma de solidariedade política com os pobres:

> Pobres miseráveis nus, onde quer que estejam,
> que suportam as rajadas dessa impiedosa tempestade,
> como, suas cabeças desabrigadas e corpos famintos,
> seus trapos retorcidos e esburacados os protegerão
> numa estação como esta? Oh, muito pouco
> me ocupei disso! Cura-te, ostentação;
> exponha-te a sentir o que os miseráveis sentem,
> para que possas derramar sobre eles teu supérfluo
> e mostrar céus mais justos.
>
> (Ato 3, cena 4)

Se o poder tivesse um corpo, seria forçado a abdicar. É por ser descarnado que falha em sentir a miséria que inflige a outros. O que embota seus sentidos é um excesso de posses materiais. Se não tem corpo próprio, tem, entretanto, uma espécie de carne substituta, uma grossa, gordurosa camada protetora de posses materiais que o protegem da compaixão:

> Que o homem saturado de bens e de prazeres,
> que torna subservientes vossas máximas e nada vê
> porque não sente, sinta depressa vosso poder;
> assim deve a divisão desfazer o excesso,
> tocando a cada um o suficiente.
>
> (Ato 4, cena I)

Se nossa simpatia pelos outros não fosse tão sensorialmente esvaziada, seríamos levados por suas privações a compartilhar com eles justamente os bens que nos impedem sentir sua miséria. Então poderia o problema tornar-se a solução. A renovação do corpo e uma radical redistribuição da riqueza estão estreitamente ligadas. Para perceber com precisão, temos que sentir; e, para sentir, precisamos libertar o corpo da anestesia que o excesso de posses lhe impõe. Os ricos estão isolados do sentimento igualitário por um excesso de posses, enquanto o que empobrece os corpos dos miseráveis é a falta dessas. Para os ricos, reparar sua própria privação sensória seria ter sentimentos pelas privações de outros. E o resultado disso seria uma radical mudança social, não só uma mudança de sentimento. Na imaginação de Shakespeare, comunismo e corporeidade estão intimamente aliados.

O problema com os ricos é que a propriedade nos vincula ao presente e nos encasula contra a morte. Os ricos precisam viver mais provisoriamente, e os pobres, com mais segurança. A combinação ideal seria viver com suficiência de bens, mas estar preparado para abrir mão deles. Isso é notavelmente difícil de realizar; mas tal sacrifício é, de fato, o que todos somos forçados a fazer, finalmente, sob a forma de morte. Estar preparados para abrir mão agora faz a morte menos terrível quando ela aparecer. Se tivermos nos acostumado a viver com a falta, recusando inflar nosso desejo com ídolos e fetiches, teremos, em vida, ensaiado para a morte, e isso fará com que pareça menos temível. A autodoação em vida é um ensaio para o auto-abandono final da morte. Isso é o que os ricos acham duro fazer. O problema é que, enquanto existirem ricos, os pobres não poderão viver com abundância, e, enquanto existirem pobres, os ricos não viverão casualmente. Terão que estar sempre vigiando às suas costas.

A propriedade nos priva de um futuro genuíno. Assegura que o futuro será simplesmente a interminável repetição do presente. O futuro, para os bem-de-vida, será igual ao presente, só que com um pouco mais. No mais fundo de si, cada um espera que nada de momentoso jamais aconteça. Quando lhes perguntam o que mais temem, os ricos podem responder com as palavras de um antigo primeiro ministro britânico: "Eventos, caro rapaz, eventos." É o medo, mais que o ódio, o que está na raiz da maior parte da maleficência humana, e não menos na raiz do próprio ódio. Os ricos precisam de mais descontinuidade em suas vidas, enquanto os pobres, de mais estabilidade. Os ricos não têm futuro porque têm presente demais, enquanto os pobres não têm futuro por terem presente de menos. Nenhum dos dois, portanto, pode fazer uma narrativa satisfatória de si mesmo.

De modo geral, o Ocidente e, em particular, os Estados Unidos não aprenderam a lição de Lear. Os Estados Unidos são uma nação que tende a achar o fracasso vergonhoso, mortificante ou, até mesmo, simplesmente pecaminoso. O que distingue sua cultura é sua boa disposição, sua potente exuberância, sua persistente recusa a sucumbir, desistir ou dizer "não posso". É uma nação de entusiastas do dizer-sim e zelosos do poder-fazer, em contraste com aquele bando de resmungões profissionais, trocistas e bem-sofridos estóicos conhecidos como os britânicos. Nenhum grupo de pessoas usa a palavra "sonho" tanto quanto eles, exceto os psicanalistas. A cultura americana é profundamente hostil à idéia de limites e, portanto, à biologia humana. O pós-modernismo é obcecado pelo corpo e aterrorizado pela biologia. O corpo é um tópico tremendamente popular nos estudos culturais norte-americanos — mas é o corpo plástico, remodelável e socialmente construído, não o pedaço de matéria que adoece e morre. Por ser a morte o absoluto fracasso ao qual todos, num dado momento, chegamos, não tem sido o mais favorecido dos tópicos de discussão nos Estados Unidos. Os distribuidores norte-americanos do filme britânico *Quatro casamentos e um funeral* fizeram grande esforço, ainda que sem sucesso, para mudar o título.

Numa cultura assim, não pode haver nenhuma tragédia real, quaisquer que sejam os eventos aterrorizadores a ocorrer de tempos em tempos. Os Estados Unidos são uma sociedade profundamente antitrágica que está tendo agora que enfrentar o que pode vir a ser a época mais terrível de sua história. Pois a tragédia, assim como sua companheira, a comédia, dependem de um reconhecimento da natureza falha e confusa da vida humana — embora na tragédia tenhamos que ser arrastados através do inferno para chegar a esse reconhecimento, tão obstinado e tenaz é o auto-engano humano. A comédia abarca rudeza e imperfeição desde o começo, e não tem ilusões sobre ideais piedosos. Contra essas grandiosas tolices, opõe a humilde, persistente e indestrutível matéria da vida diária. Ninguém pode levar um escorregão que seja trágico, pois afinal ninguém é tão especialmente precioso assim.

Os protagonistas trágicos, em contraste, precisam ser atados a uma roda de fogo antes que possam ser levados a reconhecer que a falibilidade é parte da textura das coisas, e que a brutalidade e a imprecisão são o que fazem funcionar a vida humana. Como forma, a tragédia ainda está a serviço do áspero e intransigente superego — dos ideais cruelmente exigentes que simplesmente esfregam os narizes em nosso próprio fracasso quando deixamos de corresponder a eles. Ao mesmo tempo, e não como na comédia, a tragédia compreende que nem todos os ideais são uma farsa. Se a tragédia corre o risco de dar demasiado crédito àquelas elevadas noções, a comédia arrisca-se ao demonstrar um certo cinismo popular diante delas. A tragédia é sobre extrair vitória do fracasso, enquanto a comédia é a vitória do fracasso em si, o modo como nos tornamos muito menos presas da morte ao partilhar e aceitar, com ironia, nossas fraquezas.

Na tragédia, muito gira em torno do fato de não sermos inteiramente senhores de nosso próprio destino. Isso é duro de engolir numa cultura norte-americana para a qual "Eu fiz minhas escolhas" é uma frase familiar e "Não foi culpa minha" é algo inaceitável. É essa doutrina que tem levado tanta gente ao corredor da morte. Na Europa exaurida, sobrecarregada de morte, é mais difícil fazer vista grossa aos montes de escombro histórico nos quais o *self* está enterrado e que paralisam sua liberdade de vir a ser o que escolhe. Aqui, o cinismo, e não o idealismo de queixo quadrado, é o que está mais em voga. Se os Estados Unidos são a terra do poder da vontade, a Europa é a casa da vontade de poder de Nietzsche — o que, de algumas maneiras, é quase o oposto.

O que é imortal nos Estados Unidos, o que se recusa a deitar e morrer, é precisamente a vontade. Assim como no desejo, há sempre mais vontade lá de onde veio esta. Mas, enquanto o desejo é duro de dominar, a vontade é o domínio em si. É uma compulsão aterrorizadora e inflexível que não conhece hesitação nem freio, ironia ou indecisão. Por ser tão ávida do mundo, corre o risco de desfazê-lo em pedaços na sua fúria sublime, entupindo com ele sua goela insaciável. Aparentemente, a vontade ama tudo que vê, mas, em segredo, ama só a si mesma. Não surpreende que assuma, muitas vezes, uma forma militar, já que nela espreita a pulsão de morte. Seu vigor viril esconde um aterrorizado repúdio à morte. Tem a soberba de todas as pretensões de auto-suficiência.

Essa vontade aniquiladora encontra seu reflexo nos clichês volicionais da cultura norte-americana: o céu é o limite, nunca diga nunca, você consegue se tiver fé em si. Se os deficientes físicos não andam, pelo menos podem redefinir-se como os "fisicamente desafiados". Como todas as peças ideológicas muito precariamente encaixadas no mundo real — "a vida é sagrada", "todas as pessoas são especiais", "as melhores coisas da vida são grátis" —, esses solenes *jingles* são acreditados e desacreditados ao mesmo tempo. A ideologia, como o inconsciente freudiano, é um domínio fora do alcance da lei que proíbe a contradição. Enquanto estiver funcionando a vontade freneticamente ativa, não pode haver finalidade alguma e, portanto, tragédia alguma. O culto da vontade combina com um otimismo imaturo, *kitsch*, cheio de visões deslumbrantes e de arrebatamento de violinos.

Nesse clima superpositivo e sem remorsos, ter sentimentos negativos vira crime de pensamento, e a sátira é vista como uma forma de traição política. Todos são induzidos a se sentir bem consigo mesmos, enquanto o problema está no fato de alguns deles sentirem que nada está mal o suficiente. Cristãos evangélicos proclamam sua fé em Jesus, um fracassado condenado à morte na Palestina primitiva, e mantêm um *rictus* maníaco mesmo quando estão sendo mandados para a prisão por fraude ou pedofilia. Com sua ímpia negação de limites, uma obstinada boa disposição e um idealismo enlouquecido, essa vontade infinita representa o tipo de soberba que teria feito os gregos antigos arrepiarem e olharem aterrorizados para o céu. É para o céu, sem dúvida, que alguns desses campeões da vontade relanceiam temerosamente hoje em dia, procurando sinais de retaliação.

Aqueles que apóiam o *imperium* americano não têm que responder a tais comentários. Podem simplesmente despachá-los como "antiamericanos". Essa é uma tática maravilhosamente conveniente. Todas as críticas aos Estados Unidos brotam de uma aversão patológica a Vila Sésamo e a hambúrgueres com *bacon*. São expressões de mal-contida inveja da parte de civilizações menos afortunadas, e não críticas racionais. Pareceria não haver razão para que essa tática não fosse ampliada. Todas as críticas à odiosa repressão dos direitos humanos na Coréia do Norte são meros sintomas doentios de anticoreianismo. Aqueles que atacam a autocracia chinesa apreciadora de execuções estão sendo não mais que odiosamente eurocêntricos.

"É uma noção fundamentalmente insana", observa um personagem no romance *Vertigo*, de W. G. Sebald, "essa de que sejamos capazes de influenciar o curso dos eventos com uma virada do leme, só pela força de vontade, quando, de fato, tudo é determinado pelas mais complexas interdependências." O culto da vontade renega a verdade de nossa dependência, que brota de nossa existência carnal. Ter um corpo é viver de maneira dependente. Corpos humanos não são autossuficientes: há um buraco escancarado em sua constituição, conhecido como desejo, que os torna estranhos a si mesmos. É esse desejo que faz de nós não-animais: caprichosos, erráticos, insatisfeitos. Se vivêssemos como bestas selvagens, nossa existência seria muito menos torta. O desejo infiltra nossos instintos animais e os distorce, tira-os do prumo. No entanto é por causa do desejo, entre outras coisas, que somos criaturas históricas, capazes de nos transformar dentro dos limites de nosso ser-da-espécie. Somos capazes de vir a ser autodeterminantes, mas somente se baseados numa dependência mais profunda. Essa dependência é a condição de nossa liberdade, e não a violação dela. Apenas aqueles que se sentem apoiados podem ter segurança suficiente para ser livres. Nossa identidade e bem-estar estão sempre sob a guarda do Outro.

"Ser dirigido pela própria vontade", escreve Santo Agostinho nas *Confissões*, é "estar em um *self*, no sentido de agradar a si mesmo, (o que) não é ser totalmente nada, mas estar se aproximando do nada". Existir independentemente é ser uma espécie de não-entidade. Os assim dirigidos têm o vazio de uma tautologia. Cometem o erro de imaginar que agir de acordo com leis externas ao *self* é ser algo menos do que o autor de seu próprio ser. Enquanto a verdade é que não teríamos nenhuma possibilidade de agir intencionalmente, a não ser concordando com regras e convenções que nenhum indivíduo isolado inventou. Tais regras não são um constrangimento da liberdade individual, como imaginam os românticos, mas uma das condições para que ela exista. Eu não poderia atuar de acordo com regras que, em princípio, fossem inteligíveis apenas para mim. Não teria melhor compreensão do que estivesse fazendo do que qualquer outro pudesse ter.

A vontade, todavia, está em confronto com um enorme obstáculo: ela mesma. Pode dobrar o mundo de qualquer forma que lhe agrade, mas, para fazer isso, precisa ser austera, inflexível e, assim, isenta do próprio gosto pela plasticidade. Essa austeridade também significa que a vontade não pode realmente apreciar o mundo que produziu. Para libertar-se dos limites à prosperidade, então, a vontade que nos lança para além desses limites tem que desaparecer. O que se requer é um mundo perpetuamente maleável, mas sem a vontade intransigente. Se for para o mundo poder fluir livremente, assim como flui a subjetividade, o denso sujeito humano tem que desaparecer. E essa é a cultura do pós-modernismo. Com o pós-modernismo, a vontade volta-se sobre si mesma e coloniza o próprio sujeito tão intensamente volitivo. Dá nascimento a um ser humano volúvel e difuso, exatamente igual à sociedade que a cerca.

A criatura que emerge do pensamento pós-moderno é desprovida de um centro, hedonista, auto-inventada, incessantemente maleável. Assim, ela se sai esplendidamente bem na discoteca ou no supermercado, embora nem tanto na escola, no tribunal ou na igreja. Soa mais como um executivo da mídia em Los Angeles do que como um pescador indonésio. Os pós-modernistas opõem-se à universalidade, e bem podem fazê-lo: nada mais provinciano que o tipo de ser humano que admiram. É como se agora devêssemos sacrificar nossa identidade à nossa liberdade, o que deixa em aberto a questão de quem fica para exercer essa liberdade. Acabamos como um grande executivo tão atordoado e nocauteado pelas viagens incessantes que não consegue mais lembrar o próprio nome. O sujeito humano finalmente se liberta da restrição que é ele próprio. Se tudo que é sólido tem que se desmanchar no ar, não se pode abrir exceções aos seres humanos.

Isso inclui a idéia de haver fundamentos firmes para a vida social. "Nada do que fazemos", escreve Ludwig Wittgenstein, "pode ser defendido em termos absolutos e finais",[52] uma declaração que pode ser tomada como a tônica de muito do pensamento moderno. Numa era brutalmente fundamentalista, esse sentido da natureza provisória de todas as nossas idéias — algo central para o pós-estruturalismo e pós-modernismo — é profundamente salutar. Quaisquer que sejam os pontos cegos e preconceitos dessas teorias, perdem importância em comparação com a autoconvicção letal do fundamentalista. E, é claro, podem ser valiosos antídotos contra ele. O problema é que não é fácil distinguir entre o revigorante ceticismo de parte do pensamento pós-moderno e sua aversão a se envolver com o fundamentalismo no nível moral ou metafisicamente "profundo" em que esse precisa ser confrontado. Na verdade, isso poderia servir como um sumário do dilema em que hoje está presa a teoria cultural. O pós-modernismo tem alergia à profundidade, como de fato também teve o Wittgenstein da segunda fase. Acredita que parte do que está errado com o fundamentalismo é o fato de situar os argumentos num nível universal, de primeiros princípios e a-histórico. Nisso, o pós-modernismo está equivocado. O problema não é o nível no qual o fundamentalismo estabelece suas pretensões, mas a natureza dessas.

Não é como se tudo que dizemos ou fazemos flutue no ar, a menos que possa ser ancorado em algum primeiro prin-

[52]Ludwig Wittgenstein, *Culture and Value*, Oxford, 1966, p. 16.

cípio auto-evidente. Se alguém me pergunta por que insisto em cobrir a cabeça com um saco de papel quando em público, será explicação suficiente eu dizer que me sinto desconfortável com minha aparência. Não tenho que continuar, acrescentando que isso se deve ao fato de, quando criança, meus pais dizerem que eu parecia uma versão em miniatura de Boris Karloff, e isso porque eram psicopatas sádicos que tinham um prazer perverso em reduzir a trapos minha autoconfiança.

Nem tenho que explicar também por que meus pais chegaram a ser como eram. "Sinto-me desconfortável com minha aparência" não é incompleto como explicação, a não ser que eu o remeta a primeiros princípios, tais como "algumas pessoas são simplesmente psicopatas". Servirá como linha de base por enquanto. Como nos aconselha Wittgenstein: se lhe perguntam qual é a última casa da aldeia, não responda que não há nenhuma porque alguém sempre poderia construir mais outra. Sem dúvida, poderia; mas aquela casa ali é a última, por agora. A aldeia não está incompleta. Explicações têm que terminar em algum lugar.

Isso, é claro, tem seus perigos. "Se exauri as justificativas", observa Wittgenstein em sua *persona* de simples camponês, "alcancei a rocha viva, e minha enxada ficou torta. Então sou inclinado a dizer: 'Isto é simplesmente o que faço.'"[53] Mas, e se o que faço é defraudar velhinhos de suas economias de toda a vida? Wittgenstein, é verdade, está pensando em assuntos mais fundamentais que este. Tem em mente as próprias formas culturais que nos permitem pensar o que pensamos e fazer o que fazemos. Nossa enxada repica contra a rocha dura

[53]Ludwig Wittgenstein, *Philosophical Investigations*, Oxford, 1963, p. 85.

quando tentamos apreender, em termos críticos, a própria forma de vida que, antes de tudo, nos constitui como sujeitos humanos. Mas poderíamos sentir que isso ainda é demasiado complacente. Grande parte do que nos constitui como quem somos não chega até o nível de hábitos que não podemos sequer objetificar. Wittgenstein, pode-se argüir, está sendo demasiado antropológico a esse respeito.

Existirá alguma coisa que efetivamente consiga chegar até lá? Para muito da teoria moderna, a resposta é "cultura". Para os nietzschianos, é poder. Para alguns antiteóricos, crença. Não podemos perguntar de onde vêm nossas crenças, já que a própria resposta a essa questão teria que estar fraseada na linguagem dessas crenças. Temos sugerido que uma possível resposta, embora altamente impopular hoje em dia, seria natureza humana, o ser-da-espécie. Natureza não é um termo que se possa esticar à vontade. Uma vez que tenhamos informado à antropóloga de Alfa Centauro que fazer música e sentir-se triste está em nossas naturezas, não há muito mais o que dizer. Se ela perguntar "Mas por quê", simplesmente ainda não pegou o conceito de natureza.

Essa é uma forma de essencialismo, pelo menos quando se trata de seres humanos. Assim sendo, pensadores radicais a vêem hoje com profunda desconfiança, já que parece sugerir que algumas coisas a respeito dos seres humanos são imutáveis. E estão absolutamente certos. Algumas coisas, como morte, temporalidade, linguagem, sociabilidade, sexualidade, sofrimento, produção e similares não mudam, no sentido de serem necessidades requeridas pela condição humana. Mas já estivemos nos perguntamos por que os antiessencialistas deveriam presumir, como fazem os *designers* de moda e os programadores de horários de TV, que a ausência de mudança é sempre indesejável. Pode existir o bizarro puritano, cheio de segredos, que pense ser desejável que os seres humanos não falem nem façam sexo, mas a maioria de nós não é desta linha. O antiessencialista mais astuto, como vimos, aceita que essas coisas sejam realidades imperecíveis, mas alega que nada de muita significância decorre daí. O que importa é a cultura — as diversas formas conflitantes que essas verdades universais de fato assumem no correr da história humana.

Isso é verdade num sentido, e excêntrico em outro. Como poderia alguém imaginar que as várias formas culturais assumidas por, digamos, a morte, importam mais do que a realidade da morte em si? Por que o fato de algumas pessoas serem enterradas em pé, enquanto outras são obsequiadas com salvas de tiros cerimoniais sobre o caixão, haveria de parecer mais importante do que a espantosa verdade de que nenhum de nós estará por aqui dentro de um século? Qual haveria de parecer mais notável à imortal antropóloga de Alfa Centauro? De qualquer forma, o fato de algo ser natural não o torna automaticamente aceitável, o que é parte daquilo que os antiessencialistas parecem temer. A morte é natural, assim como, provavelmente, algumas formas de doença, mas muitos de nós preferiríamos vê-las pelas costas. Seria preferível que as mortíferas mambas negras não fossem tão assustadoramente rápidas no bote, mas, a não ser pendurando pesos nelas, parece que não teríamos nada a fazer sobre o assunto. De qualquer modo, a essência humana é, toda ela, mudança. Antes de tudo, é por sermos animais sociais, sexuais, lingüísticos e trabalhadores que temos história. Se essa natureza fosse radicalmente alterada, deixaríamos totalmente de ser criaturas culturais e históricas. Os antiessencialistas estariam então, sem dúvida, num dilema.

O problema com uma fundação é que sempre parece possível encaixar uma outra por baixo. Tão logo a definimos, parece perder sua finalidade. Pode ser que o mundo esteja apoiado num elefante e o elefante numa tartaruga, mas, em que se apóia a tartaruga? Você pode insistir na questão e alegar, como os antifundacionistas famosamente fizeram, que são tartarugas até o fim; mas até o fim de quê? Como Pascal assinala nos Pensamentos: "... qualquer um pode ver que esses [princípios] que se supõe serem últimos não se sustentam por si mesmos, mas dependem de outros, que dependem de ainda outros, e assim nunca admitem qualquer finalidade."[54] O atormentado protagonista das *Notas do subterrâneo*, de Dostoievski, reclama que "qualquer causa primária que eu tenha imediatamente arrasta uma outra a reboque, e essa é ainda mais primária, e assim *ad infinitum*". Para evitar essa regressão infinita, você precisaria de um fundamento que fosse auto-evidente e autojustificante. Você precisaria de um fundamento autofundante. E foi tarefa tradicional da filosofia produzir plausíveis candidatos a esse papel.

Inventar a idéia de Deus é a solução mais ágil para esse problema. Pois Deus é, por definição, aquilo além do qual não se pode cavar mais fundo. Ele é, como observa Spinoza, uma "Causa autocausante", contendo seus fins, bases e propósitos inteiramente dentro de si mesmo. Essa, todavia, não foi uma solução destinada a perdurar. Uma das razões foi que Deus mostrou-se ser um fundamento demasiado vago e nebuloso. Ele não era um princípio, uma entidade, um ser definível, ou mesmo uma pessoa no sentido em que se poderia dizer que Al Gore é. Deus e o universo não fazem um par

[54]Blaise Pascal, *Pensées*, Londres, 1995, p. 62.

perfeito. Outra razão foi que, se Deus realmente fosse o fundamento do mundo, estaria claro que havia juntado a coisa toda muito apressadamente, numa atitude de negligência criminosa, e teria muita explicação difícil a dar. O porquê de ter precisado regalar-nos com o cólera, ou com o clorofórmio, não ficou inteiramente óbvio. O projeto todo havia sido insanamente superambicioso e requereria um remanejamento radical. Era difícil conciliar a idéia de Deus com criancinhas tendo a pele queimada por armas químicas.

No entanto houve outras razões além da aparente brutalidade de Deus que o levaram ao desprestígio. O que se exigia de um fundamento era um sentido de por que as coisas seriam necessariamente como eram; mas Deus não foi resposta adequada a isso. Num sentido, de fato, era exatamente o oposto. A idéia da criação significava que ele havia criado o mundo só porque lhe deu na telha, como uma olhadela à nossa volta pode confirmar. Não precisava fazê-lo. Sendo Deus, não precisa fazer coisa alguma. A criação é totalmente contingente. Poderia muito bem não ter acontecido. Esse é um dos significados da alegação de que Deus transcende seu mundo. Deus é a razão de existir alguma coisa, em vez de simplesmente nada. Mas essa é uma maneira de dizer que, realmente, não há razão alguma.

Além disso, Deus deu um fora fatal ao modelar o universo. Ele o fez para que fosse livre, querendo dizer autônomo em si mesmo. Pois ser o universo uma criação sua significava que partilharia sua própria liberdade e, assim, seria autodeterminante. E isso se aplicava especialmente aos seres humanos, cuja liberdade era a imagem da sua própria. Foi nesse sentido que foram criados à sua semelhança — uma reivindicação que, de outra forma, soaria estranha, já que Deus supostamente não tem ovários ou unhas no pé. Paradoxalmente, era por serem dependentes dele que eram livres. A liberdade, todavia, não pode ser representada. É uma coisa enganadora, imprevisível, que escorrega por entre os dedos e se recusa a ser transformada em imagem. Defini-la é destruí-la.

Assim, o mundo tinha seu fundamento na liberdade — mas isso se parecia com não ter fundamento algum. E, se tudo funcionasse por si mesmo, onde estava a necessidade de um Deus? Poderíamos desenvolver, em vez disso, um discurso que aceitasse o mundo em sua autonomia e deixasse de lado o fabricante ausente. Isso foi conhecido como ciência. Deus fora feito redundante por sua própria criação. Simplesmente não fazia sentido mantê-lo na folha de pagamento. Foi sua precipitada e generosa decisão de permitir que o mundo funcionasse inteiramente por si que finalmente acabou com ele. Como um inventor cujos planos para um tipo de couro indestrutível são comprados por uma multinacional fabricante de calçados e entregues às chamas, ele havia sido excessivamente esperto e acabou perdendo o emprego.

Todavia não houve falta de candidatos alternativos a fundamento. Natureza, Razão, História, Espírito, Poder, Produção, Desejo: a era moderna viu chegar todos eles e, na maioria dos casos, também os viu partir. Todos, em seus diferentes modos, eram narrativas do Homem. O Homem poderia servir como o novo fundamento. Mas isso também foi pouco satisfatório. Pelo menos, parecia estranhamente circular ver o Homem como o fundamento do Homem. O Homem parecia ser candidato mais promissor do que Deus ao *status* de fundamento porque era de carne e osso, palpável. A invisibilidade de Deus sempre foi uma grave desvantagem para suas perspectivas de uma carreira como fundamento, levando muita gente à conclusão não de todo irracional de que não era que ele estivesse lá, mas escondido; acontecia que ele simplesmente não estava lá.

E havia outra coisa: o Homem teria que ser despido de sua carne e sangue para fazer esse papel. Teria que ser reduzido ao sujeito humano abstrato — a palavra "sujeito" significando aquilo que está em baixo, ou o fundamento. Para fazer esse majestoso papel, ele teria que se desfazer de sua realidade carnal. O homem histórico era demasiadamente finito para ser um fundamento efetivo, enquanto o Homem como sujeito universal era demasiado intangível. Como ele também era constituído de liberdade, caiu em todos os problemas que já haviam emboscado Deus. Tomar uma posição firme a respeito da liberdade era como se posicionar no ar. Se ser livre é ser incognoscível, então o Homem ficou tão inescrutável quanto Deus, e não menos para si mesmo. Assim, justamente no auge de seus poderes, ele se cegou. O Homem era um enigma no centro do mundo. Era a base da coisa toda, mas não podia ser representado nela. Em vez disso, era uma ausência fantasmagórica em seu coração.

Era naturalmente lisonjeiro para o Homem ser elevado a esse *status* quase divino. Foi uma grande satisfação sentir que o mundo todo dependia de nós e que desapareceria se desaparecêssemos. Mas foi também uma poderosa fonte de ansiedade. Significava que não havia nada suficientemente independente de nós com que pudéssemos estabelecer um diálogo e, assim, nos certificarmos de nosso valor e de nossa identidade. Todo diálogo tornou-se autodiálogo. Era como tentar jogar vôlei consigo mesmo. Aquilo que nos conferia supremo valor era, simultaneamente, o que o minava. Éramos livres para fazer o que quiséssemos, como autores de nossa própria história — mas, como fomos nós que inventamos as regras, essa liberdade parecia grotescamente gratuita. Éramos monarcas absolutos que ninguém ousava contestar, mas cuja existência parecia cada vez mais sem sentido à medida que acumulávamos mais poder. O que nos fazia tão especiais era também o que nos fazia mais solitários. Estávamos empacados em nós mesmos por toda a eternidade, como alguém encalacrado com um chato insuportável num coquetel.

Assim, com o tempo, também o Homem ficou maduro para ser derrubado, um golpe proposto mais notavelmente por Friedrich Nietzsche. Foi ele que denunciou a morte de Deus, querendo dizer que não tínhamos mais necessidade de fundamentos metafísicos. Era só covardia e uma nostalgia mórbida o que nos mantinha atrelados a eles. Não mais acreditávamos em valores absolutos, mas não podíamos reconhecer isso. Fomos nós mesmos que assassinamos Deus; com nossa atividade agressivamente secularizante, chutamos para longe nossos fundamentos metafísicos, o que nos deu ainda mais razões para esconder o cadáver. Éramos assassinos da divindade, mas covardemente nos recusávamos a assumir nosso deicídio. E essa recusa era o aparelho de respiração que mantinha vivo o paciente terminal, Deus. Nietzsche, como seus discípulos pós-modernos, estava simplesmente pedindo que nos livrássemos disso. Éramos como um casal cujo casamento estava morto havia anos, mas que simplesmente não o admitia. Tínhamos caído numa contradição performática, nossos protestos absurdamente opostos a nosso comportamento. Um banqueiro ou um político podem alegar que acreditam em valores absolutos, mas você pode ver que não é verdade simplesmente observando o que fazem. Não é preciso perscrutar suas almas. A Casa Branca acredita devotamente no Todo-Poderoso e, com toda transparência, não acredita em tal coisa.

Para Nietzsche, não fazia sentido substituir Deus pelo Homem. Isso era só um estratagema bem montado para evitar nos confrontarmos com a falência de Deus. Nada se ganharia substituindo a idolatria religiosa pela idolatria humanista. Os dois credos sustentavam-se ou caíam juntos. A morte de Deus tem que resultar na morte do Homem, mero avatar de Deus na terra. Ironicamente, isso era apenas uma inversão do que o próprio cristianismo havia ensinado. Para a fé cristã, a morte de um homem (Jesus) foi a morte da imagem de Deus como patriarca vingativo. Deus é revelado como um amigo, amante e vítima solidária, não como Papai-Ninguém. Em jargão lacaniano, um significante-mestre é substituído por um resíduo excremental. É essa imagem do deus patriarcal que Nietzsche se dispõe a desalojar, sem se dar conta de que isso é matar Deus pela segunda vez. Temos que ter a coragem de viver relativamente, provisoriamente, sem fundamentos. Ou, então, ter a franqueza de confessar que, de qualquer modo, é assim que vivemos, permitindo que nossas crenças estejam sincronizadas com nossas práticas. O que dizemos deve ter raízes concretas no que fazemos; de outra forma, ficará totalmente sem força.

Dessa maneira, Nietzsche antecipa o movimento de passagem da civilização burguesa para uma era pós-metafísica. Valores absolutos como Deus, Liberdade, Pátria e Família são esplêndidas garantias de estabilidade social, mas você pode descobrir que também são obstáculos aos seus lucros. Quando se chega a uma confrontação entre dinheiro e metafísica, é essa que terá que perder. O sistema precisa achar novas maneiras de se legitimar, e apareceu, em sua fase pós-nietzschiana, com uma solução surpreendentemente completa: Não tente legitimar-se de modo algum. Ou, pelo menos, não de uma forma absoluta. A legitimação é parte do problema, não a solução. É algo circular, de qualquer maneira, pois as desculpas que você apresenta pelo que faz têm que ser inevitavelmente enquadradas na linguagem extraída do estilo de vida que você defende. A obsessão protestante com a autojustificação é o que nos está adoecendo. Afinal de contas, existe alguém aí perante quem nos justificarmos?

Há uma diferença entre acreditar em fundamentos e ser um fundamentalista. Você pode acreditar que existem fundamentos para a cultura humana sem ser um fundamentalista. Na verdade, o que é exatamente o fundamentalismo é uma questão que merece ser levantada, considerando que ele floresce tanto em Montana quanto no Oriente Médio.

Num certo sentido, todo mundo é fundamentalista, já que todos nós mantemos certos compromissos fundamentais. Esses compromissos não precisam ser sólidos ou entusiastas, e nem mesmo especialmente importantes; só precisam ser fundamentais para a maneira como você vive. Você não precisa estar pronto para lutar e morrer por eles — embora se possa lutar até a morte por um compromisso banal, para não falar de um compromisso falso. Acreditar que nada vale coisa alguma é um compromisso tão básico quanto acreditar na reencarnação ou numa conspiração judaica mundial. Algumas das minhas crenças, como a convicção de que não quero passar o resto da minha vida em Mullingar, são bastante casuais, no sentido em que posso me imaginar mudando de idéia a respeito disso. Pode não ser tão difícil assim me persuadir de que, em termos de mera qualidade dinâmica de vida, Mullingar bate Vancouver de longe.

Mas outras crenças que sustento — a opinião, por exemplo, de que Henry Kissinger não é o homem mais admirável do planeta — correm tão profundo em minha identidade que não sustentá-las seria como ser uma pessoa completamente diferente. Não que eu esteja dogmaticamente fechado a alguma evidência que provaria ser Kissinger menos repulsivo do que acho que seja; é que aceitar tal evidência exigiria tamanha reforma da minha identidade, que seria como abandoná-la totalmente. Mas se Kissinger for, realmente, um velho ursinho de pelúcia tímido e de coração mole que apenas foi mal compreendido, isso, supostamente, é o que eu deveria estar pronto para fazer.

De fato, é só por termos esses tipos mais básicos de compromissos que podemos falar de se ter uma identidade, qualquer que seja. Em última instância, há compromissos dos quais não podemos nos afastar, não importa quanto tentemos; e essas lealdades, sejam recomendáveis ou repulsivas, são definidoras de quem somos. Apenas num sentido limitado as lealdades mais profundas são as que escolhemos, e é nisso que o voluntarismo se engana. Você não pode decidir deixar de ser um taoísta ou um trotskista, como se fosse o mesmo que decidir deixar de partir o cabelo ao meio. Ser quem é significa estar orientado para o que você pensa ser importante ou que valha a pena fazer. Tudo isso, com certeza, pode mudar; mas, se a mudança for fundo o bastante, o que vai emergir será uma nova identidade que também terá prioridades desse tipo. Qualquer um que genuinamente acreditasse que nada é mais importante do que qualquer outra coisa, em contraste com adotar essa linha porque parece estar na moda ser "anti-hierárquico", não seria exatamente o que poderíamos reconhecer como uma pessoa. E, se você os observasse em ação, apenas cinco minutos bastariam para reconhecer que, de fato, não acreditam em nada disso.

Fundamentalismo, portanto, não é uma questão de ter certas crenças básicas. Mas também não é questão de como você as tem. Não se trata apenas de estilo. Você não deixa de manter crenças fundamentalistas por expressá-las com refinada hesitação e de modo inconspícuo, humildemente confessando a cada poucos minutos que, quase com certeza, está equivocado. Numa ocasião, o historiador de esquerda A. J. P. Taylor foi secamente questionado numa entrevista para uma cadeira no Magdalen College, em Oxford, quando lhe perguntaram se era verdade que sustentava pontos de vista políticos radicais, ao que ele respondeu que sim, mas que o fazia de forma moderada.

Por outro lado, há os que têm pontos de vista políticos bastante moderados, mas que os defendem de forma extremada — aqueles, por exemplo, que vociferam sobre questões políticas particulares como racismo ou machismo, mas que, quanto ao resto, mantêm-se impecavelmente em cima do muro. Taylor podia estar insinuando que não acreditava realmente no que se supunha que devesse acreditar; ou talvez quisesse dizer que, embora acreditasse, sem dúvida, no que acreditava, não concordava com pendurar pessoas em vigas, amarradas e amordaçadas, enquanto as intimidava com suas opiniões. Na verdade, essa pode ter sido uma das suas crenças fundamentais.

O oposto do autoritarismo intelectual não é o ceticismo, a impassividade ou a convicção de que a verdade sempre está mais ou menos no meio. É estar pronto para aceitar que você pode apegar-se aos seus princípios básicos tão fervorosamente quanto eu aos meus. De fato, a não ser que reconheça isso, não vou conseguir arrasar aqueles seus preconceitos grosseiros. Tolerância e partidarismo não são incompatíveis. Não que a primeira sempre murmure, enquanto o segundo sempre berre. O oposto da tolerância não é a convicção apaixonada. Só que entre as apaixonadas convicções dos tolerantes está a crença de que os outros, na maior parte dos casos, têm tanto direito às próprias opiniões quanto eles próprios. Não se segue daí que não tenham entusiasmo para manter suas opiniões.

"Na maioria dos casos", é claro; pois não se trata de sugerir que qualquer um esteja livre para defender seja lá o que for. Quase ninguém acredita em liberdade de expressão. Pessoas que publicamente acusam outras de serem criminosos de guerra, sem a menor evidência, podem ser justamente processadas. A diferença entre os fundamentalistas e seus críticos não se refere à censura, já que são muito raros os que não a apóiam. Fundamentalismo não é só estreiteza mental; há um grande número de não-fundamentalistas de mentalidade estreita. Tanto fundamentalistas quanto não-fundamentalistas sentem náusea quando se fala em crianças de cinco anos sendo expostas a filmes pornográficos, enquanto muitos antifundamentalistas acreditam em banir a expressão de opiniões racistas em público. Parecemos, então, não estar mais próximos da resposta à questão sobre a natureza do fundamentalismo. Não se trata de defender pontos de vista básicos, ou censura, ou mesmo dogmatismo. Tampouco é, necessariamente, uma questão de impor suas opiniões a outros. Testemunhas de Jeová são fundamentalistas, mas não costumam invadir sua casa com um fuzil, em contraste com forçar a entrada enfiando um discreto pé na porta da frente.

Testemunhas de Jeová são fundamentalistas porque acreditam que cada palavra da Bíblia é literalmente verdadeira; e essa é, com certeza, a única definição de fundamentalismo que vai realmente perdurar. O fundamentalismo é uma questão de textualidade.[55] É uma tentativa de validar nosso discurso apoiando-o no padrão-ouro da Palavra das palavras, vendo Deus como o avalista final do significado. Significa aderir estritamente ao roteiro. É um medo do não-escrito, improvisado ou indeterminado, assim como um horror a excesso e ambigüidade. Tanto a versão islâmica quanto a cristã do fundamentalismo denunciam a idolatria, embora ambas idolatrem um texto sagrado. Al-Qaeda pode significar lei, palavra, base ou princípio.

Esse texto sagrado é mais importante que a própria vida, uma crença que pode resultar em violência. Tanto a Bíblia quanto o Alcorão podem arrasar edifícios. A frase bíblica "a letra mata" tem sido tragicamente confirmada no mundo contemporâneo. Quando um incêndio alastrou-se em 11 de março de 2002 na Escola Intermediária para Moças nº 31, em Meca, a polícia religiosa forçou algumas garotas a voltar para o prédio porque não usavam túnicas e véus. Quatorze meninas morreram, e dúzias de outras sofreram terríveis queimaduras. Em outras partes do mundo, médicos norte-americanos que praticam aborto são fuzilados diante de suas famílias por

[55]Fundamentalismo não é *apenas* uma questão de textualidade; envolve também uma estrita adesão a doutrinas e crenças tradicionais, um compromisso com o que é tido como crenças fundamentais imutáveis de uma religião, e assim por diante. Mas faz parte de sua essência a literalidade de interpretação.

defensores da família e da vida, prontos para arrasar o Iraque ou a Coréia do Norte com mísseis nucleares.

Os fundamentalistas não vêem que a frase "texto sagrado" é autocontraditória — que texto nenhum pode ser sagrado, pois cada peça de escritura é profanada por uma pluralidade de sentidos. A escrita significa simplesmente significados que podem ser manuseados por qualquer um, em qualquer lugar. O significado que já foi escrito é não-higiênico. É também promíscuo, pronto para se emprestar a quem quer que apareça. Como a matéria, a linguagem, aos olhos dos fundamentalistas, é demasiado fecunda, sempre desovando e proliferando, incapaz de dizer uma coisa de cada vez. Somente na linguagem podemos atingir a clareza, embora a linguagem seja, ela mesma, uma ameaça a essa clareza. Todavia, se não existe clareza, se nenhum significado está livre de metáfora e ambigüidade, como haveremos de construir uma base sólida o bastante para nossas vidas num mundo demasiado veloz e escorregadio para nele acharmos um apoio?

Essa não é uma ansiedade da qual se deva escarnecer. Não há nada de esquisito ou reacionário em procurar alguma *terra firma* num mundo onde homens e mulheres são desafiados a se reinventar da noite para o dia, em que aposentadorias são repentinamente varridas pela ganância e fraude corporativas, ou onde estilos de vida inteiros são casualmente lançados no monte de lixo. É desagradável sentir que se está caminhando num ar rarefeito. A maioria das pessoas espera ter um nicho de segurança em suas vidas pessoais; por que então não demandá-lo também na vida social? Não são necessariamente fundamentalistas por fazerem isso.

O fundamentalismo é apenas uma versão adoecida desse desejo. É uma busca neurótica por fundações sólidas para nossa existência, uma inabilidade de aceitar que a vida humana é uma questão não de caminhar em ar rarefeito, mas de *rudeza*. De um ponto de vista fundamentalista, a rudeza só pode mesmo parecer uma desastrosa falta de clareza e exatidão, algo como alguém sentir que não medir o Everest até o último milímetro é nos deixar em total ignorância a respeito de quão alto ele seja. Não é de surpreender que o fundamentalismo não veja nada no corpo e na sexualidade além de perigos a serem suprimidos, já que, em certo sentido, toda carne é rude e, em certo sentido, todo sexo é um comércio rude.

Uma instância de fundamentalismo bíblico poderia ser suficiente para sublinhar seu absurdo. Um dos autores do Novo Testamento, conhecido como Lucas, presumivelmente sabe da probabilidade de que Jesus venha a nascer na Galiléia, mas precisa que ele nasça na província da Judéia devido à profecia de que o Messias será da casa judaica de Davi. Sendo assim, se Jesus deve ser o Messias, não lhe ficaria bem nascer na indigente Galiléia. Seria como um arquiduque ter nascido em Gary, Indiana. Então, Lucas tranqüilamente inventa um recenseamento romano, para o qual não há evidência histórica, que instrui a todos os habitantes do império a retornarem a seus lugares de origem para se registrar. O pai de Jesus, José, ele próprio da casa de Davi, vai então com sua esposa grávida, Maria, para Belém, a cidade de Davi, e Jesus convenientemente nasce ali. Por esse dispositivo narrativo implausível, ele adquire a genealogia correta.

Seria difícil imaginar maneira mais ridícula de registrar a população do império romano do que mandar todos de volta aos lugares de nascimento. Por que não registrá-los onde estão? O resultado de um esquema tão temerário teria sido o caos total. O império teria ficado engarrafado de ponta a ponta. De qualquer modo, tivesse havido uma migração de povos tão massiva no século I, quase certamente teríamos ficado sabendo disso de fontes mais confiáveis do que o autor do Evangelho de Lucas.

O fundamentalista está à deriva nas águas agitadas da vida social, nostálgico do gelo liso da certeza absoluta onde se pode pensar, mas sobre o qual não se pode caminhar. Ele é, de fato, uma versão mais patológica do conservador — pois o conservador também suspeita de que, se não há regras herméticas e limites exatos, então só pode haver caos. E como não pode haver regras para a aplicação de regras, o caos está sempre por perto. Os conservadores gostam de usar a imagem das comportas: uma vez que você permita que uma única pessoa impunemente vomite da janela do carro, sem impor a ela uma longa sentença de prisão, então, antes que você se dê conta, os outros motoristas estarão todos vomitando de seus veículos, e as estradas ficariam intransitáveis. Leis luminosamente claras, definições exaustivas e princípios autoevidentes são tudo que nos separa do colapso da civilização. A verdade é bem o oposto: os princípios paranóicos do fundamentalismo estão muito mais propensos a reduzir a civilização a estilhaços do que o cinismo ou o agnosticismo. É profundamente irônico que os que detestam e temem o não-ser estejam preparados para explodir os corpos de outras pessoas.

O problema para os conservadores e fundamentalistas é que, tão logo você tenha dito "lei" ou "regra", o resultado não é manter afastado um certo caos, mas, de fato, evocá-lo. Aplicar uma regra é uma coisa criativa, em aberto, mais parecido a entender as instruções para construir o Taj Mahal com pecinhas de Lego do que obedecer a um sinal de trânsito. No tênis, lembra-nos Wittgenstein, não há regras sobre a que altura lançar a bola, ou com que firmeza bater nela, mas, apesar disso, o tênis é um jogo governado por regras. Quanto à lei, nada ilustra tão bem sua natureza escorregadia do que a sofística legalista de Porcia em *O mercador de Veneza*, um episódio ao qual já me referi. Ela consegue salvar o condenado Antonio mostrando ao júri que o contrato que garante a Shylock meio quilo da carne do outro não menciona levar qualquer quantidade de sangue junto.

Entretanto nenhuma corte verdadeira admitiria argumento tão absurdo. Nenhuma peça de escrita pode explicitar todas as suas concebíveis implicações. Você poderia igualmente alegar que o contrato de Shylock também não fazia nenhuma referência ao uso de uma faca, ou a que seu cabelo tivesse que estar amarrado num atraente rabo-de-cavalo no momento da incisão. A leitura que Porcia faz do contrato é falsa por ser demasiado literal: é uma leitura fundamentalista, pedantemente fiel à letra do texto e, assim, flagrantemente falsificando seu sentido. Para ser exata, a interpretação deve ser criativa. Deve recorrer a entendimentos tácitos de como a vida e a linguagem funcionam, saberes práticos que nunca podem ser precisamente formulados, justamente o que Porcia recusa-se a fazer. Se quisermos ser tão claros quanto possível, uma certa rudeza é inevitável.

Os fundamentalistas querem uma fundação resistente para o mundo, o que, no caso deles, significa, em geral, um texto sagrado. Já vimos que um texto é o pior material para esse propósito. A idéia de um texto inflexível é tão estranha quanto a idéia de um pedaço de barbante inflexível. Podemos contrastar o fundamentalismo, nesse aspecto, com a tradição judaica heterodoxa conhecida como Cabala, que toma liberdades aparentemente escandalosas com os textos sagrados, lendo-os a contrapelo, tratando-os como criptogramas e conjurando deles os significados mais esotéricos. Para alguns cabalistas, falta nas escrituras uma letra que, uma vez restaurada, dará um sentido totalmente diferente à leitura. Para outros, os próprios espaços entre as letras da escritura são letras ausentes, que Deus um dia nos vai ensinar a interpretar.

Não há letras ausentes para o fundamentalista. Ele quer sustentar a vida com a morte — escorar o vivo com uma letra morta. Uma vez que as letras da Bíblia ou do Alcorão comecem a se mexer, as fundações começam a tremer. O evangelho de Mateus, num momento de negligência, apresenta Jesus entrando em Jerusalém montado tanto sobre um potro como um burro — caso em que o filho de Deus deve ter tido que pôr uma perna sobre cada um. A letra tem que ser rigidamente embalsamada, se é para dotar a vida com a certeza e a conclusividade da morte. O significado há que ser hermeticamente selado e ter fundo de cobre. Uma vez que se reconheça que a palavra "banco" tem mais de um sentido, e antes que você saiba a quantas anda, ela pode significar qualquer coisa desde "setial" a "acidente geográfico".

Há um paradoxo aqui, todavia. O fundamentalismo é uma espécie de necrofilia, apaixonado pela letra morta de um texto. Trata as palavras como se fossem coisas tão pesadas e inquebráveis como um castiçal de bronze. Mas faz isso por querer congelar certos significados por toda a eternidade — e o significado em si não é material. Assim, a situação ideal para o fundamentalista seria ter significados, mas não linguagem escrita — pois a escrita é perecível, corpórea e facilmente contaminada. É um veículo inferior para verdades tão sacrossantas. Há uma conexão entre o desprezo do fundamentalismo pelo corpo material da palavra, precioso apenas pela verdade imperecível que encarna, e seus modos brutais para com a vida humana. Está pronto para destruir toda a criação a fim de preservar a pureza de uma idéia. E isso é, certamente, uma forma de loucura. O desejo de pureza é um desejo de não-ser. É para esse assunto que agora podemos nos voltar.

CAPÍTULO 8 A morte, o mal e o não-ser

Fundamentalistas são basicamente fetichistas. Para Sigmund Freud, um fetiche é qualquer coisa que você use para preencher alguma lacuna sinistra; e o enervante vazio que os fundamentalistas se apressam em preencher é simplesmente a natureza difusa, de textura áspera, sem contornos fixos, da existência humana. É o não-ser o que os fundamentalistas mais temem. E aquilo com que o preenchem é o dogma.

Esse é um trabalho de Sísifo, já que não-ser é aquilo de que somos feitos. "Nós, irlandeses," observou o filósofo irlandês George Berkerley, "somos capazes de pensar que algo e nada são quase vizinhos." A consciência humana não é uma coisa em si, mas só é definível em termos daquilo para o que olha ou daquilo que pensa. Em si mesma, é inteiramente vazia. David Hume, talvez o maior dos filósofos britânicos, confessou que, quando olhava dentro de sua mente, não conseguia achar nada que fosse puramente ele mesmo, em contraste com a percepção ou sensação de alguma outra coisa. Além disso, por sermos animais históricos, estamos sempre no processo de vir-a-ser, perpetuamente projetados para adiante de nós mesmos. Como nossa vida é um projeto, e não uma série de momentos presentes, nunca podemos atingir a identidade estável de um mosquito ou de um ancinho.

Ditos que nos encorajam a desfrutar o dia de hoje, aproveitar a ocasião, viver como se não houvesse amanhã, colher a rosa ainda em botão,[56] comer, beber e ser feliz estão destinados a nos soar como algo simplório. É o próprio fato de não podermos viver no presente — para nós, o presente é sempre parte de um projeto inacabado — o que faz nossas vidas serem como crônicas, e não narrativas. Não há nada de particularmente precioso em viver como um peixinho de aquário. Não podemos escolher viver fora da história: ela é nosso destino, tanto quanto a morte.

É verdade que, numa sociedade que negocia futuros, os lírios do campo são dignos de imitação, embora seja difícil saber como seria viver como um lírio. Se fôssemos capazes de viver no *aqui*, nossa existência seria, sem dúvida, menos agitada do que é. Mas extrair todo o sumo do momento, até o cerne, nas palavras do poeta Edward Thomas,[57] seria viver uma espécie de eternidade. Como Wittgenstein percebeu, a eternidade, se existe em algum lugar, há de ser *aqui e agora*. E a eternidade não é para nós. Com os humanos, há sempre mais ser ali de onde veio este. Somos um ainda-não, mais que um agora. A nossa é uma vida de desejo, que exaure nossa existência até o cerne. Se a liberdade é própria de nossa essência, então temos que fugir de qualquer definição exaustiva de nós mesmos. E se somos também bichos autocontraditórios,

[56]Alusão ao primeiro verso de um poema de Richard Herrick, *To the Virgins*: "gather ye rosebuds while you may", na íntegra em http://www.luminarium.org/sevenlit/herrick/tovirgins.htm (*N. da T.*)

[57]Edward Thomas (1878-1917): poeta inglês, morto durante a guerra. A referência é ao último verso do poema *The Glory*. Uma coletânea de seus poemas está em http://www.richmondreview.co.uk/library/thomas00.html (*N. da T.*)

suspensos entre terra e céu, animais e angélicos, somos mais resistentes ainda a sermos definidos ou representados.

Seres humanos são o curinga do baralho, a mancha escura no centro da paisagem, a glória, a graça e o enigma do mundo. Para Pascal, a humanidade é uma aberração, "um monstro além de toda compreensão". Somos prodigiosos, caóticos e paradoxais: "Frágeis vermes da terra, depositários da verdade... glória e dejeto do universo!"[58] O homem, conclui Pascal, "transcende o Homem". Violar ou transgredir nossa natureza é o que nos acorre naturalmente. Aos olhos de Hegel, o puro ser é absolutamente indeterminado e, assim, indistinguível do nada. Para Schopenhauer, o *self* é um "vazio sem fundo". Para o anarquista Max Stirner, a humanidade é um tipo de "nada criativo". Para Martin Heidegger, viver autenticamente é abarcar nossa própria "nadidade", aceitando o fato de nossa existência ser contingente, não fundamentada e não escolhida. Para Sigmund Freud, a negatividade do inconsciente infiltra cada palavra e cada um de nossos atos.

A ideologia está aí para fazer com que nos sintamos necessários; a filosofia está por perto para nos lembrar que não o somos. Enxergar o mundo corretamente é vê-lo à luz de sua contingência. E isso quer dizer vê-lo à sombra de seu não-ser potencial. "Aquilo que é", escreve Theodor Adorno, "é experienciado em relação ao seu possível não-ser. Somente isso o torna inteiramente uma posse..."[59] Enxergar qualquer coisa verdadeiramente é celebrar o feliz acidente de seu existir. A obra de arte modernista, existindo numa época sem fundamentos, de alguma maneira tem que manifestar a ver-

[58]Blaise Pascal, *Pensées*, Londres, 1995, p. 34.
[59]Theodor Adorno, *Mínima Moralia,* Londres, 1974, p. 79.

dade de que poderia muito bem nunca ter existido, simplesmente para ser autêntica. Tratar a si mesma casualmente é o mais perto que ela pode chegar da verdade. Essa é uma das razões de a ironia ser tão apreciada como um traço modernista.

Também os seres humanos têm que viver ironicamente. Aceitar a falta de bases para nossa existência significa, entre outras coisas, viver à sombra da morte. Nada ilustra mais graficamente quão desnecessários somos do que nossa mortalidade. Aceitar a morte seria viver mais plenamente. Ao reconhecer que nossas vidas são provisórias, podemos relaxar nosso apego neurótico a elas e assim vir a gozá-las muito mais. Abraçar a morte nesse sentido é o oposto de deixar-se morbidamente seduzir por ela. Além disso, se de fato pudéssemos manter a morte em mente, é quase certo que agiríamos com mais virtude do que agimos. Se vivêssemos permanentemente à beira da morte, é provável que tivéssemos mais facilidade de perdoar os inimigos e refazer nossos relacionamentos. É, em parte, a ilusão de que viveremos para sempre que nos impede fazer essas coisas. Imortalidade e imoralidade são aliados muito próximos.

A morte é tão estranha quanto íntima para nós; nem totalmente estranha nem puramente pessoal. Nessa medida, nossa relação com ela assemelha-se à relação com as outras pessoas, que são, da mesma forma, tanto companheiras quanto estranhas. A morte pode não ser exatamente uma amiga, mas também não é inteiramente uma inimiga. Como amiga, pode me esclarecer a meu respeito, embora, como inimiga, o faça de maneiras que, na maior parte dos casos, eu preferiria não ouvir. Pode recordar-me da minha finitude e contingência de criatura, da natureza frágil e efêmera da minha existência, da minha carência e da vulnerabilidade dos outros. Aprendendo com isso, podemos transformar fatos em valores. Por estar assim entrelaçada com nossas vidas, a morte pode tornar-se menos assustadora, menos uma força ameaçadora que simplesmente está em campo para acabar conosco. Sem dúvida, está; mas, nesse processo, pode nos sugerir algo sobre como viver. E esse é o tipo de comportamento a se esperar de um amigo.

Mas não é apenas que a morte nos possa dar alguns conselhos amigáveis. Também é verdade que amigos podem nos resgatar da morte ou, pelo menos, nos ajudar a desarmar seus terrores. A absoluta auto-entrega que a morte exige de nós só é tolerável se, de alguma forma, tivermos ensaiado para isso na vida. A autodoação própria da amizade é uma espécie de *petit mort*, um ato com a estrutura interna do morrer. Isso, com certeza, é um dos significados do dito de São Paulo: morremos a cada momento. Nesse sentido, a morte é uma das estruturas internas da própria existência social. O mundo antigo acreditava que sua ordem social teria que ser cimentada pelo sacrifício, e estava perfeitamente correto. Só que tendia a ver tal sacrifício em termos de libações e bodes degolados, ao invés de uma estrutura de autodoação recíproca. Uma vez que as instituições sociais sejam ordenadas de tal forma que a autodoação seja recíproca e irrestrita, seria menos necessário o sacrifício, no sentido abominável de alguns terem de renunciar à própria felicidade para o bem de outros.

Uma sociedade que se deixa intimidar pela morte é também passível de ser atordoada por estrangeiros. Ambos marcam os limites de nossas próprias vidas, relativizando-as de maneiras dolorosas. Mas, num certo sentido, todos os outros são estrangeiros. Minha identidade está sob a guarda dos outros, e isso — por me perceberem através da densa trama de seus próprios interesses e desejos — jamais pode ser um guardar inteiramente seguro. O *self* que recebo de volta de outros é sempre meio desbotado, como algo que ficou muito tempo na vitrine. Está maltratado pelos desejos deles próprios — o que não quer dizer seus desejos por mim. Mas continua a ser verdade que só posso saber quem sou, ou o que sinto, ao partilhar de uma linguagem que nunca é posse pessoal minha. São os outros os guardiões do meu senso de identidade. "Tomo-me emprestado de outros", como observa o filósofo Maurice Merleau-Ponty.[60] É somente no falar compartilhado com eles que posso vir a significar o que quer que seja.

Esse significado não é algo que eu possa possuir inteiramente, já que também não o podem aqueles que o produzem. Não se trata simplesmente de não saber suas opiniões a meu respeito. Se fosse esse o problema, não bastaria lhes perguntar. É uma questão da maneira como minha existência aparece em suas vidas, de formas que nem eu nem eles jamais podemos estar totalmente cônscios. Para determinar os efeitos que se propagam de mim sobre outros, seja do menor dos meus atos ou simplesmente da minha mera presença no mundo, eu precisaria empregar todo um exército de pesquisadores. Essa não é apenas uma visão moderna; é também parte do ensinamento do grande sábio budista Nagarjuna, para quem o *self* não tem essência porque está ligado à vida de inúmeros outros, sendo o produto de suas escolhas e condutas. Não pode ser claramente separado dessa teia de significados. Além disso, nossas vidas adquirem parte de seu significado postumamente: o futuro sempre nos reescreverá, talvez colhendo comédia do que foi tragédia em seu tempo, ou vice-

[60]Maurice Merleau-Ponty, *Signs*, Chicago, 1964, p. 159.

versa. Esse é um outro sentido em que o significado da sua vida está fadado a enganá-lo enquanto você a está vivendo. O que você é não termina com sua morte.

A morte nos mostra a natureza essencialmente indominável de nossas vidas e, conseqüentemente, algo do equívoco de tentar dominar a vida de outros. Se sou intratável para comigo mesmo, dificilmente posso exigir maleabilidade instantânea de outros. Somente ao não se maltratar — ao aceitar que não tem nenhum domínio final sobre si, que você é um estranho para si mesmo — podem as relações com você mesmo ser um modelo para lidar com outros. Não desejaríamos ser tratados por algumas pessoas da maneira como elas tratam a si mesmas. Isso significa renunciar à letal ideologia da vontade.

Essa renúncia é justamente o que o fundamentalista não é capaz de fazer. Não pode aceitar a contingência. Sua vida antecipa a morte, mas de todas as formas erradas. Longe de a realidade da morte relaxar seu apego neurótico à vida, faz com que se agarre a ela até que os dedos fiquem brancos. O fundamentalista tenta enganar a morte com a estratégia astuciosa de projetar seu absolutismo na vida, e assim tornando eterna e imperecível a própria vida. Mas então é pela vida que o fundamentalista está apaixonado, ou pela morte? Temos que achar uma maneira de viver com o não-ser sem estarmos apaixonados por ele, já que essa paixão corresponde à ardilosa atuação da pulsão de morte. É a pulsão de morte que nos seduz a nos despedaçarmos para atingir a segurança absoluta do nada. Não-ser é a suprema pureza. Tem a qualidade imaculada de toda negação, a perfeição de uma página em branco.

Há, portanto, um profundo paradoxo no fundamentalismo. Por um lado, vive aterrorizado pelo não-ser, pela pura gratuidade germinativa do mundo material, e quer selar as fissuras dessa estrutura periclitante com um recheio feito de primeiros princípios, significados fixos e verdades auto-evidentes. A contingência do mundo, seu ar improvisado, traz à lembrança, intoleravelmente, o fato de que poderia facilmente não existir. O fundamentalismo teme o niilismo, tendo deixado de notar que o niilismo é simplesmente a imagem especular de seu próprio absolutismo. O niilista é quase sempre um absolutista decepcionado, a criança edipiana que se rebela contra o pai metafísico. Como seu pai, acredita que, se os valores não são absolutos, não há valor nenhum. Se papai estava errado, então ninguém mais pode estar certo.

Há, entretanto, uma afinidade mais profunda entre niilismo e fundamentalismo. Se o fundamentalismo detesta o não-ser, também é enfeitiçado pela perspectiva de alcançá-lo, já que nada poderia ser mais imune à má interpretação. O não-ser é o inimigo da instabilidade e da ambigüidade. Você não pode criticar seu conteúdo, já que não tem nenhum. É tão absoluto e inequívoco como a lei moral, tão exato quanto uma cifra. O fundamentalista é um asceta que quer purgar o mundo de excesso de matéria. Assim fazendo, pode purificá-lo de sua nauseante arbitrariedade e reduzi-lo ao estritamente necessário. O asceta fica revoltado diante da monstruosa fecundidade da matéria, sendo, assim, uma vítima do nada. Para ele, simplesmente existe um excesso de ser por todo lado, e principalmente — do ponto de vista do fundamentalismo islâmico — no Ocidente.

O asceta não pode ver nada à sua volta senão um obsceno excesso de matéria, fartando-se de si mesma numa orgia de consumismo (os fundamentalistas norte-americanos são algo menos perturbados por esse excesso de matéria, parte da qual estão ávidos para comer). Como um macabro ectoplasma, essa matéria obesa transborda pelas bordas de todos os espaços e embrenha-se por todas as brechas. Sua infinidade é uma horripilante paródia da imortalidade, e seu dinamismo serve apenas para esconder sua mortalidade. A morte nos reduz a mera matéria insignificante, uma condição que a mercadoria prefigura. Com todo o seu espalhafatoso erotismo, a mercadoria é uma alegoria da morte.

Se todo esse material proliferante é contingente — se não há razão para sua existência, em primeiro lugar —, então não parece haver nada que o impeça de abrir um grande rombo nele. Esse é o projeto do primeiro homem-bomba suicida da literatura inglesa, o maluco professor anarquista do romance *The Secret Agent*, de Joseph Conrad. É a obscenidade da matéria gratuita que o professor pretende destruir. Talvez o primeiro e catastrófico aparecimento da matéria tenha sido a própria Queda. Talvez a Queda e a Criação coincidam, de forma que só a violenta obliteração do que existe irá nos redimir. O professor é um anjo exterminador apaixonado pela aniquilação sem propósitos. A destruição que promove é, portanto, uma imagem especular da criação, igualmente um fim em si mesma.

A pulsão de morte não é uma narrativa coerente, mas a ruína de toda narração. Destrói pelo simples prazer obsceno de fazê-lo. O terrorista perfeito é uma espécie de dadaísta, atacando não este ou aquele pedacinho de significado, mas o significado como tal. É o nonsense, acredita ele, o que a sociedade não pode engolir — eventos tão extravagantemente sem motivo que liquidam o significado, reduzindo a linguagem à indigência. Ou são atos cujo significado só poderia ser compreendido por quem olhasse retrospectivamente a partir de uma inconcebível transformação de tudo que fazemos — transformação tão absoluta que seria uma imagem da própria morte.

É possível ver esse amar e odiar simultâneos na narrativa do nazismo. Por um lado, os nazistas estavam apaixonados pela morte e pelo não-ser, tomados por um frenesi de destruição e dissolução. Matavam judeus só pela loucura gratuita disso, não por quaisquer propósitos militares ou políticos imperiosos. Por outro lado, eles os assassinavam porque pareciam encarnar um terrível não-ser que temiam e detestavam. Temiam-no porque significava um pavoroso não-ser dentro deles próprios. Se o nazismo era recheado de retórica inchada e idealismo extravagante, era também nauseantemente vazio.

Apresentava assim o que se poderia chamar as duas faces do Mal. O fato de a palavra "mal" ter se tornado popular na Casa Branca como meio de excluir a análise não deveria nos impedir de levá-la a sério. Liberais tendem a subestimar o Mal, enquanto os conservadores o superestimam. Alguns pós-modernistas, por outro lado, conhecem-no principalmente através de filmes de terror. Com toda certeza, os conservadores estão certos em resistir aos liberais racionalistas e aos humanistas sentimentais que querem minimizar a realidade do Mal. Eles apontam para sua natureza aterradora, obscena e traumática, sua malícia implacável, seu deboche niilista, sua cínica resistência a ser adulado ou convencido. Quanto aos liberais, estão certamente com a razão ao proclamar que não há nada de necessariamente transcendente acontecendo por aqui. Nada poderia ser mais mundano que o Mal, o que não significa dizer mais comum. Até mesmo uma moderada privação de amor parental é bastante para nos transformar em monstros.

Há uma espécie de mal que é misterioso, pois seu motivo parece ser não a destruição de seres específicos por razões específicas, mas a negação do ser como tal. O Iago de Shakespeare parece cair nessa rara categoria. Hannah Arendt especula que o Holocausto não foi tanto uma questão de matar seres humanos por razões humanas, mas de querer aniquilar o conceito de humano como tal.[61] Esse tipo de mal é uma paródia satânica do divino, encontrando no ato da destruição a espécie de liberação orgástica que se pode imaginar Deus tenha encontrado no ato da criação. É o mal como niilismo — uma explosão de riso sarcástico ante a suposição solene e farsesca de que qualquer coisa meramente humana pudesse alguma vez ter qualquer importância. Com seus modos vulgares de saber, delicia-se em desmascarar o valor humano como uma farsa pretensiosa. É uma fúria violenta e vindicativa contra a existência em si mesma. É o mal dos campos de morte nazistas, mais do que o de um assassino de aluguel, ou mesmo de um massacre perpetrado em função de algum fim político. Não é o mesmo tipo de mal da maior parte do terrorismo, que é maligno, mas tem suas razões.

A outra face do mal parece exatamente o oposto. Esse tipo de mal quer destruir o não-ser, e não criá-lo. Vê o não-ser como nojento, impuro e insidioso, uma ameaça inominável à integridade da individualidade. Essa pavorosa infiltração na identidade de alguém não tem forma palpável em si e, por isso, provoca paranóia em suas supostas vítimas. Está em todo lugar e em lugar nenhum. Cria, assim, o desejo de emprestar

[61]Ver Richard J. Bernstein, *Radical Evil*, Cambridge, 2000, p. 215.

a essa força horrenda um nome e uma morada locais. Os nomes, de fato, são uma legião: judeu, árabe, comunista, mulher, homossexual, ou, de fato, a maioria das permutações do conjunto. Isso é o Mal como visto do ângulo daqueles que têm uma superabundância de ser, mais do que uma insuficiência dele. Não podem aceitar a inominável verdade de que a matéria viscosa e contagiosa contra a qual guerreiam, longe de ser estranha, está tão perto deles quanto o respirar. Não-ser é aquilo de que somos feitos. Acima de tudo, não podem reconhecer o desejo, já que desejar é ter falta. Em vez de se manterem em seu desejo, abarrotam-no com fetiches. Fazer isso é também desafiançar a mais pura ausência de todas, a Morte, aquela prefigurada pelo vazio no cerne de nossos anseios.

Talvez isso possa ajudar a explicar por que tantos foram assassinados no Holocausto. Há uma atração diabólica na idéia de destruição absoluta. A perversa perfeição do esquema, a imaculada pureza dele, a ausência de coisas por terminar ou de sobras ocasionais é o que seduz a mente niilista. Em todo caso, deixar intacto até mesmo o menor fragmento desse não-ser é permitir que germine e nos sufoque uma vez mais. O problema é que o não-ser, por definição, não pode ser destruído. Todo o insano empreendimento está destinado a derrotar a si mesmo, na medida em que você tenta exterminar o não-ser criando ainda mais do mesmo à sua volta.

Preso nesse círculo brutalmente desesperador, todo o projeto é incapaz de chegar a um termo, o que é outra razão para ele devorar tantas vidas. Ainda outra é que a compulsão de aniquilar está realmente apaixonada por si mesma — assim como a compulsão de acumular acaba por tomar a si mesma como o objeto de seu próprio desejo, jogando fora os vários objetos em que tropeça, como uma criança amuada, e colhendo satisfação apenas de sua perpétua agitação. Em todo caso, enquanto estivermos vivos, jamais seremos capazes de extinguir o não-ser no cerne de nós mesmos.

O tipo de mal que tem medo da sua própria plenitude de ser envolve uma supervalorização megalomaníaca do *self*. O inferno é a morte viva daqueles que se consideram demasiado valiosos para morrer. Por sua vez, o tipo de mal que colhe um prazer obsceno da dissolução do *self*, abastecido como é pelo combustível que Freud conhece como a pulsão de morte, quer expurgar o valor em si. Na era da modernidade, essas duas pulsões tornam-se letalmente emaranhadas — pois a questão dos rompantes de afirmação da vontade, fonte soberana de todo valor, é que ela esmaga as coisas à sua volta reduzindo-as a nada, e assim as deixa esgotadas e sem valor. É essa combinação mortal de voluntarismo e niilismo que, entre outras coisas, caracteriza a era moderna. Há uma imagem crua disso no personagem Gerald Crich de *Mulheres apaixonadas*, o romance de D. H. Lawrence: uma ausência provida de alma, mantida inteira apenas pela mera potência interior de sua força de vontade. A maníaca afirmação do *self* tornase uma defesa contra seu vazio suavemente sedutor. O mal é simplesmente essa dialética levada a um extremo aterrorizante.

O típico dilema moderno, em suma, é que tanto expressar como reprimir a pulsão de morte deixa-nos exauridos de ser. Por certo, a vontade rapace é só a pulsão de morte virada para fora, uma maneira de enganar a morte correndo diretamente para seu abraço sedutor. O sujeito da modernidade afirma sua vontade prometéica num vácuo de sua própria criação, vácuo que reduz a nada o funcionamento da própria vontade. Ao subjugar o mundo à sua volta, a vontade abole todos os constrangimentos à sua própria ação, mas, ato contínuo, erradica seus projetos heróicos. Quando tudo é permitido, nada tem valor. O *self* feito à imagem de um deus é o que mais se angustia em sua solidão. O pós-modernismo, de forma semelhante, dissolve limites, mas quebra o circuito mortal de niilismo e voluntarismo ao liquefazer também a vontade. O *self* autônomo é desmantelado, enquanto a liberdade é destacada da vontade dominadora e recolocada no jogo do desejo.

As duas faces do Mal são, secretamente, uma só. O que têm em comum é um horror à impureza. Acontece que isso às vezes se apresenta como uma lama inominável que nos invade a plenitude de ser, e algumas vezes como o enojante excesso do próprio ser. Para os que sentem que o próprio ser é obscenamente germinativo, a pureza está no não-ser. Seu desejo, para adotar as palavras de Wittgenstein, é, arrastando-se, passar do chão áspero para a lisura do puro gelo.

O fundamentalista, é claro, não é necessariamente mau. Mas se esforça para alcançar seus princípios herméticos ao sentir um abismo de não-ser escancarando-se sob seus pés. É a insuportável leveza de ser que o faz sentir-se tão pesado. A alternativa mais popular para o fundamentalismo, nesse momento, é alguma forma de pragmatismo. Na verdade, os Estados Unidos estão rachados ao meio entre os dois. Mas confrontar um e outro é, de alguma maneira, oferecer oxigênio como paliativo para o fogo. O pragmatismo pode ser útil para se contrapor ao fanatismo fundamentalista, mas também ajuda a criá-lo. É devido a uma ordem social pragmática que despreza valores fundamentais, atropelando brutalmente crenças e lealdades tradicionais das pessoas, que homens e mulheres começam a afirmar suas identidades com tanta virulência. Vida familiar e comércio sexual são lados da mesma moeda. Para cada executivo corporativo em busca de um novo recanto do globo para explorar existe um assassino nacionalista pronto para matar a fim de mantê-lo afastado.

Em todo caso, Estados que adoram a anarquia do mercado têm que trazer escondidos na manga alguns valores absolutos. Quanto maiores a devastação e a instabilidade criadas por um mercado sem freios, mais não-liberal tem que ser o Estado para contê-lo. À medida que a liberdade passa a ser defendida por meios mais brutais e autoritários, a falha entre o que você realmente faz e o que proclama acreditar vai se tornando mais aparente e mais incapacitante. Isso não é um problema para o tipo de fundamentalismo islâmico que simplesmente quer um Estado brutalmente obscurantista, e não valores esclarecidos defendidos por meios progressivamente obscurantistas.

Quando as próprias fundações da sua civilização estão literalmente sob fogo, todavia, o pragmatismo, no sentido teórico da palavra, parece resposta demasiado leve e indulgente. O que se faz necessário, em vez disso, é contrapor um mau sentido de não-ser a algum que seja bom. Temos visto que há uma fascinação com o não-ser, assim como uma rejeição dele, típicas de certas espécies de Mal. Mas há um outro sentido de não-ser que é construtivo, e não corrosivo. Isso lembra um comentário do romancista irlandês Laurence Sterne: a idéia de nada tem um lado positivo quando se leva em conta, como observa, "quantas coisas piores existem no mundo".[62] Há uma

[62]Laurence Sterne (1713-68). No livro *Life and Opinions of Tristram Shandy, Gentleman*, o autor faz um comentário sobre capítulos anteriores que havia deixado em branco: "Olhe com respeito para um capítulo que contém apenas nada; e considere as coisas piores que existem no mundo." (Livro 4, cap. LXXXII). A íntegra do livro está em http://www.worldwideschool.org/library/books/lit/humor/LifeofTristramShandy/toc.html. (*N. da T.*)

forma fértil de dissolução, assim como uma forma sinistra. Pode-se vê-la de relance na referência de Marx ao proletariado como uma "classe que é a dissolução de todas as classes", significando, como o faz, "uma perda total de humanidade". Representa o "não-ser" daqueles que foram excluídos do sistema corrente, que não têm nenhum investimento real nele e que então servem como um significante vazio de um futuro alternativo. E essa é uma população em constante crescimento.

Não há dúvidas de que é exatamente entre os miseráveis e despossuídos que o fundamentalismo tem sua base de reprodução mais fértil. Na figura do homem-bomba, o não-ser da indigência torna-se uma forma mais mortal de negação. O homem-bomba não passa do desespero para a esperança; sua arma é o próprio desespero. Há uma trágica crença antiga de que a força brota das próprias profundezas da abjeção. Os que caem até o fundo do sistema estão, num certo sentido, livres dele, e, portanto, livres para construir uma alternativa. Se não há como cair mais fundo, então você pode apenas subir, transformando em vida nova o que até então eram só derrotas. Nada ter a perder é ser formidavelmente poderoso. Ainda assim, é claro que essa trágica liberdade tanto pode tomar formas destrutivas, como o terrorismo, quanto levar a correntes mais positivas de mudança social.

Nossa ordem política atual é baseada no não-ser da privação humana. O que é preciso para substituí-la é uma ordem política que também seja baseada no não-ser — mas não-ser como consciência da fragilidade humana e de nossa falta de fundamento. Só isso pode opor resistência à arrogância que gera o fundamentalismo como forma de reação desesperada e doentia. A tragédia nos faz lembrar como é difícil não nos desfazermos no processo de confrontar o não-ser. Como podemos contemplar aquele horror e viver? Ao mesmo tempo, leva-nos a recordar que um estilo de vida ao qual falta a coragem de enfrentar esse encontro traumático acaba não tendo força para sobreviver. Só poderá prosperar se confrontar esse fracasso. O não-ser no cerne de nós mesmos é o que nos perturba os sonhos e mina nossos projetos. Mas é também o preço que pagamos pela chance de um futuro mais brilhante. É a maneira com que nos comprometemos com a natureza aberta da humanidade, e, assim, uma fonte de esperança.

Não podemos nunca estar "depois da teoria", no sentido em que não pode haver vida humana reflexiva sem ela. Podemos simplesmente ir esgotando estilos de pensamento particulares à medida que muda nossa situação. Com o deslanchar de uma nova narrativa global do capitalismo, junto com a chamada guerra ao terror, pode muito bem ser que o estilo de pensamento conhecido como pós-modernismo esteja agora se aproximando de um fim. Foi, afinal, a teoria que nos assegurava que as grandes narrativas eram coisa do passado. Talvez sejamos capazes de vê-lo, em retrospectiva, como uma das pequenas narrativas que ele próprio tanto apreciava. Isso, no entanto, propõe à teoria cultural um novo desafio. Se for para se engajar numa ambiciosa história global, tem que ter recursos próprios adequados, tão profundos e abrangentes quanto a situação que confronta. Não pode se dar o luxo de continuar recontando as mesmas narrativas de classe, raça e gênero, por mais indispensáveis que sejam esses temas. Precisa testar sua força, romper com uma ortodoxia bastante opressiva e explorar novos tópicos, inclusive aqueles perante os quais tem mostrado até agora, e sem razão aparente, uma timidez excessiva. Este livro está sendo um movimento inicial rumo a essa investigação.

Índice Onomástico

O texto deste livro foi composto em Sabon, desenho tipográfico de Jan Tschichold de 1964 baseado nos estudos de Claude Garamond e Jacques Sabon no século XVI, em corpo 11/15. Para títulos e destaques, foi utilizada a tipografia Frutiger, desenhada por Adrian Frutiger em 1975.

A impressão se deu sobre papel off-white 80g/m² pelo Sistema Cameron da Divisão Gráfica da Distribuidora Record.